高职高专经济管理类专业系列

审计基础与实务

主　编　安　李　赖俊丽　王艳喜

副主编　张　敏　何同芝

参　编　刘佳怡　李佳昱　彭晓丹　胡诗琴　钟　艺

西安电子科技大学出版社

内 容 简 介

本书是根据教育部最新制定的高等职业教育财经大类专业教学标准和国家最新颁布的审计法规编写而成的。作者遵循技术技能型人才成长规律，按照工作过程、项目导向、任务驱动的教与学方式来设计和编排教学内容。全书分为十个项目，全面介绍了审计职业发展状况、审计目标和审计过程、审计证据、审计工作底稿、销售与收款循环审计、采购与付款循环审计、生产与存货循环审计、筹资与投资循环审计、货币资金审计、完成审计工作与出具审计报告等内容，系统地展示了审计的基本理论、基本方法和基本操作。各项目均由职业能力目标、项目导入、具体工作任务、项目练习和拓展阅读等部分组成。

此外，本书借鉴注册会计师和初级审计师的职业资格标准，搭建以注册会计师通用目的编制基础的财务报表审计为核心的学习平台，既可以作为高职高专学校会计专业、审计专业及其他经济管理类专业的专业课教材，亦可以作为高等教育自学考试、高等成人教育和审计职业工作人员的参考书。

图书在版编目(CIP)数据

审计基础与实务 / 安李，赖俊丽，王艳喜主编. —西安：西安电子科技大学出版社，2018.9(2021.6 重印)
ISBN 978-7-5606-5076-0

Ⅰ. ①审… Ⅱ. ①安… ②赖… ③王… Ⅲ. ①审计学 Ⅳ. ①F239.0

中国版本图书馆 CIP 数据核字(2018)第 201669 号

策划编辑　杨丕勇
责任编辑　盛晴琴　杨丕勇
出版发行　西安电子科技大学出版社(西安市太白南路 2 号)
电　　话　(029)88202421　88201467　　　邮　编　710071
网　　址　www.xduph.com　　　　　　电子邮箱　xdupfxb001@163.com
经　　销　新华书店
印刷单位　咸阳华盛印务有限责任公司
版　　次　2018 年 9 月第 1 版　　2021 年 6 月第 3 次印刷
开　　本　787 毫米×1092 毫米　1/16　印　张　14
字　　数　330 千字
印　　数　3001～5000 册
定　　价　35.00 元
ISBN 978-7-5606-5076-0 / F
XDUP 5378001-3
如有印装问题可调换

前　言

在新时代，审计监督工作肩负着新的使命。社会主义市场经济是法治经济，只有每一个市场主体的细胞是健康的，市场经济才能健康发展。我国的审计工作要着眼于推动市场经济健康发展和建设现代化经济体系，关注被审计单位内部风险防控，减少问题的发生，促进被审计单位经营活动健康发展。

审计基础与实务是会计类和审计类专业的核心专业课，也是会计专业和审计专业的专业能力课程。本教材强调专业知识的系统性、实践性和宽泛性，以注册会计师审计为主，并对国家审计和内部审计作了必要的介绍。为了改变实际审计工作与审计课堂教学严重脱节的状况，本教材以最新的审计准则和应用指南为参考，分解审计工作过程，确定典型工作任务，根据典型工作任务设立学习项目进行教材内容的设计。

本教材按照项目学习与工作任务结合的方式编写。教材共分为 10 个项目，第 1～4 项目和第 10 项目主要讲述审计的基本理论、基本知识、基本方法和技能，第 6～9 项目讲述审计的业务实务。希望通过对本教材的学习，学生在了解掌握基本理论知识的基础上，能更好地培养及增强动手实践能力。本教材内容新颖、通俗易懂，学习目标明确，重点、难点突出，既可以作为高职高专学校会计专业、审计专业及其他经济管理类专业的专业课教材，亦可以作为高等教育自学考试、高等成人教育和会计职业工作人员的参考书。

本教材由安李（湖南外国语职业学院）、赖俊丽（湖南电子科技职业学院）、王艳喜（湖南外国语职业学院）主编，参加编写工作的有：张敏、何同芝、刘佳怡、李佳昱、彭晓丹、胡诗琴、钟艺等。在编写过程中参考了一些专家学者的书籍及资料，在此特向他们表示衷心的感谢！由于时间仓促，编者水平有限，加上我国审计准则还在不断完善，教材中难免存在一些疏漏和不足，欢迎有关专家和读者提出宝贵的意见。

编　者

2018 年 3 月

目　录

项目 1　认识审计职业

职业能力目标

- 了解国内外审计发展的历程；
- 理解审计产生和发展的动因以及审计的定义；
- 理解审计对象的含义和审计的职能，能够说明不同类型审计业务的特定审计对象，并能够结合具体审计业务说明如何履行审计职能；
- 理解审计的基本分类，掌握审计组织机构模式及其主要特征；
- 理解我国审计准则体系的构成及内容；
- 掌握审计职业道德规范的基本内容。

工作任务与项目导图

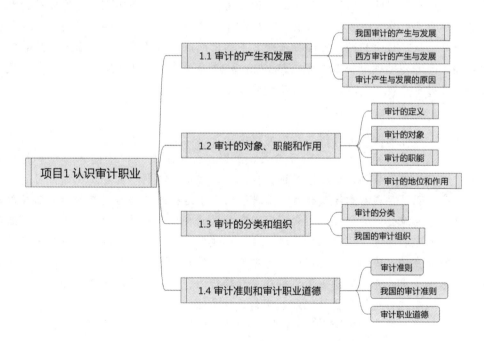

项目导入

民间审计职业的诞生——英国南海公司破产案

200 多年前，英国成立了南海股份有限公司。由于经营无方，公司效益一直不理想。

公司董事会为了使股票达到预期价格，不惜采取散布谣言等手法，使股票价格直线上升。事情败露后，英国议会聘请了一位懂会计的人，审计了该公司的账簿，然后据此查处了该公司的主要负责人。于是，审核该公司账簿的人开创了世界注册会计师行业的先河，民间审计从此在英国拉开了序幕。

★ 大肆造假

1710 年，英国政府用发行中奖债券所募集到的资金创立了南海股份公司。经过近 10 年的经营，该公司依然业绩平平。1719 年，英国政府允许中奖债券总额的 70%，即约 1000 万英镑，可与南海公司股票进行转换。年底，公司的董事们开始对外散布各种所谓的好消息，即南海公司在年底将有大量利润可实现，并煞有其事地预计在 1720 年的圣诞节，公司可能要按面值的 60% 支付股利。

这一消息的宣布，加上公众对股价上扬的预期，促进了债券转换，进而带动了股价上升。1719 年年中，南海公司股价为 114 英镑，1720 年 3 月，股价劲升至 300 英镑以上，到了 1720 年 7 月，股票价格已高达 1050 英镑。此时，南海公司老板布伦特又想出了新主意：以数倍于面额的价格发行可分期付款的新股。同时，南海公司将获取的现金转贷给购买股票的公众。这样，随着南海股价的扶摇直上，一场投机浪潮席卷全国。由此，170 多家新成立的股份公司股票以及原有的公司股票，都成了投机对象。

1720 年 6 月，英国国会通过了《泡沫公司取缔法》。该法对股份公司的成立进行了严格的限制，只有取得国王的御批，才能得到公司的经营执照。事实上，股份公司的形式基本上名存实亡。自此，许多公司被解散，公众开始清醒过来，对一些公司的怀疑逐渐扩展到南海公司。从 7 月份开始，外国投资者首先抛出南海公司股票，撤回资金。随着投机热潮的冷却，南海公司股价一落千丈，到 1720 年 12 月份最终仅为 124 英镑。当年年底，政府对南海公司资产进行清理，发现其实际资本已所剩无几。

★ 一朝梦醒

"南海公司"倒闭的消息传来，犹如晴天霹雳，惊了正陶醉在黄金美梦中的债权人和投资者。迫于舆论的压力，1720 年 9 月，英国议会组织了一个由 13 人参加的特别委员会，对"南海泡沫"事件进行秘密查证。在调查过程中，特别委员会发现该公司的会计记录严重失实，明显存在蓄意篡改数据的舞弊行为，于是特邀了一名叫查尔斯·斯奈尔的资深会计师，对南海公司的分公司"索布里奇商社"的会计账目进行检查。查尔斯·斯奈尔商业审计实践经验丰富，理论基础扎实，在伦敦地区享有盛誉。查尔斯·斯奈尔通过对南海公司账目的查询、审核，于 1721 年提交了一份对索布里奇商社的会计账簿进行检查的意见。在该报告中，查尔斯指出了公司存在舞弊行为、会计记录严重不实等问题。但没有对公司为何编制这种虚假的会计记录表明自己的看法。

议会根据查账报告，将南海公司董事之一的雅各希·布伦特以及他的合伙人的不动产全部予以没收。其中一位叫乔治·卡斯韦尔的爵士，被关进了著名的伦敦塔监狱。直到 1828 年，英国政府在充分认识到股份有限公司利弊的基础上，通过设立民间审计的方式，将股份公司中因所有权与经营权分离所产生的不足予以制约，才完善了这一现代化的企业制度。据此，英国政府撤销了《泡沫公司取缔法》，重新恢复了股份公司这一现代企业制度的形式。

证券时报《南海公司开民间审计先河》

1.1 审计的产生和发展

一、我国审计的产生与发展

中国的审计历史从古代开始就存在了。可以说，在很长的时间里，中国会计、审计的发展，是官厅会计和官厅审计的发展，到 1948 年中国的审计才开始进入社会审计。但是新中国刚成立不久后，由于历史原因，国家审计和社会审计都停止实施了，直到 1980 年，随着改革开放政策的实施，才在上海首先设立了"上海会计师事务所"。之后，随着中华人民共和国审计局的设置，又重新开始了中国的国家审计与社会审计，审计制度也开始发展起来了。中国审计博物馆(图 1-1)是中国乃至世界上第一座以审计产生与发展为专题的博物馆。

图 1-1　中国审计博物馆 江苏南通

(一) 古代的官厅审计(国家审计)(公元前 1100～1840 年)

史料记载，从西周开始，就出现了审计的萌芽。随着国家各种制度的形成与完善，朝廷的审计制度也初步确立。西周成王时期的小宰、宰夫、司会等官职，就拥有部分的审计权。宰夫是具体执行审计的官员。在当时的政治体制的历史背景下，审计的产生拥有比较好的客观条件。春秋战国时代在以"依法治国"的思想为前提的条件下，政治审计和经济审计都得到了强化。各诸侯国也都设置了审计的官职，"上计制度"也相继实施。这是中国历史上最早的国家审计制度。秦汉时期是中国古代审计发展的时期。秦朝设置有御史大夫的官职,主管全国的审查审计业务。审计业务包括政治审查、经济审计等。西汉时期,在延续秦朝官僚制度的同时,更明确了御史的经济审计的地位,一直持续到了南北朝。审计的空前发展是在隋唐到五代十国。隋朝的审计监督权力是由御史台、刺史和比部分权掌握的。唐朝时,虽然引用了隋朝官职制度,但是最高的审计机构是御史台,执行审计的机构是比部,比部作为独立的审计机构存在。从北宋到明清时期是中国古代的审计进展期。北宋时期,开始实行官员和职员分离制度。由此,审计职权开始独立,也出现了审计这个词。随着审计机构的职权的扩大,对财政经济活动的监督也加强了。开始设置官员,组织机构的层次开始形成。元朝开始在地方出现审计机构。明朝是利用六科和户部都拥有审计权而相互牵制。清朝都察院的出现,则体现了清朝统治者的集权统治意识在审计标准统一方面的效果。

(二) 现代审计的生成和发展(1840~1949 年)

(1) 中华民国的国家审计。1911 年中华民国成立后,南京政府公布了《中华民国临时约法》,规定实行国家预算制度,这是审计监督制度的基础。之后,北京政府设立了审计机构——审计院。1912 年 10 月 22 日,公布了《审计处暂行章程》,11 月 15 日,又公布了《审计处暂行审计规则》,明确规定了审计的范围、内容、方式及方法等。1913 年 6 月 16 日,公布了《审计院编制法》。1914 年 3 月,公布了中国近代最早的审计法《审计条例》。此后,又多次针对《审计条例》进行了修改和补充。中华民国时期,内部审计制度和注册会计师制度也逐步设立。南京政府公布了《各部门官制通则修正草案》,规定在政府机关和军队内部也要设立审计机构。北京政府则在 1918 年 9 月 7 日公布了《会计师暂行章程》。这是中国最早的关于注册会计师的法律,注册会计师制度开始设立。1921 年中国最早的会计师事务所成立。1933 年中国注册会计师协会成立。1946 年中国审计学会在南京成立,各地也分别设置分会。中华民国的国家审计具有法律地位和其独特性,就审计职能和方式来说,比中国过去的审计都要发达。

(2) 革命根据地的审计。1927 年开始,在中国共产党的领导下,革命根据地也实行了审计监督制度。1931 年 11 月,为了巩固根据地的建设,设置了经济审查委员会。1932 年 8 月,中央人民委员会在中央政府财政部设立了审计处。1933 年 9 月,中央政府设立了审计委员会,对各项目的财政收支的具体情况进行审计监督。1934 年 2 月,中华苏维埃第二次全国大会上,承认并公布了《中华苏维埃共和国中央苏维埃组织法》。这个组织法改革了革命根据地的审计体制,提升了审计机构的地位和权威。同时,根据《中华苏维埃共和国中央政府执行委员会审计条例》规定,明确了审计的基本性质、地位以及方式等,另外审计结果也会在《红色中华》上发表,具有了审计的透明度和公开性。1937 年 2 月,中华苏维埃临时中央政府设立了国家审计委员会,并在已经公布的具体规定中,强调了预算和决算制度、审计制度。同年 9 月,陕甘宁边区政府设立了审计处,从属于边区政府。1941 年 9 月,审计处独立了出来,并在各区、县市设立了审计人员,制定了《各区县市审计工作暂行规程》和《审计制度示范》等制度。1946 年,陕甘宁边区公布了《陕甘宁边区审计暂行规程》,接着在 1948 年又公布了《陕甘宁晋绥边区暂行审计条例》。在这期间,各个革命根据地设立了审计委员会,并公布了审计条例。这个时期公布的审计法规也有着重要的参考价值。

(三) 中华人民共和国的审计(1949 年~现在)

(1) 20 世纪 50 年代审计的终止。新中国成立初期,实行了计划经济,并统一了财政会计和审计,取消了独立的国家审计部门。财政经济的审计和监督由人民监察委员会负责,和取缔贪污舞弊一起执行,但是由于文化大革命的到来,使得这个部门完全不能执行它的职能。

(2) 20 世纪 80 年代审计的恢复。随着经济的急速发展,使得国家审计制度的改革成为必然。为了适应"对外开放"的需要,1981 年 1 月 1 日,在上海成立了会计师事务所,这是中国的社会审计恢复的标志。1982 年 12 月 4 日,第五届全国人民代表大会第五次会议,确立了《中华人民共和国宪法》的法律地位,依据宪法开始承认国家审计的法律地位。1983 年 9 月,根据宪法,成立了中华人民共和国审计署,这是中国国家审计恢复的标志。1983 年,国务院发布的审计关系文件里,提到了"健全的部门、单位的内部痕迹是国家审计的监督的良好基础",这是中国内部审计的开始。

(3) 中国现代审计的发展。1982 年财政部向国务院提交了《关于会计审计机关的计划建设报告》。第五届全国人民代表大会第五次会议依据《宪法》通过了该报告,规定设立审计机关,实施审计。1983 年 9 月,从国务院下属的国家会计审计机关——审计署出发,国家审计活动开始恢复。之后,在各省、市、县也相继设置了地方国家审计部门——审计厅(局)。1988 年 11 月,公布了《中华人民共和国审计条例》。1995 年 1 月 1 日,公布了《中华人民共和国审计法》。1997 年 10 月 21 日,国务院公布了《中华人民共和国审计法实施条例》。1999 年中央事务室和国务院官方公布了 2 个有关经济责任审计的规定,《县级以下党政领导干部任期经济责任审计暂行规定》和《国有企业及国有控股企业领导人员任期经济责任审计暂行规定》。中国开始了经济责任审计制度。2003 年到 2007 年,中国审计署提出了五年审计发展计划,并实施。2006 年 2 月 28 日,修改了《中华人民共和国审计法》。中国的国家审计开始朝着绩效审计的方向发展。1985 年 8 月,国务院公布了《关于审计的暂定规定》,审计署也公布了《关于内部审计的若干规定》,这些都是内部审计的法律保障。1987 年,中国成立了中国内部审计学会,同年加入了国际内部审计学会(IIA)。1997 年,中国审计学会引进了 IIA 的国际注册内部审计师考试。2003 年 5 月,《审计署关于内部审计工作的规定》公布,确立了国家机关、金融机关、事业单位、社会团体组织以及其他企业的内部审计制度。2004 年《中央企业内部审计管理试行方法》公布,要求国有控股企业和国有独资企业完善企业管理机构和内部控制机能。1988 年 11 月 25 日,成立了中国注册会计师协会,同时各地成立了分会。注册会计师协会的成立,使中国注会工作的管理从政府财政部门的直接管理,变成了间接管理,并在 1995 年吸收合并了中国审计协会。1995 年 6 月,中国注册会计师协会公布了《中国独立审计准则序言》和《独立审计准则》草案。1998 年中国进行了审计法人的机构改革,审计法人从政府独立出来。截止 2003 年 5 月,中国注册会计师协会分 6 次公布和完善了全部 48 项的独立审计准则。2006 年 2 月 15 日又公布了《中国注册会计师执业准则》,并在 2007 年 1 月 1 日开始实施,至此,之前公布的《独立审计准则》被废除了,开始朝着国际化的标准发展。伴随着经济责任的变化和发展,审计是按照从国家审计到内部审计再到社会审计的方向发展的。在我国,随着国内经济由计划经济向市场经济发展的变化,审计也在逐步变化。最大的变化是国家审计范围的缩小和社会审计的扩大，最具体的表现就在于国有企业的审计全部交由民间的会计师事务所来进行，这是全球化的发展倾向。

二、西方审计的产生与发展

(一) 起源于 16 世纪的意大利

1581 年一批专业人员在威尼斯创立了威尼斯会计师协会，成为世界上第一个会计职业团体。当时地中海沿岸的商业城市已经比较繁荣，而威尼斯是地中海沿岸国家航海贸易最为发达的地区，也是东西方贸易的枢纽，商业经营规模不断扩大。由于单个业主难以向企业投入巨额资金，为适应筹集所需大量资金的需要，合伙制企业应运而生。合伙经营方式不仅提出了会计主体的概念，促进了复式簿记在意大利的产生和发展，也产生了对注册会计师审计的最初需求。尽管当时合伙制企业的合伙人都是出资者，但是有的合伙人参与企业的经营管理，有的合伙人则不参与，所有权和经营权开始分离。那些参与企业经营管理的合伙人有责任向不参与企业经营管理的合伙人证明合伙契约得到了认真履行，利润的计算与分配是正确、合理的，以保障全体合伙人的权利，进而保证合伙企业有足够的资金来源，使企业得以持续经营下去。在这种情况下，客观上需要独立的第三者对合伙企业进行监督、检查，人们开始聘请会计专家来担任查账和公证的工作。这样，在 16 世纪意大利的商业城市中出现了一批具有良好的会计知识、专门从事查账和公证工作的专业人员，他们所进行的查账与公证，可以说是注册会计师审计的起源。随着此类专业人员的增多，他们于 1581 年在威尼斯创立了威尼斯会计师协会。其后，米兰等城市的职业会计师也成立了类似的组织。

(二) 形成于 1844 年到 20 世纪的英国

1844 年英国第一部《公司法》颁布，标志着西方注册会计师审计的开端。1844 年英国的公司明确作出会计账目必须经股东中选出的监事进行审查的规定，还规定公司账目也可以聘请专业的会计师协助办理。1853 年，在苏格兰的爱丁堡创立了世界上第一个职业会计师的专业团体，即"爱丁堡会计师协会"。该阶段的主要特点有：审计对象是公司账目，审计目的是查错纠弊，审计方法是详细审计，审计报告使用人是公司的股东。

(三) 发展于 20 世纪初美国的注册会计师审计

美国于 1916 年成立注册会计师协会，1917 年注册会计师全国统考。这一阶段的审计对象是资产负债表，审计目的是判断信用，审计方法是抽样审计，审计报告使用人是债权人。

(四) 成熟于 1929—1933 年的世界经济危机之后

1929 年爆发了世界性的经济危机，这次危机一直持续到 1933 年。危机后美国的《证券法》规定，在证券交易所上市的企业，财务报表必须接受注册会计师审计。这时的审计对象是全部报表，审计目的是合法性、公允性，审计方法是由制度基础审计转向风险导向审计并广泛使用计算机辅助审计，审计报告使用人是社会公众。第二次世界大战以后，西方国家不仅在审计体制上有了较大的发展，而且在审计理论和实务上也有了较大的发展，即把经济监督和经济管理相互结合,从传统的财务审计向现代的财经法纪审计、绩效审计等方面发展。

三、审计产生与发展的原因

(一) 受托经济责任关系是审计产生的社会基础

受托经济责任是指由委托或受托经营管理经济资源而产生的受托人(即资源财产的经营管理者或下级经营管理者)对委托人(即资源财产的所有者或最高经营管理者)所承担的义务。它包括按委托人的规定要求经营管理经济资源的责任(简称"经管责任")和按特定要求向委托人报告其资源财产经营管理过程及其结果的责任(简称"报告责任"),这两方面的责任形式最终演变为审计三方关系,如图1-2所示。

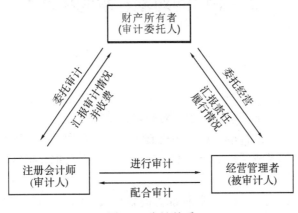

图 1-2 审计关系

受托经济责任关系是指由于受托经济责任而产生的委托人与受托人之间的相互关系。显然,只有当社会经济发展到一定阶段后,才可能产生受托经济责任关系。在受托经济责任关系中,委托人总是希望受托人的经营管理行为能够体现自己的意志,符合一定的要求,这就需要对受托人进行审查,以确定其是否认真贯彻了自己的意愿,忠实履行了受托人承担的责任;受托人则需要将自己日常经营管理行为进行必要的记录,并定期形成报告,对其履行经济责任情况请委托人进行审查,以表明自己的忠诚能干并解除责任。委托人所需的监督、受托人主动要求的审查,当然最好是由委托人自己来执行,但当委托人因某方面的原因不能亲自监督经济责任履行情况时(如没有足够的时间和精力,或者不具有相应的技能,或者因委托人众多,不可能亲自去审查受托人),就需要委派或授权第三者——审计人去对受托人履行经济责任的情况进行审查,这样就产生了审计。

(二) 受托经济责任内容的复杂化和经济管理与控制的加强是审计发展的动力

随着社会经济的发展,受托经济责任的内容也不断丰富和发展。就受托经济责任中的经管责任来说,最初只是一种保管责任,保护受托资本财产的安全完整,但现在还要求其符合道德的、技术的和社会的要求,同时要求受托人要按照经济性、效率性、效果性,甚至公平性和环保性来使用和管理受托资源。这样,审计就由最初的财务收支审计发展到财务收支审计与经济审计、效率审计、效果审计、公平审计、环保审计并重,从而日益丰富和复杂。

伴随对经济效益的追求，人们加强了对经济的管理与控制，通过对生产过程和一切经济活动进行严格计划管理与控制，实现经济效益最大化。在这种经济管理与控制的推动下，审计由事后审计发展到事后审计、事中审计与事前审计并重；由单一的财务审计发展到财务审计与经济效益审计并重；由只限于审查财务报表，以揭露和防止差错与弊端发展到审查与评价企业生产经营管理的各部门与各环节，以改善经营管理、挖掘企业潜力、提高经济效益等方面。因此，我们坚信随着经济管理与控制的加强，事前审计、事中审计和经济效益审计等将得到比目前更为深入广泛地开展，并将催生一些新类型的审计。

1.2　审计的对象、职能和作用

一、审计的定义

审计是一种独立的经济监督、评价和鉴证活动。审计是由专职机构或人员接受委托或授权，以被审计单位的经济活动为对象，对被审计单位在一定时期的全部或一部分经济活动的有关资料，按照一定的标准进行审核检查，收集和整理证据，以判明有关资料的合法性、公允性、一贯性和经济活动的合规性、效益性，并出具审计报告的监督、评价和鉴证活动。

审计的定义由审计的主体(具有胜任能力的独立人员)、审计的对象(特定主体财务报表和其他相关资料)、审计的利益相关者(如被审计单位的股东、管理层、债权人、供应商、客户、政府监管部门、员工、社区、社会公众等)、审计结果的传达方式(即审计报告，通常为书面形式)、审计的职能(经济监督、经济鉴证、经济评价和经济咨询)和审计的根本目的(通过审计监督、鉴证和评价被审计单位受托经济责任履行情况，确立或解除其经济责任，并提出改进建议，从而促进被审计单位更好地履行受托经济责任)构成。

二、审计的对象

审计的对象是审计工作指向的根本目标的客体，通过审计工作所要解决的根本问题。审计的对象可概括为被审计单位的受托经济责任。

审计的对象还可以相对具体地表述为：被审计单位与受托经济责任方所开展的财务收支活动和经营管理活动，以及相关的财务报表和其他相关资料。财务报表和其他相关资料作为财务收支活动及相关的经营管理活动的信息载体，只是审计对象的现象，其所反映的受托经济责任履行情况才是审计对象的本质。

三、审计的职能

审计具有经济监督、经济评价和经济鉴证职能。

(一) 经济监督职能

经济监督是审计的基本职能。它主要是通过审计，检查和督促被审计人的经济活动在规定的范围内沿着正常的轨道健康运行；检查受托经济责任人忠实履行经济责任的情况，借以揭露违法违纪，制止损失浪费，查明错误弊端，判断管理缺陷，进而追究经济责任。在审计实务中，审计机关和审计人员从依法检查到依法评价，从依法做出审计处理处罚决定到督促决定的执行，无不体现着审计的经济监督职能(国家审计最能体现审计的监督职能)。

(二) 经济评价职能

审计人对被审计人的经营决策、计划、方案是否切实可行、是否科学先进、是否贯彻执行，内部控制系统是否健全、有效，各项经济资料是否真实、可靠，以及各项资源的利用是否合理、有效等诸多方面所进行的评价，都可以作为提出改善经营管理建议的依据。在现代审计实务中，绩效审计最能体现审计的经济评价职能。

(三) 经济鉴证职能

经济鉴证是指审计人对被审计单位的财务报表及其他经济资料进行检查和验证，确定其财务状况和经营成果的真实性、公允性、合法性，并出具证明性审计报告，为审计授权人或委托人提供确切的信息，以取信于社会公众。

比如，注册会计师接受委托并通过财务报表审计出具的审计报告就体现了审计的经济鉴证职能。又如，国家审计机关经授权提交的审计结果报告也体现了审计的经济鉴证职能。

四、审计的地位和作用

无论国家审计、内部审计还是社会审计，都处于社会经济生活的监督控制地位。

我国的国家审计因其自身特点具有权威性，其地位主要表现为综合经济监督的地位。内部审计是一个组织整个管理体系中不可或缺的特殊环节，服务于本组织的总体目标。社会审计有其充分的独立性，不从属于其他的部门和单位。注册会计师提供的是一种保证服务，其产品是具有不同保证程度的报告(合理保证、有限保证)。注册会计师不具备执法的权限，只能拒绝接受委托或出具非标准审计报告。

我国社会主义审计的作用综合起来可以概括为防护性作用和建设性作用。

(一) 国家审计的作用

国家审计的作用主要是：

(1) 为宏观政策的制定提供决策依据。

(2) 维护财经法纪，监督、保障和促进各项宏观调控政策的贯彻执行。

(3) 追踪反馈宏观调控政策的运行效果。

(二) 内部审计的作用

内部审计的作用主要是：

(1) 促进组织合法经营和运行。

(2) 促进组织完善内部控制和风险管理。

(3) 促进组织自我发展和实现目标。

(三) 社会审计的作用

社会审计的作用主要是：

(1) 提高财务信息的质量，维护良好的市场秩序，保证市场经济健康运行。

(2) 促进企业完善内部控制，提高企业经营管理水平。

(3) 改善我国投资环境服务，有利于改革开放的进一步发展。

1.3 审计的分类和组织

一、审计的分类

(一) 按审计主体不同分类

按审计主体不同，审计可分为国家审计、内部审计、社会审计。

国家审计是指由国家审计机关所执行的审计。其审计范围是占用、使用、管理和分配公共资金、公共资产、公共资源的部门和单位。

内部审计是指由内部审计机构所执行的审计。其审计范围是本系统、本单位内部。

社会审计是指由社会审计组织所执行的审计。社会审计组织只有接受了审计委托者的委托，才能开展审计业务。没有审计委托，就没有社会审计。

(二) 按审计内容和目的分类

审计按内容和目的分类，可分为财务审计、合规审计、绩效审计和经济责任审计。

财务审计是指对被审计单位财务收支的真实合法性及其财务报表与其他相关资料的公允性所执行的审计。

合规审计是指对被审计单位某些财务活动或经营活动是否符合特定标准所进行的审计。

绩效审计又称为经济效益审计，是指对被审计单位财务收支及其经营管理活动的经济性、效率性和效果性所进行的审计。

经济责任审计是领导干部经济责任审计的简称，是对领导干部任职期间所在部门或单位财政收支或财务收支的真实性、合法性和效益性以及对有关经济活动应当负有的责任所进行的审计。

(三) 按审计的范围分类

按审计涉及的范围分类，可分为全部审计与局部审计。

全部审计又称为全面审计，是指对被审计单位一定期间全部财务收支活动和相关经营管理活动及其全部会计资料和其他相关资料所进行的审计。

局部审计是指对被审计单位一定期间部分财务收支活动和相关经营管理活动及其部分会计资料和其他相关资料所进行的审计。

(四) 按审计的时间分类

按实施审计的时间分类，可分为事前、事中和事后审计，也可以分为定期与不定期审计，还可以分为期中与期末审计。

事前审计是指在经济业务发生之前所进行的审计，一般是指对预算或计划的编制、经济事项的预测与决策所进行的审计。事前审计有利于预防错弊、减少损失，保证经济活动的合理性与有效性。事中审计是指在经济业务执行过程中进行的审计，有利于及时发现并纠正偏差，保证经济活动的合法性、合理性和效益性。事后审计是指在经济业务完成以后所进行的审计。

定期审计是指按照事先规定的时间所进行的周期性审计，如上市公司年度财务报表审计。不定期审计是指根据需要而临时安排进行的审计，如根据举报而临时安排的对违法乱纪嫌疑人所进行的财经法纪审计。

期中审计是指在会计年度中期或经济活动进行过程中所进行的审计，如上市公司中期财务报表审计。期末审计是指在会计年度结束后或经济活动完成后对整个年度经济活动及其相关经济资料所进行的审计，如年度财务报表审计。

(五) 按审计的地点分类

按实施审计的地点分类，可分为就地审计和报送审计。

就地审计是指审计小组到被审计单位所在地进行的审计。

报送审计又称为送达审计，是指被审计单位将相关经济资料报送到审计主体所在地所进行的审计。

二、我国的审计组织

(一) 国家审计机关及国家审计人员

立法型模式，即最高审计机关隶属立法机关，依照国家法律赋予的权力行使审计权，一般直接对议会或国会负责，并向议会或国会报告工作。

司法型模式，即最高审计机关隶属于司法部门，一般以审计法院的形式存在，拥有很强的司法权，从而强化了国家审计职能。

行政型模式，即最高审计机关隶属于政府部门，它是政府的一个行政职能部门，根据政府赋予的权限，对政府所属各级、各部门、各单位的财政财务收支活动进行审计。

独立型模式，即最高审计机关独立于立法权、司法权和行政权之外，这样可以确保国家审计不带政治偏向、公正地行使审计监督权。

我国国家审计机关属于行政型模式。目前，我国国家审计机构共分四级，实行"统一领导、分级负责"的双重管理体制。我国地方各级审计机关实行"双重领导体制"。国家审计机关的主要职责：审计监督职责、经济责任审计职责、专项审计调查职责。国家审计机关的权限：要求报送资料权、审计检查权、审计调查权、违规行为制止权、审计结果公布权、请求其他政府机关协助权、一定的行政处罚权、行政处罚建议权、移送司法处理权。我国国家审计人员是指审计机关中接受国家授权，依法行使审计监督权，从事审计工作的人员。

(二) 内部审计机构及审计人员

内部审计机构是指在部门、单位内部从事审计工作的机构，对本部门、本单位及所属单位的财务收支及经济活动进行审计。常见的企业内部审计机构组织形式有三种：① 受财务总监或主管财务的副总裁领导并向其报告工作；② 受总经理或总裁领导并向其报告工作；③ 受董事会审计委员会领导并向其报告工作。内部审计人员是指在本部门、本单位内部从事审计业务的人员。

内部审计机构的国际组织为国际内部审计师协会，现拥有 200 多个分会、17 万余名会员，负责制定国际内部审计准则。目前，全世界已有 1.6 万名注册内部审计师(Certified Internal Auditor，CIA)，它表明内部审计的职业地位达到了一个新的高度。

(三) 社会审计组织及注册会计师

社会审计组织的基本形式是会计师事务所，是注册会计师依法承办业务的机构。其主要组织形式有四种：独资、普通合伙制、有限责任公司制、有限责任合伙制。

当前，我国会计师事务所有三种组织形式：有限责任制、普通合伙制和特殊普通合伙制。设立事务所，应当由全体合伙人或者全体股东提出申请，由拟设立地的省级财政部门批准。事务所应当设立主任会计师。

注册会计师是指依法取得注册会计师证书并在事务所从事审计和会计咨询、会计服务业务的执业人员。要成为注册会计师，通常要满足三个方面的条件：教育要求、注册会计师资格考试、执业经验。我国注册会计师行业监管模式可分成三种：自律监管模式、政府(行政)监管模式和独立监管模式。

本书主要通过注册会计师审计来介绍审计的基础知识与具体审计实务。

1.4　审计准则和审计职业道德

一、审计准则

审计准则的产生满足了来自两个方面的要求：一是来自于审计职业界内部为审计人员提供工作标准和指南，规范审计人员资格条件和工作方式的要求；二是来源于审计职业界外部为审计服务使用者提供审计工作质量评价依据的要求。

(一) 审计准则的含义

审计准则是对审计业务中一般公认的惯例加以归纳而形成的，是审计人员在实施审计过程中必须遵守的行为规范，是评价审计质量的重要依据。

(二) 审计准则的结构

审计准则的主要结构为：

(1) 不同的审计主体应有不同的审计准则；

(2) 不同性质的审计业务应有不同的审计准则；

(3) 不同层次的审计行为应有不同层次形式的审计准则。

(三) 审计准则的作用

审计准则的作用包括：

(1) 审计准则是衡量审计质量的尺度；

(2) 审计准则是确定和解脱审计责任的依据；

(3) 审计准则是审计组织与社会进行沟通的媒介;

(4) 审计准则是完善审计组织内部管理的基础。

另外,审计准则的颁布也为解决审计争议提供了仲裁标准,为审计教育明确了方向和目标。

二、我国的审计准则

(一) 国家审计准则

1996 年,审计署发布了 38 个审计规范。2000 年审计署修订、发布了《中华人民共和国国家审计基本准则》和一系列通用审计准则及专业审计准则。2010 年,根据 2006 年修订颁布的《中华人民共和国审计法》和 2010 年修订颁布的《中华人民共和国审计法实施条例》,审计署对国家审计准则进行了修订。新《中华人民共和国国家审计准则》正文分为七章,即总则、审计机关和审计人员、审计计划、审计实施、审计报告、审计质量控制和责任、附则,共计 200 条。

(二) 内部审计准则

2013 年 8 月中国内部审计协会发布了修订的《中国内部审计准则》,自 2014 年 1 月 1 日起实施。《中国内部审计准则》由内部审计基本准则、内部审计人员职业道德规范和 20 个内部审计具体准则组成。

(三) 注册会计师审计准则

中国注册会计师协会 2006 年 2 月 15 日发布,2007 年 1 月 1 日起实施的共 48 项准则统称中国注册会计师执业准则,包括鉴证业务基本准则、鉴证业务具体准则、相关服务准则和会计师事务所质量控制准则四部分。2010 年 11 月对其中 38 项准则进行了修订,新准则于 2012 年 1 月 1 日起执行。

目前,中国注册会计师执业准则体系包括事务所质量控制准则、鉴证业务基本准则与审计准则、审阅准则、其他鉴证业务准则、相关服务准则。

三、审计职业道德

审计职业道德是具有审计职业特征的道德准则和行为规范。

(一) 国家审计人员的职业道德

国家审计人员职业道德,是指审计机关审计人员的职业品德、职业纪律、职业胜任能力和职业责任。2010 年审计署修订颁布的国家审计准则 15 条,对国家审计人员职业道德要求做出了规定:审计人员应当恪守严格依法、正直坦诚、客观公正、勤勉尽责、保守秘密的基本审计职业道德。其中:严格依法就是审计人员应当严格依照法定的审计职责、权限和程序进行审计监督,规范审计行为。

(二) 内部审计人员的职业道德

《中国内部审计准则第 1201 号——内部审计人员职业道德规范》包括内部审计职业道德的概念和基本原则、诚信正直、客观性、专业胜任能力、保密等章节条款。

(三) 社会审计人员的职业道德

2009 年 10 月,中国注册会计师协会发布了《中国注册会计师职业道德守则》,于 2010 年 7 月 1 日起施行。《中国注册会计师职业道德守则》包括五个组成部分。

其中,《第 1 号——职业道德基本原则》规定了以下基本原则:

① 遵守诚信原则、客观和公正原则,在执行审计和审阅业务以及其他鉴证业务时保持独立性。

② 获取和保持专业胜任能力,保持应有的关注,勤勉尽责。不仅需要具有相应的能力,还应保持认真谨慎的态度。

③ 履行保密义务,对职业活动中获知的涉密信息保密。

④ 维护职业声誉,树立良好的职业形象。

《第 4 号——审计和审阅业务对独立性的要求》和《第 5 号——其他鉴证业务对独立性的要求》中,对独立性概念进行了重点说明。独立性包括实质上的独立和形式上的独立:实质上的独立性是一种内心状态;形式上的独立性是一种外在表现,使得一个理性且掌握充分信息的第三方,在权衡所有相关事实和情况后,认为会计师事务所或审计(鉴证业务)项目组成员没有损害诚信原则、客观和公正原则或职业怀疑态度。

项 目 练 习

一、单项选择题

1.《中华人民共和国审计法》正式实施的时间是(　　)。

A. 1994 年 1 月 1 日　　　　　　　　B. 1995 年 1 月 1 日

C. 1996 年 1 月 1 日　　　　　　　　D. 2000 年 1 月 1 日

2. 对某建设工程竣工项目交付使用的审计是(　　)。

A. 全部审计　　　　　　　　　　　　B. 详细审计

C. 事后审计　　　　　　　　　　　　D. 事中审计

3. 在现代审计实务中,最能体现审计的经济评价职能的是(　　)。

A. 财政审计　　　　　　　　　　　　B. 财务审计

C. 财经法纪审计　　　　　　　　　　D. 绩效审计

4. 下列各项中,不属于审计职能的是(　　)。

A. 经济监督　　　　　　　　　　　　B. 经济管理

C. 经济鉴证　　　　　　　　　　　　D. 经济评价

5. 审计人员对被审计单位的财务报表及其他经济资料进行检查和验证,确定其财务状况和经营成果的真实性、公允性和合法性,体现的审计职能是(　　)。

A. 经济监督职能　　　　　　　　　　B. 经济评价职能

C. 经济鉴证职能　　　　　　　　　　D. 经济服务职能

6. 国家审计机关依法对被审计单位做出审计处理处罚决定,体现的审计职能是(　　)。

A. 经济监督职能　　　　　　　　　　B. 经济鉴证职能

C. 经济评价职能　　　　　　　　D. 经济服务职能

7. 审计监督区别于其他经济监督的根本特征是(　　)。

A. 及时性　　　　　　　　　　　B. 广泛性

C. 独立性　　　　　　　　　　　D. 科学性

8. 下列属于按照审计内容进行分类的是(　　)。

A. 国家审计、内部审计和社会审计

B. 财务审计、合规审计、绩效审计、经济责任审计

C. 全部审计和范围审计

D. 事前审计、事中审计和事后审计

9. 按照实施审计的范围,可以将审计划分为(　　)。

A. 全部审计和抽样审计

B. 全部审计和局部审计

C. 详细审计和抽样审计

D. 详细审计和局部审计

二、多项选择题

1. 国家审计的特点有(　　)。

A. 法定性　　　　　　　　　　　B. 强制性

C. 独立性　　　　　　　　　　　D. 综合性和宏观性

E. 内向性

2. 下列有关审计独立性的说法中,体现审计业务工作独立性的有(　　)。

A. 审计工作不受任何部门、单位和个人的干扰,对被审查事项作出评价和鉴定

B. 审计人员保持形式上和实质上的独立性,对被审查事项作出评价和鉴定

C. 审计应独立于被审单位之外

D. 审计工作中保持物质基础的独立性

E. 审计人员与被审单位不存在经济利害关系

3. 审计作用可体现在发挥职能产生的影响方面,其主要的表现有(　　)。

A. 调控作用　　　　　　　　　　B. 保证作用

C. 建设性作用　　　　　　　　　D. 防护性作用

E. 促进作用

4. 与国家审计相比,内部审计的特点有(　　)。

A. 及时性　　　　　　　　　　　B. 内向性

C. 法定性　　　　　　　　　　　D. 强制性

E. 有偿性

5. 下列各项中,属于国家审计作用的有(　　)。

A. 为宏观政策的制定提供决策依据

B. 开展常规审计,促进企业合法经营

C. 追踪反馈宏观调控政策的运行效果

D. 维护财经法纪,监督、保障和促进各项宏观调控政策的贯彻执行

E. 开展效益审计，促进自我发展，不断增强企业竞争实力

6. 按审计的内容划分，可将审计分为(　　)。

A. 全部审计　　　　　　　　B. 财政财务审计

C. 效益审计　　　　　　　　D. 财经法纪审计

E. 局部审计

7. 按审计的主体划分，可将审计分为(　　)。

A. 就地审计　　　　　　　　B. 国家审计

C. 内部审计　　　　　　　　D. 定期审计

E. 社会审计

8. 独立性是审计的本质特征，下列属于独立性表现的有(　　)。

A. 组织结构的独立　　　　　B. 业务工作的独立

C. 人员的独立　　　　　　　D. 经济来源的独立

E. 技术手段的独立

9. 下列各项中，属于审计职能的有(　　)。

A. 经济调控　　　　　　　　B. 经济评价

C. 经济鉴证　　　　　　　　D. 经济管理

E. 经济监督

拓展阅读

英国向苹果额外征收 1.36 亿英镑税金

北京时间 1 月 10 日上午消息，在英国税务与海关总署(HMRC)展开了"一项全面审计"后，苹果被迫在英国额外支付 1.36 亿英镑(约合 1.84 亿美元)税金。

这笔费用是通过苹果欧洲(Apple Europe)的账目披露的。作为苹果的英国子公司之一，他们表示，"这笔额外的税金和利息反映了公司活动的增加。"

苹果欧洲负责为爱尔兰的一家姐妹公司提供营销服务，而 HMRC 认为该子公司没有通过其帮助获得的销售额收到足够的佣金。

该费用涵盖了 2015 年之前的多个年份，这也是苹果向政府支付的最新一笔税款。欧洲之前要求爱尔兰向苹果征收补偿性涉税罚款 130 亿欧元。而该公司也已经在 2015 年同意向意大利支付 3.18 亿欧元，以和解一项长期的税务调查。

许多国家也都采取了各种措施向苹果收取各种费用，主要都涉及其爱尔兰子公司的超低税率。根据《金融时报》的计算，在截至 2015 年的 10 年内，苹果在其主要欧洲市场纳税总额仅为 3.44 亿欧元，2015 年的海外税率约为 6%。

苹果欧洲为其他子公司提供销售支持、营销、金融和行政服务。该公司共聘用 791 名员工，在截至 2017 年 4 月的 18 个月内实现税前利润 2.97 亿英镑，纳税总额为 1.92 亿英镑。

苹果通过一家零售子公司在欧洲大国运营，这家子公司管理该公司的零售网络以及上

述营销子公司，为计入爱尔兰的销售额提供支持服务，以此换取佣金。

苹果表示："我们知道税收对社会的重要性。苹果会根据税法支付所有应付的税款。"

新浪科技

项目 2　明确审计目标、制定审计计划

职业能力目标

- 了解注册会计师审计总体目标的演进；
- 掌握被审计单位管理层的认定和一般审计目标的内涵，分析具体审计目标；
- 掌握审计风险模型，熟悉审计风险变化关系；
- 了解总体审计计划的基本内容及其编制中需要考虑的因素；
- 了解具体审计计划的基本内容、编制方法及其主要作用。

工作任务与项目导图

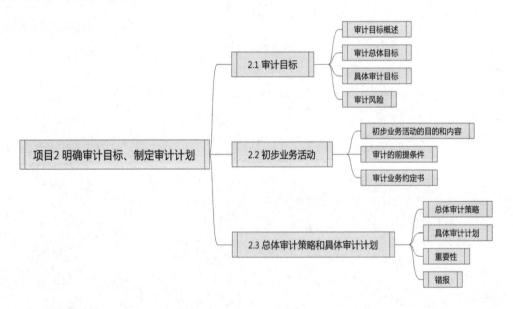

项目导入

安然公司破产案

美国安然(Enron)(美国德克萨斯州休斯敦市的能源类公司)在 2001 年宣告破产之前，拥有约 2.1 万名雇员，是世界上最大的电力、天然气以及电讯公司之一。2000 年披露的营业额达 1010 亿美元之多。公司连续六年被《财富》杂志评选为"美国最具创新精神公司"，

然而真正使安然公司在全世界声名大噪的，却是这个拥有上千亿资产的公司 2002 年在几周内破产，持续多年精心策划乃至制度化、系统化的财务造假丑闻。安然欧洲分公司于 2001 年 11 月 30 日申请破产，美国本部于 2 日后同样申请破产保护。安然公司的留守人员主要进行资产清理、执行破产程序以及应对法律诉讼，从那时起，"安然"已经成为公司欺诈以及堕落的象征。受安然破产丑闻影响，负责安然审计工作的全球五大会计师事务所之一安达信也陷入了前所未有的困境。

随着公司行贿以及在拉丁美洲、非洲及菲律宾等地遭受政治压力的谣言甚嚣尘上，安然公司的全球形象日益受损。特别是在与印度马哈拉施特拉邦电力公司一笔 30 亿美金的合约中，安然被指通过前总统克林顿和乔治·布什向印度政府部门施压，2002 年 1 月 9 日，美国司法部宣布对安然进行罪案调查，并于 1 月 24 日举行国会听证会。

在 2001 年里，安然的股价一路由 90 美元下滑至 30 美分。由于安然股票历来被视为蓝筹股，因此这对金融市场造成了史无前例的毁灭性打击。股价的跳水，始于公司被揭发，通过与"特定目的公司"进行关联交易来虚增营业额和利润，而这些"特定目的公司"都是由安然实际控制的。这些关联交易导致公司的许多经营亏损未在财务报表中披露。这种作账手段从此被业界称为"安然经济"。

——中国会计视野

2.1 审计目标

一、审计目标概述

审计目标是在一定的历史环境下，审计主体通过审计实践活动所期望达到的境地或最终结果。审计人员了解了认定，就很容易确定每个项目的具体审计目标，并以此作为评估重大错报风险以及设计和实施进一步审计程序的基础。审计目标是审计行为的出发点，是审计活动要达到的境地，是目的的具体化。审计目的取决于审计授权人或委托人。

审计目标的确定取决于两个因素，一是社会的需求，二是审计界自身的能力和水平。审计目标是审计的方向。它不仅影响审计方案的制定，还影响审计的实施和报告。注册会计师审计目标包括财务报表审计的总体目标以及与各类交易、账户余额和披露相关的审计目标两个层次。

二、审计总体目标

根据审计产生和发展的动因——受托经济责任关系，审计总目标是通过对受托经济责任履行情况的审查，确保和促进受托经济责任的履行。

由于受托经济责任包括经管责任(也称为行为责任)和报告责任。"在行为责任方面，受托经济责任的主要内容是按照保全性、合法(规)性、经济性、效率性、效果性和社会性以及控制性等要求经管受托经济资源，它们分别构成受托经济责任的某个方面，我们分别赋予其特定的名称，即保全责任、遵纪守法责任、节约责任、效率责任、效果责任和社会责任以及控制责任；从报告责任方面来说，受托经济责任的主要内容是按照公允性或可信性的要求编报财务报表。"报告责任实际上是在记录经管责任履行情况的基础上所进行的汇总和报告。由于受托经济责任内容众多，因而在一般情况下，任何一次审计均难以对受托经济责任履行情况进行全面审查和评价，通常仅侧重于其中的一方面或多方面。如在财务审计中，一般侧重于经管责任中的保全性、合法(规)性、控制性和报告责任的审查，并进而确保和促进这些责任的履行；在绩效审计中，则侧重于经管责任中的经济性、效率性、效果性和控制性的审查，并确保和促进其更好地履行。总而言之，审计的总体目标包括两个层次：

(1) 对财务报表整体是否不存在由于舞弊或错误导致的重大错报获取合理保证，使得注册会计师能够对财务报表是否在所有重大方面按照适用的财务报告编制基础编制发表审计意见；

(2) 按照审计准则的规定，根据审计结果对财务报表出具审计报告，并与管理层和治理层沟通。

财务报表审计的总体目标对注册会计师的审计工作发挥着导向作用。它界定了注册会计师的责任范围，直接影响注册会计师计划和实施审计程序的性质、时间安排和范围，决定了注册会计师如何发表审计意见。

三、具体审计目标

具体审计目标包括：一般审计目标和个别审计目标。一般审计目标是进行相关项目审计时均应达到的目标；个别审计目标是按每个审计项目分别确定的目标，只适用于特定的审计项目。

财务审计项目的一般审计目标与管理层财务报表认定密切相关。审计的过程就是获取支持管理层财务报表认定的审计证据的过程。

例如，管理层在资产负债表中列报交易性金融资产及其金额 50 万，意味着管理层做出了下列明确的认定：

① 记录的金融资产是存在的(存在)；

② 该金融资产以恰当的金额包括在财务报表中，与之相关的计价或分摊调整已恰当记录(计价和分摊)。

同时，管理层也做出下列隐含的认定：

① 所有应当记录的金融资产均已记录(完整性)；

② 记录的金融资产都由被审计单位拥有(权利和义务)。

管理层财务报表认定可以归为三类：

① 对各类业务(交易和事项)的认定(过程是否正确)；

② 对期末账户余额的认定(结果是否正确)；

③ 对报表列报的认定。

(一) 与所审计期间各类交易和事项相关的审计目标

与所审计期间各类交易和事项相关的审计目标如表 2-1 所示。

表 2-1　各类交易和事项相关的审计目标

认　定		目　标
交易和事项	1. 发生：记录的交易或事项已发生，且与被审计单位有关	确认已记录的交易是真实的
交易和事项	2. 完整性：所有应当记录的交易和事项均已记录	确认已发生的交易确实已经记录
	3. 准确性：与交易和事项有关的金额及其他数据已恰当记录	确认已记录的交易是按正确金额反映的
	4. 截止：交易和事项已记录于正确的会计期间	确认接近于资产负债表日的交易记录于恰当的期间
	5. 分类：交易和事项已记录于恰当的账户	确认被审计单位记录的交易经过适当分类

(二) 与期末账户余额相关的审计目标

与期末账户余额相关的审计目标如表 2-2 所示。

表 2-2　账户余额相关的审计目标

认　定		目　标
期末账户余额	1. 存在：记录的资产、负债和所有者权益是存在的	确认记录的金额确实存在
	2. 权利和义务：记录的资产由被审计单位拥有或控制，记录的负债是被审计单位应当履行的偿还义务	确认资产归属于被审计单位，负债属于被审计单位的义务
	3. 完整性：所有应当记录的资产、负债和所有者权益均已记录	确认已存在的金额均已记录
	4. 计价和分摊：资产、负债和所有者权益以恰当的金额包括在财务报表中，与之相关的计价或分摊调整已恰当记录	资产、负债和所有者权益以恰当的金额包括在财务报表中，与之相关的计价或分摊调整已恰当记录

(三) 与列报和披露相关的审计目标

与列报和披露相关的审计目标如表 2-3 所示。

表 2-3　列报和披露相关的审计目标

认　定		目　标
列报和披露	1. 发生以及权利和义务：披露的交易、事项和其他情况已发生，且与被审计单位有关	确认发生的交易、事项，或与被审计单位有关的交易和事项均包括在财务报表中
	2. 完整性：所有应当包括在财务报表中的披露均已包括	确认应当披露的事项均包括在财务报表中
	3. 分类和可理解性：财务信息已被恰当地列报和描述，且披露内容表述清楚	财务信息已被恰当地列报和描述，且披露内容表述清楚
	4. 准确性和计价：财务信息和其他信息已公允披露，且金额恰当	财务信息和其他信息已公允披露，且金额恰当

【项目演练 2-1　单选题】下列各项认定中,与账户余额和交易事项都相关的是(　　　)。
A. 完整性　　　　B. 权利和义务　　　　C. 发生　　D. 截止

四、审计风险

审计风险是指财务报表存在重大错报时注册会计师发表不恰当审计意见的可能性。审计风险取决于重大错报风险和检查风险。需要注意的是:

第一,审计风险是客观存在的。注册会计师只要审计财务报表,就存在发表不恰当审计意见的可能性。

第二,审计业务是一种保证程度高的鉴证业务。注册会计师的审计过程就是将审计风险降至可接受的低水平的过程,以使注册会计师能够合理保证所审计财务报表不含有重大错报。

第三,可接受的审计风险的确定,需要考虑会计师事务所对审计风险的态度、审计失败对会计师事务所可能造成损失的大小等因素。

(一) 重大错报风险

重大错报风险是指财务报表在审计前存在重大错报的可能性。重大错报风险与被审计单位的风险相关,且独立存在于财务报表的审计中。在设计审计程序以确定财务报表整体是否存在重大错报时,注册会计师应当从财务报表层次以及各类交易、账户余额和披露认定层次方面考虑重大错报风险。

1. 两个层次的重大错报风险

财务报表层次重大错报风险与财务报表整体存在广泛联系,可能影响多项认定。此类风险通常与控制环境有关。

注册会计师同时考虑各类交易、账户余额和披露认定层次的重大错报风险,考虑的结果直接有助于注册会计师确定认定层次上实施的进一步审计程序的性质、时间安排和范围。

2. 固有风险和控制风险

认定层次的重大错报风险又可以进一步细分为固有风险和控制风险。

固有风险是指假设不存在相关的内部控制之前,某类交易、账户余额或披露的某一认定易于发生错报的可能性,无论该错报单独考虑,还是连同其他错报构成重大错报。某些类别的交易、账户余额和披露及其认定,固有风险较高。

控制风险是指某类交易、账户余额或披露的某一认定发生错报,无论该错报单独考虑,还是连同其他错报构成重大错报,而该错报没有被企业的内部控制及时防止、发现和纠正的可能性。控制风险取决于财务报表编制有关的内部控制的设计和运行的有效性。由于控制的固有局限性,某种程度的控制风险始终存在。

需要特别说明的是,由于固有风险和控制风险不可分割地交织在一起,有时无法单独进行评估,审计准则通常不再单独提到固有风险和控制风险,而只是将两者合并称为“重大错报风险”。

(二) 检查风险

检查风险是指如果存在某一错报,该错报单独或连同其他错报可能是重大的,注册会计师为将审计风险降至可接受的低水平而实施程序后没有发现这种错报的风险。

检查风险取决于审计程序设计的合理性和执行的有效性。但检查风险不可能降低为零。其原因：

第一，由于注册会计师通常并不是对所有的交易、账户余额和披露进行检查；

第二，注册会计师可能选择了不恰当的审计程序、审计过程执行不当，或者错误解读了审计结论等。这些因素可以通过适当计划、在项目组成员之间进行恰当的职责分配、保持职业怀疑态度以及监督、指导和复核项目组成员执行的审计工作得以解决。

(三) 检查风险与重大错报风险的反向关系

在既定的审计风险水平下，可接受的检查风险水平与认定层次重大错报风险的评估结果呈反向关系。评估的重大错报风险越高，可接受的检查风险越低；评估的重大错报风险越低，可接受的检查风险越高。审计风险模型如图 2-1 所示。

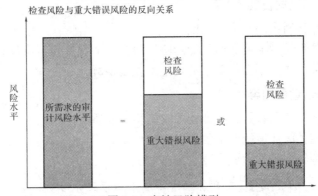

图 2-1　审计风险模型

【项目演练 2-2　多选题】下列有关审计风险的表述中，不恰当的有(　　　)。

A. 注册会计师考虑各类交易、账户余额和披露认定层次的重大错报风险的结果直接有助于注册会计师确定认定层次上实施的进一步审计程序的性质、时间安排和范围

B. 注册会计师应当合理设计审计程序的性质、时间和范围，并有效执行审计程序，以控制重大错报风险

C. 注册会计师应当合理设计审计程序的性质、时间和范围，并有效执行审计程序，以消除检查风险

D. 在既定的审计风险水平下，注册会计师应当实施审计程序，将重大错报风险降至可接受的低水平

(四) 审计的固有限制

注册会计师不能对财务报表不存在由于舞弊或错误导致的重大错报获取绝对保证。这是由于审计存在固有限制，导致注册会计师据此得出结论和形成审计意见的大多数审计证据是说服性而非结论性的。因此，审计只能提供合理保证，不能提供绝对保证。

审计的固有限制源于财务报告的性质、审计程序的性质、财务报告的及时性和成本效益的权衡。

【项目演练 2-3　多选题】下列有关审计固有限制的说法中，正确的有(　　　)。

A. 审计工作可能因高级管理人员的舞弊行为而受到限制

B. 审计工作可能因审计收费过低而受到限制

C. 审计工作可能因项目组成员素质和能力不足而受到限制

D. 审计工作可能因财务报表项目涉及主观决策而受到限制

2.2　初步业务活动

一、初步业务活动的目的和内容

在本期审计业务开始时，注册会计师需要开展初步业务活动。开展初步业务活动主要为了确定是否承接该项审计业务。

(一) 初步业务活动的目的

(1) 具备执行业务所需的独立性和能力；

(2) 不存在因管理层诚信问题而可能影响注册会计师保持该项业务的意愿的事项；

(3) 与被审计单位之间不存在对业务约定条款的误解。

(二) 初步业务活动的内容

(1) 针对保持客户关系和具体审计业务实施相应的质量控制程序；

(2) 评价遵守相关职业道德要求的情况；

(3) 就审计业务约定条款达成一致意见。

【项目演练2-4　单选题】下列各项中不属于初步业务活动的是(　　)。

A. 针对保持客户关系和具体审计业务实施相应的质量控制程序

B. 评价遵守相关职业道德要求的情况

C. 就审计业务的约定条款与被审计单位达成一致意见

D. 在执行首次审计业务时，查阅前任注册会计师的审计工作底稿

二、审计的前提条件

(一) 财务报告编制基础是否适当且能够为预期使用者获取

(1) 确定财务报告编制基础的可接受性。

(2) 财务报告编制基础能够为预期使用者获取。

财务报告编制基础：

① 通用目的财务报表。按照某一财务报告编制基础(会计准则、会计制度等)编制，旨在满足广大财务报表使用者共同的财务信息需求的财务报表。

② 特殊目的财务报表。按照特殊目的编制基础(监管机构的报告要求、合同的约定等)编制的财务报表，旨在满足财务报表特定使用者的财务信息需求。

(二) 就管理层的责任达成一致意见

管理层已认可并理解其承担的责任：

(1) 管理层应当按照适用的财务报告编制基础编制财务报表，并使其实现公允反映(如适用)；

(2) 管理层设计、执行和维护必要的内部控制，以使编制的财务报表不存在由于舞弊或错误导致的重大错报；

(3) 向注册会计师提供必要的工作条件。

确认形式：注册会计师应当要求管理层就其已履行的某些责任提供书面声明。

三、审计业务约定书

(一) 定义

审计业务约定书是指会计师事务所与被审计单位签订的，用以记录和确认审计业务的委托与受托关系、审计目标和范围、双方的责任以及报告的格式等事项的书面协议。会计师事务所承接任何审计业务，都应与被审计单位签订审计业务约定书。

❖ 【学习提示: 审计业务约定书】

审计业务约定书

甲方：金阳实业股份公司　　乙方：永信会计师事务所

兹由甲方委托乙方对甲方的年度财务报表进行审计，经协商达成以下约定：

一、业务范围与审计目标

1. 乙方接受甲方委托，对甲方按照企业会计准则编制的 2017 年 12 月 31 日的资产负债表，2017 年度的利润表、股东权益变动表和现金流量表以及财务报表附注(以下统称财务报表)进行审计。

2. 乙方通过执行审计工作，对财务报表的下列方面发表审计意见：

(1) 财务报表是否按照上述会计准则的规定编制；

(2) 财务报表是否在所有重大方面公允反映被审计单位的财务状况、经营成果和现金流量。

二、甲方的责任与义务

(一) 甲方的责任

1. 根据《中华人民共和国会计法》及《企业财务会计报告条例》，甲方及甲方负责人有责任保证会计资料的真实性和完整性。因此，甲方管理层有责任妥善保存和提供会计记录(包括但不限于会计凭证、会计账簿及其他会计资料)，这些记录必须真实、完整地反映甲方的财务状况、经营成果和现金流量。

2. 按照上述会计准则的规定编制财务报表是甲方管理层的责任，这种责任包括：(1) 设计、实施和维护与财务报表编制相关的内部控制，以使财务报表不存在由于舞弊或错误而导致的重大错报；(2) 选择和运用恰当的会计政策；(3) 作出合理的会计估计。

(二) 甲方的义务

1. 在 2018 年 1 月 20 日之前为乙方的审计工作提供其所要求的全部会计资料和其他有关资料，并保证所提供资料的真实性和完整性。

2. 确保乙方不受限制地接触任何与审计有关的文件和所需的其他信息。

3. 甲方管理层对其做出的与审计有关的声明予以书面确认。

4. 为乙方派出的有关工作人员提供必要的工作条件和协助，主要事项将由乙方于外勤工作开始前提供清单。

5. 按本约定书的约定及时足额支付审计费用以及乙方人员在审计期间的交通、食宿和其他相关费用。

三、乙方的责任和义务

(一) 乙方的责任

1. 乙方的责任是在实施审计工作的基础上对甲方财务报表发表审计意见。乙方按照中国注册会计师审计准则(以下简称审计准则)的规定进行审计。审计准则要求注册会计师遵守职业道德规范，计划和实施审计工作，以对财务报表是否不存在重大错报获取合理保证。

2. 审计工作涉及实施审计程序，以获取有关财务报表金额和披露的审计证据。选择的审计程序取决于乙方的判断，包括对由于舞弊或错误导致的财务报表重大错报风险的评估。在进行风险评估时，乙方考虑与财务报表编制相关的内部控制，以设计恰当的审计程序，但目的并非对内部控制的有效性发表意见。

审计工作还包括评价管理层选用会计政策的恰当性和做出会计估计的合理性，以及评价财务报表的总体列报。

3. 乙方需要合理计划和实施审计工作，以使乙方能够获取充分、适当的审计证据，为甲方财务报表是否不存在重大错报获取合理保证。

4. 由于测试的性质和审计的其他固有限制，以及内部控制的固有局限性，不可避免地存在着某些重大错报在审计后可能仍然未被乙方发现的风险。

5. 在审计过程中，乙方若发现甲方内部控制存在乙方认为的重要缺陷，应向甲方提交管理建议书。但乙方在管理建议书中提出的各种事项，并不代表已全面说明所有可能存在的缺陷或已提出所有可行的改善建议。

6. 乙方的审计不能减轻甲方及甲方管理层的责任。

(二) 乙方的义务

1. 按照约定时间完成审计工作，出具审计报告。乙方应于 2018 年 4 月 1 日前出具审计报告。

2. 除下列情况外，乙方应当对执行业务过程中知悉的甲方信息予以保密：

(1) 取得甲方的授权；

(2) 根据法律法规的规定，为法律诉讼准备文件或提供证据，以及向监管机构报告发现的违反法规行为；

(3) 接受行业协会和监管机构依法进行的质量检查；

(4) 监管机构对乙方进行行政处罚(包括监管机构处罚前的调查、听证)以及乙方对此提起行政复议。

四、审计收费

1. 本次审计服务的收费是以乙方各级别工作人员在本次工作中所耗费的时间为基础计算的。乙方预计本次审计服务的费用总额为人民币 50 万元。

2. 甲方应于本约定书签署之日起 10 日内支付 50%的审计费用，其余款项于出具审计报告时结清。

3. 如果由于无法预见的原因，致使乙方从事本约定书所涉及的审计服务实际时间较本约定书签订时预计的时间有明显的增加或减少时，甲乙双方应通过协商，相应调整本约定书第四条第 1 项下所述的审计费用。

4. 与本次审计有关的其他费用(包括交通费、食宿费等)由甲方承担。

五、审计报告及其使用

1. 乙方按照《中国注册会计师审计准则第 1501 号——审计报告》和《中国注册会计师审计准则第 1502 号——非标准审计报告》规定的格式和类型出具审计报告。

2. 乙方向甲方出具审计报告一式叁份。

3. 甲方在提交或对外公布审计报告时，不得修改乙方出具的审计报告及其后附的已审计财务报表。当甲方认为有必要修改会计数据、报表附注和所作的说明时，应当事先通知乙方，乙方将考虑有关的修改对审计报告的影响，必要时，将重新出具审计报告。

六、本约定书的有效期间

本约定书自签署之日起生效，并在双方履行完毕本约定书约定的所有义务后终止。但其中第三(二)2、四、五、八、九、十项并不因本约定书终止而失效。

七、约定事项的变更

如果出现不可预见的情况，影响审计工作如期完成，或需要提前出具审计报告，甲乙双方均可要求变更约定事项，但应及时通知对方，并由双方协商解决。

八、终止条款

1. 如果根据乙方的职业道德及其他有关专业职责、适用的法律、法规或其他任何法定的要求，乙方认为已不适宜继续为甲方提供本约定书约定的审计服务时，乙方可以采取向甲方提出合理通知的方式终止履行本约定书。

2. 在终止业务约定的情况下，乙方有权就其于本约定书终止之日前对约定的审计服务项目所做的工作收取合理的审计费用。

九、违约责任

甲乙双方按照《中华人民共和国合同法》的规定承担违约责任。

十、适用法律和争议解决

本约定书的所有方面均应适用中华人民共和国法律进行解释并受其约束。本约定书履行地为乙方出具审计报告所在地，因本约定书所引起的或与本约定书有关的任何纠纷或争议，双方选择向有管辖权的人民法院提起诉讼

十一、双方对其他有关事项的约定。

本约定书一式两份，甲乙方各执一份，具有同等法律效力。

甲方：　金阳实业股份公司　　　　　乙方：永信会计师事务所
授权代表：　　　　　　　　　　　　授权代表：

二〇一七年十月二十日

(二) 审计业务约定书的基本内容

审计业务约定书的具体内容和格式可能因被审计单位的不同而不同，但应当包括以下主要内容：

(1) 财务报表审计的目标与范围；

(2) 注册会计师的责任；

(3) 管理层的责任；

(4) 指出用于编制财务报表所适用的财务报告编制基础；

(5) 提及注册会计师拟出具的审计报告的预期形式和内容，以及对在特定情况下出具的审计报告可能不同于预期形式和内容的说明。

(三) 审计业务约定书的特殊考虑

1. 考虑特定需要

(1) 详细说明审计工作的范围，包括提及适用的法律法规、审计准则，以及注册会计师协会发布的职业道德守则和其他公告；

(2) 对审计业务结果的其他沟通形式；

(3) 说明由于审计和内部控制的固有限制，即使审计工作按照审计准则的规定得到恰当的计划和执行，仍不可避免地存在某些重大错报未被发现的风险；

(4) 计划和执行审计工作的安排，包括审计项目组的构成；

(5) 管理层确认将提供书面声明；

(6) 管理层同意向注册会计师及时提供财务报表草稿和其他所有附带信息，以使注册会计师能够按照预定的时间表完成审计工作；

(7) 管理层同意告知注册会计师在审计报告日至财务报表报出日之间注意到的可能影响财务报表的事实；

(8) 收费的计算基础和收费安排；

(9) 管理层确认收到审计业务约定书并同意其中的条款；

(10) 在某些方面对利用其他注册会计师和专家工作的安排；

(11) 对审计涉及的内部审计人员和被审计单位其他员工工作的安排；

(12) 在首次审计的情况下，与前任注册会计师(如存在)沟通的安排；

(13) 说明对注册会计师责任可能存在的限制；

(14) 注册会计师与被审计单位之间需要达成进一步协议的事项；

(15) 向其他机构或人员提供审计工作底稿的义务。

共 15 项内容，主要是管理层和注册会计师双方约定的一些义务。

2. 组成部分的审计

如果母公司的注册会计师同时也是组成部分注册会计师，需要考虑下列因素，决定是否向组成部分单独致送审计业务约定书：

(1) 组成部分注册会计师的委托人；

(2) 是否对组成部分单独出具审计报告；

(3) 与审计委托相关的法律法规的规定；

(4) 母公司占组成部分的所有权份额；

(5) 组成部分管理层相对于母公司的独立程度。

3. 连续审计

对于连续审计，注册会计师应当根据具体情况评估是否需要对审计业务约定条款作出修改，以及是否需要提醒被审计单位注意现有的条款。

注册会计师可以决定不在每期都致送新的审计业务约定书或其他书面协议。然而，下列因素可能导致注册会计师修改审计业务约定条款或提醒被审计单位注意现有的业务约定条款：

(1) 有迹象表明被审计单位误解审计目标和范围；

(2) 需要修改约定条款或增加特别条款；

(3) 被审计单位高级管理人员近期发生变动；

(4) 被审计单位所有权发生重大变动；

(5) 被审计单位业务的性质或规模发生重大变化；

(6) 法律法规的规定发生变化；

(7) 编制财务报表采用的财务报告编制基础发生变更；

(8) 其他报告要求发生变化。

4. 审计业务约定条款的变更

(1) 在完成审计业务前，如果被审计单位或委托人要求将审计业务变更为保证程度较低的业务，注册会计师应当确定是否存在合理理由予以变更。

(2) 可能导致被审计单位要求变更业务的原因：

① 环境变化对审计服务的需求产生影响；

② 对原来要求的审计业务的性质存在误解；

③ 无论是管理层施加的还是其他情况引起的审计范围受到限制。

上述第①和第②项通常被认为是变更业务的合理理由，但如果有迹象表明该变更要求与错误的、不完整的或者不能令人满意的信息有关，注册会计师不应认为该变更是合理的。

(3) 如果没有合理的理由，注册会计师不应同意变更业务。如果注册会计师不同意变更审计业务约定条款，而管理层又不允许继续执行原审计业务，注册会计师应当：① 在适用的法律法规允许的情况下，解除审计业务约定；② 确定是否有约定义务或其他义务向治理层、所有者或监管机构等报告该事项。

(4) 如果注册会计师认为将审计业务变更为审阅业务或相关服务业务具有合理理由，截至变更日已执行的审计工作可能与变更后的业务相关，相应地，注册会计师需要执行的工作和出具的报告会适用于变更后的业务。

在将审计业务变更为审阅或相关服务业务时，为避免引起报告使用者的误解，对相关服务业务出具的报告不应提及下列内容：① 原审计业务；② 在原审计业务中已执行的程序。只有将审计业务变更为执行商定程序业务，注册会计师才可在报告中提及已执行的程序。

2.3　总体审计策略和具体审计计划

一、总体审计策略

总体审计策略用以确定审计范围、时间安排和方向，并指导具体审计计划的制定。

注册会计师应当在总体审计策略中清楚地说明审计资源的规划和调配，包括确定执行审计业务所必需的审计资源的性质、时间安排和范围。

(1) 向具体审计领域调配的资源，包括向高风险领域分派有适当经验的项目组成员，就复杂的问题利用专家工作等；

(2) 向具体审计领域分配资源的多少，包括分派到重要地点进行存货监盘的项目组成员的人数，在集团审计中复核组成部分注册会计师工作的范围，向高风险领域分配的审计时间预算等；

(3) 何时调配这些资源，包括是在期中审计阶段还是在关键的截止日期调配资源等；

(4) 如何管理、指导、监督这些资源，包括预期何时召开项目组预备会和总结会，预期项目合伙人和经理如何进行复核，是否需要实施项目质量控制复核等。

❖ 【学习提示：总体审计策略】

总体审计策略参考格式

被审计单位：＿＿＿＿＿＿＿＿＿＿＿　索引号：＿＿＿＿＿＿＿＿＿＿＿

项目：＿＿＿＿＿总体审计策略＿＿＿＿　财务报表截止日/时间＿＿＿＿＿＿＿

编制：＿＿＿＿＿＿＿＿＿＿＿＿＿＿　复核：＿＿＿＿＿＿＿＿＿＿＿＿

日期：＿＿＿＿＿＿＿＿＿＿＿＿＿＿　日期：＿＿＿＿＿＿＿＿＿＿＿＿

一、审计范围

报告要求	示　　例
适用的会计准则或制度	
适用的审计准则	
与财务报告相关的行业特别规定	例如：监管机构发布有关信息披露法规、特定行业主管部门发布的与财务报告相关的法规等。
需审计的集团内组成部分的数量及所在地点	
需要阅读的含有已审计财务报表的文件中的其他信息	例如：上市公司年报
制定审计策略需考虑的其他事项	例如：单独出具报告的子公司范围等。

二、审计业务时间安排

(一) 对外报告时间安排

(二) 执行审计时间安排

······

三、影响审计业务的重要因素

(一) 重要性

确定的重要性水平	索引号

(二) 可能存在较高重大错报风险的领域

可能存在较高重大错报风险的领域	索引号
······	

······

四、人员安排

(一) 项目组主要成员的责任

职　位	姓　名	主 要 职 责
······		

注: 在分配职责时, 可以根据被审计单位的不同情况按会计科目划分, 或按交易类别划分。

······

五、对专家或有关人士工作的利用(如适用)

如果项目组计划利用专家或有关人士的工作, 需要记录其他工作的范围和涉及的主要会计科目等。另外, 项目组还应按照相关审计准则的要求对专家或有关人士的能力、客观性及其工作等进行考虑及评估。

(一) 对内部审计工作的利用

主要报表项目	拟利用的内部审计工作	索引号
存货	内部审计部门对各仓库的存货每半年至少盘点一次。在中期审计时, 项目组已经对内部审计部门盘点步骤进行观察, 对其结果满意。因此项目组将审阅其年底的盘点结果, 交缩小存货监盘的范围	
······		

······

二、具体审计计划

(一) 总体审计策略和具体审计计划之间的关系

总体审计策略是具体审计计划的指导，具体审计计划是总体审计策略的延伸。

注册会计师应当针对总体审计策略中所识别的不同事项，制定具体审计计划，并考虑通过有效利用审计资源以实现审计目标。

注册会计师应当根据实施风险评估程序的结果，对总体审计策略的内容予以调整。在实务中，注册会计师将制定总体审计策略和具体审计计划相结合进行，可能会使计划审计工作更有效率及效果，并且注册会计师也可以采用将总体审计策略和具体审计计划合并为一份审计计划文件的方式，以提高编制及复核工作的效率，增强其效果。

(二) 具体审计计划的内容

具体审计计划应当包括风险评估程序、计划实施的进一步审计程序和其他审计程序。

注册会计师计划的进一步审计程序可以分为进一步审计程序的总体方案和拟实施的具体审计程序(包括进一步审计程序的具体性质、时间安排和范围)两个层次。

进一步审计程序的总体方案主要是指注册会计师针对各类交易、账户余额和披露决定采用的总体方案(包括实质性方案和综合性方案)。

具体审计程序则是对进一步审计程序的总体方案的延伸和细化，它通常包括控制测试和实质性程序的性质、时间安排和范围。

【项目演练 2-5　单选题】下列有关审计计划的说法中，正确的是(　　　)。
A. 制定总体审计策略的过程通常在具体审计计划之前
B. 总体审计策略不受具体审计计划的影响
C. 制定审计计划的工作应当在实施进一步审计程序之前完成
D. 具体审计计划的核心是确定审计的范围和审计方案

三、重要性

(一) 重要性的概念

重要性就是注册会计师对财务报表总体能够容忍最大错报(注册会计师角度)。它可从以下几个方面进行理解：

(1) 如果合理预期错报(包括漏报)单独或汇总起来可能影响财务报表使用者依据财务报表作出的经济决策，则通常认为错报是重大的；

(2) 对重要性的判断是根据具体环境作出的，并受错报的金额或性质的影响，或受两者共同作用的影响；

(3) 判断某事项对财务报表使用者影响是否重大，是在考虑财务报表使用者整体共同的财务信息需求的基础上作出的；由于不同财务报表使用者对财务信息的需求可能差异很大，因此不考虑错报对个别财务报表使用者可能产生的影响。

(二) 重要性与审计风险、审计证据的关系

1. 重要性与审计风险成反向变动关系

在制定审计计划时，注册会计师应根据审计风险确定重要性水平。

审计风险越大，重要性数额就得越小。如果注册会计师通过初步分析，认为客户财务报表中出现错报可能性较大，注册会计师难以将报表中重要错报查出的可能性也就越大，即"存在的审计风险"较大。注册会计师应采用较低的重要性水平，以获取充分的审计证据，降低审计风险至可接受水平。

2. 重要性与审计证据成反向变动关系

重要性是注册会计师对财务报表能容忍的最大错报。如果重要性水平定得较低(指金额的大小)，表明审计对象重要，意味着注册会计师把超过水平的错报要查出来，在审计过程中就必须执行较多的测试，获取较多的证据。可见，重要性与审计证据之间成反向变动关系。

(三) 重要性水平的确定

审计重要性水平是指从金额(数量)上来衡量审计重要性。在计划审计工作时，注册会计师应当确定一个可接受的重要性水平，以发现在金额(数量)上重大错报。

1. 财务报表整体的重要性水平

注册会计师使用整体重要性水平的目的：

(1) 决定风险评估程序的性质、时间安排和范围。

(2) 识别和评估重大错报风险。

(3) 确定进一步审计程序的性质、时间安排和范围。

(4) 在形成审计结论阶段，要使用整体重要性水平和为了特定交易类别、账户余额和披露而制定的较低金额的重要性水平，来评价已识别的错报对财务报表的影响和对审计报告中审计意见的影响。

财务报表整体的重要性水平的确定(经验法则)：

$$重要性水平 = 基准 \times 百分比$$

① 适当的基准。注册会计师站在财务报表使用者的角度，充分考虑被审计单位的性质、所处的生命周期阶段以及所处行业和经济环境，选用如资产、负债、所有者权益、收入和费用等财务报表要素，或报表使用者特别关注的项目作为适当的基准。选择基准应考虑的因素：

- 财务报表要素(如资产、负债、所有者权益、收入和费用)；
- 是否存在特定会计主体的财务报表使用者特别关注的项目；
- 被审计单位的性质、所处的生命周期阶段以及所处行业和经济环境；

例如：在进入经营成熟期后，注册会计师可能采用经常性业务的税前利润作为标准。

- 被审计单位的所有权结构和融资方式；
- 基准的相对波动性。

如果被审计单位的经营规模较上年度没有重大变化，通常使用替代性基准确定的重要性不宜超过上年度的重要性。

❖ 【学习提示：重要性基准的选择】

被审计单位的情况	可能选择的基准
企业的盈利水平保持稳定	经常性业务的税前利润
企业近年来经营状况大幅度波动，盈利和亏损交替发生	过去 3~5 年经常性业务的税前利润/亏损的平均值，或其他基准
新设企业，处于开办期	总资产
新兴行业，目前侧重于抢占市场份额、扩大企业知名度和影响力	营业收入

② 百分比。

· 考虑被审计单位是否为上市公司或公众利益实体；

· 考虑百分比与基准之间的关联性。例如：税前利润对应的百分比通常比营业收入对应的百分比要高。

· 财务报表使用者的范围；

· 被审计单位是否由集团内部关联方提供融资或是否有大额对外融资(如债券或银行贷款)；

· 财务报表使用者是否对基准数据特别敏感(如抱有特殊目的财务报表使用者)；

· 不需考虑与具体项目计量相关的固有不确定性。

❖ 【学习提示：基准百分比的选择】

选择的基准	通常可能选择的百分比
经常性业务的税前利润	不超过10%
主营业务收入	不超过2%
总资产	不超过2%
非盈利机构：收入或费用总额	不超过2%

2. 各类交易、账户余额或披露的重要性水平

根据被审计单位的特定情况，如果存在一个或多个特定类别的交易、账户余额或披露，其发生的错报金额虽然低于财务报表整体的重要性，但合理预期可能影响财务报表使用者依据财务报表作出的经济决策，注册会计师还应当确定适用于这些交易、账户余额或披露的一个或多个重要性水平。

并不是每次审计中都应当确定特定认定的重要性水平。

选择特定认定的重要性水平应考虑的因素：

(1) 法律法规或适用的财务报告编制基础是否影响财务报表使用者对特定项目计量和披露的预期(如关联方交易、管理层及治理层的报酬)；

(2) 与被审计单位所处行业及其环境相关的关键性披露；(如制药业的研究与开发成本)

(3) 财务报表使用者是否特别关注财务报表中单独披露的业务的特定方面(如新收购

的业务)。

(四) 实际执行的重要性

1. 重要性

实际执行的重要性,是指注册会计师确定的低于财务报表整体的重要性的一个或多个金额,旨在将未更正和未发现错报的汇总数超过财务报表整体的重要性的可能性降至适当的低水平。

如果适用,实际执行的重要性还指注册会计师确定的低于特定类别的交易、账户余额或披露的重要性水平的一个或多个金额。

确定实际执行的重要性应考虑的因素:

(1) 对被审计单位的了解(这些了解在实施风险评估程序的过程中得到更新);

(2) 前期审计工作中识别出的错报性质和范围;

(3) 根据前期识别出的错报对本期错报作出的预期。

2. 定量确定

实际执行的重要性见表 2-4。

表 2-4　实际执行的重要性

考虑选择较低的百分比确定实际执行的重要性(接近财务报表整体重要性 50%的情况)	(1) 非连续审计(首次接受委托的审计项目) (2) 连续审计项目,以前年度审计调整较多 (3) 项目总体风险较高 (4) 存在或预期存在值得关注的内部控制缺陷
考虑选择较高的百分比确定实际执行的重要性(接近财务报表整体重要性 75%的情况)	(1) 连续审计,以前年度审计调整较少 (2) 项目总体风险为低到中等 (3) 以前期间的审计经验表明内部控制运行有效

3. 运用

(1) 注册会计师在计划审计工作时,可以根据实际执行的重要性确定需要对哪些类型的交易、账户余额和披露实施进一步审计程序。

注册会计师通常制定审计计划时,会将金额超过实际执行的重要性的账户纳入审计范围,因为这些账户有可能导致财务报表出现重大错报。但这不代表注册会计师可以对所有金额低于实际执行的重要性的财务报表项目不实施进一步审计程序。

(2) 运用实际执行的重要性确定进一步审计程序的性质、时间安排和范围。

在实施分析程序时,运用实际执行的重要性确定可接受的差异临界值。在实施审计抽样时,运用实际执行的重要性确定可容忍错报等。

(五) 重要性水平的修改

如果在审计过程中获知了某项信息,而该信息可能导致注册会计师确定与原来不同的金额,注册会计师应当修改财务报表整体的重要性和特定类别的交易、账户余额或披露的一个或多个重要性水平(如适用)。

导致在审计过程中修改重要性的因素:

(1) 审计过程中情况发生重大变化(如决定处置被审计单位的一个重要组成部分);

(2) 获取了新的信息;

(3) 通过实施进一步审计程序,注册会计师对被审计单位及其经营的了解发生了变化。

如果认为运用低于最初确定的财务报表整体的重要性和特定类别的交易、账户余额或披露的一个或多个重要性水平(如适用)是适当的,注册会计师应当确定是否有必要修改实际执行的重要性,并确定进一步审计程序的性质、时间安排和范围是否仍然适当。

【项目演练2-6 单选题】 在理解重要性概念时,下列表述中错误的是(   )。

A. 重要性取决于在具体环境下对错报金额和性质的判断

B. 如果一项错报单独或连同其他错报可能影响财务报表使用者依据财务报表做出的经济决策,则该项错报是重大的

C. 判断一项错报对财务报表是否重大,应当考虑对个别特定财务报表使用者产生的影响

D. 较小金额错报的累计结果,可能对财务报表产生重大影响

【项目演练2-7 单选题】 注册会计师在确定财务报表整体的重要性时通常选定一个基准。下列各项因素中,在选择基准时不需要考虑的是(   )。

A. 被审计单位所处的生命周期阶段

B. 基准的重大错报风险

C. 基准的相对波动性

D. 被审计单位的所有权结构和融资方式

四、错报

(一) 错报的定义

错报,是指某一财务报表项目的金额、分类、列报或披露,与按照适用的财务报告编制基础应当列示的金额、分类、列报或披露之间存在的差异;或根据注册会计师的判断,为使财务报表在所有重大方面实现公允反映,需要对金额、分类、列报或披露作出的必要调整。

(二) 累积识别出的错报

注册会计师应当累积审计过程中识别出的错报,除非错报明显微小。

错报的汇总数=已识别的具体错报(事实错报+判断错报)+推断错报

错报区分为:

(1) 事实错报。事实错报是毋庸置疑的错报。

(2) 判断错报。由于注册会计师认为管理层对会计估计作出不合理的判断或不恰当地选择和运用会计政策而导致的差异。

(3) 推断错报。注册会计师对总体存在的错报作出的最佳估计数,涉及根据在审计样本中识别出的错报来推断总体的错报。

(三) 对审计过程识别出的错报的考虑

(1) 错报可能不会孤立发生,一项错报的发生还可能表明存在其他错报;

(2) 抽样风险和非抽样风险可能导致某些错报未被发现;

(3) 注册会计师可能要求管理层检查某类交易、账户余额或披露,以使管理层了解错报的产生原因,并要求管理层采取措施以确定这些交易、账户余额或披露实际发生错报的金额,以及对财务报表作出适当的调整。

(四) 识别出的错报会影响是否修改审计计划的决定

如果出现下列情况之一,注册会计师应当确定是否需要修改总体审计策略和具体审计计划:

(1) 识别出的错报性质以及错报发生的环境表明可能存在其他错报,并且可能存在的其他错报与审计过程中累积的错报合计起来可能是重大的。

(2) 审计过程中累积的错报合计数接近计划的重要性。

【项目演练 2-8 单选题】 下列关于错报的说法中,错误的是(   )。

A. 明显微小的错报不需要累积

B. 错报可能是由于错误或舞弊导致的

C. 错报仅指某一财务报表项目金额与按照企业会计准则应当列示的金额之间的差异

D. 判断错报是指由于管理层对会计估计作出不合理的判断或不恰当地选择和运用会计政策而导致的差异

项 目 练 习

一、单项选择题

1. 关于明显微小的说法中,不正确的是(   )。

A. 果不确定一个或多个错报是否明显微小,则认为这些错报是明显微小的

B. 明显微小的错报,无论从规模、性质或其发生的环境来看都是明显微不足道的

C. 确定一个明显微小错报的临界值,低于该临界值的错报视为明显微小的错报,可以不累积

D. 注册会计师应确定一个明显微小错报的临界值

2. 注册会计师在制定总体审计策略时,对审计范围的考虑事项不包括(   )。

A. 编制拟审计的财务信息所依据的财务报告编制基础

B. 对利用在以前审计工作中获取的审计证据的预期

C. 评估的财务报表层次的重大错报风险对指导、监督及复核的影响

D. 拟审计的经营分部的性质

3. 下列与重大错报风险相关的表述中,正确的是(   )。

A. 重大错报风险是因样本规模确定的较小而产生的

B. 重大错报风险是假定不存在相关内部控制,某一认定发生重大错报的可能性

C. 重大错报风险独立于财务报表审计而存在

D. 重大错报风险是财务报表存在重大错报的可能性

4. 在审计风险模型中,"检查风险"取决于(   )。

A. 与财务报表编制有关的内部控制的设计和运行的有效性

B. 审计程序设计的合理性和执行的有效性

C. 交易、账户余额、列报和披露及其认定的性质

D. 被审计单位及其环境

5. 下列各项中与 A 公司财务报表层次重大错报风险评估最相关的是(　　)。

A. A 公司应收账款周转率呈明显下降趋势

B. A 公司控制环境薄弱

C. A 公司的生产成本计算过程相当复杂

D. A 公司持有大量高价值且易被盗窃的资产

6. 注册会计师为了评估风险和设计进一步审计程序,应当制定一个实际执行的重要性,实际执行的重要性跟重要性水平相比较的情况是(　　)。

A. 实际执行的重要性更高

B. 实际执行的重要性更低

C. 两者相等

D. 实际执行的重要性略高

7. 在理解重要性概念时,下列表述中错误的是(　　)。

A. 重要性取决于在具体环境下对错报金额和性质的判断

B. 如果一项错报单独或连同其他错报可能影响财务报表使用者依据财务报表做出的经济决策,则该项错报是重大的

C. 判断一项错报对财务报表是否重大,应当将使用者作为一个群体对共同性的财务信息的需求来考虑

D. 在重要性水平之下的小额错报,无需关注

8. 下列关于审计前提条件的说法中,不正确的是(　　)。

A. 如果不存在可接受的财务报告编制基础,管理层就不具有编制财务报表的恰当基础,注册会计师也不具有对财务报表进行审计的适当标准

B. 按照审计准则的规定执行审计的前提是管理层已认可并理解其承担的责任

C. 如果管理层不认可其责任,或不同意提供书面声明,通常情况下,也能够承接此类审计业务

D. 注册会计师需要就管理层认可并理解其与内部控制有关的责任与管理层达成共识

9. 下列有关审计业务约定书的说法中错误的是(　　)。

A. 审计业务约定书是会计师事务所与被审计单位签订的

B. 审计业务约定书的具体内容和格式不会因不同的被审计单位而不同

C. 审计业务约定书具有经济合同的性质,它的目的是为了明确约定各方的权利和义务。约定书一经约定各方签字认可,即成为法律上生效的契约,对各方均具有法定约束力

D. 会计师事务所承接任何审计业务,均应与被审计单位签订审计业务约定书

10. 关于错报,下列说法中正确的是(　　)。

A. 如果错报单独或汇总起来未超过财务报表整体的重要性,注册会计师可以不要求管理层更正

B. 错报是指某一财务报表项目的金额与按照适用的财务报告编制基础应当列示的金
　　额之间存在的差额

C. 超过重要性水平的错报一定构成重大错报

D. 注册会计师在审计执业过程中，无需累积明显微小的错报

二、多项选择题

1. 下列因素可能导致注册会计师修改审计业务约定条款或提醒被审计单位注意现有
业务约定条款的有(　　)。

A. 被审计单位高级管理人员近期发生变动

B. 被审计单位业务的性质或规模发生重大变化

C. 被审计单位处置子公司

D. 环境变化对审计服务的需求产生影响

2. 注册会计师应当在总体审计策略中清楚地说明审计资源的规划和调配，包括
(　　)。

A. 向具体审计领域调配的资源，包括向高风险领域分派有适当经验的项目组成员，
　　就复杂的问题利用专家工作等

B. 如何管理、指导、监督这些资源，包括预期何时召开项目组预备会和总结会，预
　　期项目合伙人和经理如何进行复核，是否需要实施项目质量控制复核等

C. 何时调配这些资源，包括是在期中审计阶段还是在关键的截止日期调配资源等

D. 向具体审计领域分配资源的多少，包括分派到重要地点进行存货监盘的项目组成
　　员人数，在集团审计中复核组成部分注册会计师工作的范围，向高风险领域分配
　　的审计时间预算等

3. 制定总体审计策略时，注册会计师需要考虑的事项有(　　)。

A. 预期审计工作涵盖的范围

B. 确定重大错报风险较高的审计领域

C. 向高风险领域分派具有适当经验的项目组成员

D. 计划实施实质性程序的性质、时间和范围

4. ABC 会计师事务所承接 EFG 公司 2012 年度财务报表审计工作，甲注册会计师担
任项目合伙人，下列关于甲注册会计师的观点不正确的有(　　)。

A. 注册会计师制定总体审计策略后，开展初步业务活动

B. 开展初步业务活动以确定实际执行的重要性水平

C. 开展初步业务活动以确定注册会计师是否具备独立性和专业胜任能力

D. 开展初步业务活动以确保注册会计师对客户的商业机密保密

三、案例分析题

1. A 注册会计师是注册会计师协会 2017 年度财务报表审计质量检查小组成员，在检
查 W 会计师事务所 2017 年度财务报表审计质量时，选取了 W 会计师事务所对甲公司(上
市公司)2017 年度财务报表审计的工作底稿进行检查(甲公司 2017 年度财务报表审计的项
目合伙人为 B 注册会计师)。工作底稿中存在下列事项：

(1) B 注册会计师制定的总体策略确定了审计范围、审计方向、报告目标、时间安排

及所需沟通的性质，并对审计资源的规划和调配作出整体安排。

(2) B 注册会计师在制定具体审计计划时确定的财务报表整体重要性为 120 万元。甲公司的资产总额为 100 亿元，净利润为 2600 万元。

(3) B 注册会计师确定资产负债表的实际执行的重要性为 70 万元，确定利润表的实际执行的重要性为 45 万元。

(4) 因为分析程序能够非常有效地识别重大错报风险，而且审计准则对在风险评估阶段使用分析程序作出了强制要求，因此注册会计师计划在了解被审计单位内部控制时充分利用分析程序。

(5) 甲公司将某项销售业务产生的应收款项(金额为 200 万元)错误地计入了其他应收款，因超过重要性水平，注册会计师将该项错报评价为重大错报。

(6) 因管理层意图对某项金融资产的正确归类至关重要，B 注册会计师计划就该意图获取管理层声明书，要求管理层在该声明书上签署的日期尽量接近审计报告日，但不得在审计报告日后。

针对上述事项(1)～(6)，逐项指出是否存在不当之处。如果存在不当之处，简要说明理由。

2. 上市公司甲公司是 ABC 会计师事务所的常年审计客户，A 注册会计师负责审计甲公司 2017 年度财务报表。审计工作底稿中与确定重要性和评估错报相关的部分内容摘录如下(金额单位：万元)：

项　　　目	2014 年	2013 年
营业收入	30 050 (未审数)	30 000 (已审数)
税前利润	3 000	2 990
财务报表整体的重要性	150	120
实际执行的重要性	75	75
特定类别交易、账户余额或披露的重要性水平	200	0
明显微小错报的临界值	0	6

针对上述第(1)～(5)项，假定不考虑其他条件，逐项指出 A 注册会计师的做法是否恰当。如不恰当，简要说明理由。

(1) 甲公司经营规模较上年没有发生大的变化，A 注册会计师以税前利润为基准，确定的财务报表整体的重要性水平为 150 万元。

(2) 考虑到甲公司最大债权人 Y 银行的决策需要，A 注册会计师按照财务报表整体重要性水平的 50%确定了实际执行的重要性水平。

(3) A 注册会计师认为，如果发生与关联方及其交易相关的财务报表项目和披露错报，即使其金额低于财务报表整体重要性，仍可能影响财务报表使用者依据财务报表作出的经济决策。因此，确定与关联方及其交易相关的财务报表项目和披露的重要性水平为 200 万元。

(4) 考虑到甲公司的重大错报风险较低，故 A 注册会计师将明显微小错报的临界值确定为 20 万元。

(5) 在修改重要性水平时，考虑到税前利润中存在的固有不确定性，A 注册会计师决定调低财务报表整体的重要性。

拓展阅读

国际四大会计师事务所

★ 普华永道会计师事务所

普华永道是由原来的普华国际会计公司(Price Waterhouse)和永道国际会计公司(Coopers & Lybrand)于 1998 年 7 月 1 日合并而成。它是全球最具规模的专业服务机构，在全球 142 个国家拥有超过 12.5 万名专业人士。普华永道融合他们所具备的渊博知识与丰富经验，以最高的职业操守为客户提供高质量的服务。普华永道是 Price waterhouse Coopers 国际网络成员公司。每一家 Price waterhouse Coopers 国际网络成员公司都是独立运作的法律实体。

普华永道是在中国大陆、香港及澳门处于领先地位的专业服务机构，在中国大陆、香港及澳门共拥有员工约 5500 人，其中包括 226 名合伙人，并在北京、重庆、大连、广州、上海、深圳、苏州、天津及西安等内地城市设立办事处。

★ 毕马威会计师事务所

毕马威在全球共有合伙人 6561 人、专业人员 59 663 人和办事机构 844 个。在当今国际会计师事务所中，毕马威是唯一一家采用统一模式管理中国业务，并能够以最有效率的资源配置方式为广大中国客户服务的会计师事务所。

由于率先打入中国市场，毕马威在中国积累了丰富的市场经验，并为国内多家知名企业提供专业服务。随着中国企业融入全球经济和境外企业大举进入中国市场，毕马威将结合其国际经验和对市场的深入认识这两大优势，在日趋复杂但又机遇较多的中国市场为客户提供高效服务。

★ 德勤会计师事务所

德勤通常指的是"德勤全球"(Deloitte Touche Tohmatsu)的下属实体，或者这家瑞士组织遍布全球的分支机构和会员。总部位于美国纽约。

德勤全球在其国际化的战略指引下，在近 150 个国家和地区内拥有下属企业，汇集了12 万多的专家，并致力于为客户提供卓越的专家服务和咨询。其主要业务集中在四个领域：审计、税务规划、咨询和财务顾问，全球有一半以上的大型企业、国有企业、公共机构、本地重要客户以及成功的成长期企业都在享受着德勤的服务。

这家企业采纳了合伙制的形式，本身不直接提供服务，而是通过其全球的会员企业来聚敛财务。作为根据瑞士法律组成的社团性质的组织，德勤全球或者其任何成员企业都是独立的实体，互相独立，在"勤业"、"勤业众信"、"德勤全球"的名号下开展自己的业务。

★ 安永会计师事务所

安永会计师事务所(Ernst & Young)为世界上最大的专业服务公司之一。它的前身是

1903 年成立于美国克利夫兰的恩斯特·恩斯特(1979 年后合并为恩斯特·惠尼)会计师事务所和 1906 年成立于美国纽约的阿瑟·杨会计师事务所。安永在全球 140 个国家、700 个城市拥有服务点，共有员工 13.5 万人。在福布斯的排行榜上，安永位列私人企业的第九位。总部位于伦敦，在华业务由位于香港的中国区总部负责，在内地北京、天津、上海、成都、大连、广州、澳门、深圳、苏州、武汉、青岛、厦门、杭州设有分所。

——百度百科

项目3　掌握审计证据、编制工作底稿

职业能力目标

- 掌握审计证据的定义、分类和特征；
- 掌握收集审计证据主要程序与方法；
- 了解审计证据的整理、分析与评价方法；
- 了解审计工作底稿的概念和基本作用；
- 了解审计工作底稿的基本结构及编制要求和复核要求。

工作任务与项目导图

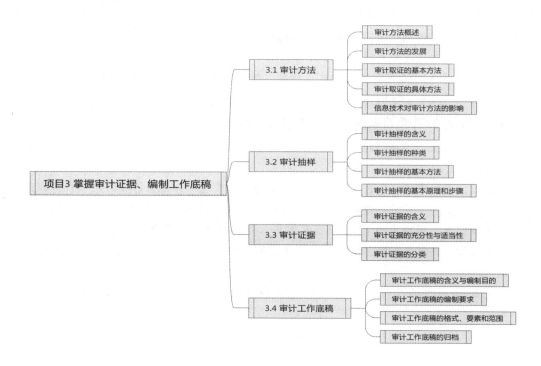

项目导入

审计署抽查发现违规使用扶贫资金超1亿

精准脱贫、污染防治、"三去一降一补"、"放管服"改革等中央的重大决策部署执行情况如何？专项资金是否真的惠及百姓？作为监督者的审计署每个季度都会针对国家重大政策措施贯彻落实情况跟踪审计。

北京青年报记者从审计署获悉，2017年第三季度，审计署继续组织对31个省、自治区、直辖市和30个中央部门、10个中央企业进行跟踪审计，抽查了1343个单位1914个项目，涉及资金4421.59亿元。

从审计情况看，有关部门和地区结合实际情况主动作为，认真整改审计查出的问题，取得较好成效，但也存在一些相关政策措施落实不到位的情况。

针对审计过程中发现的问题，审计署已在第一时间督促整改。同时，每次新一轮的审计也会针对此前审计发现问题的整改情况进行监督。审计署财政审计司主要负责人称，有关部门和地区针对以往跟踪审计发现的问题积极整改，推动了相关工作。

★ 11个省29个州县落实扶贫政策不到位

北京青年报记者注意到，上述公告将落实脱贫攻坚政策不到位列在审计查出问题的第一项。

在此次审计抽查的71个扶贫县(区、市、旗)中发现，11个省的29个州县落实易地扶贫搬迁、健康扶贫等扶贫政策不到位，存在将不符合条件人员列入易地扶贫搬迁对象、扶贫工程项目建设进展缓慢等问题；9个省的18个县因资金统筹盘活不到位，3.55亿元产业扶贫等资金闲置1年以上；7个省10个州县的84个单位或个人违规将扶贫资金用于市政设施建设等非扶贫领域以及公务接待、职工福利等，涉及资金11299.12万元。其中，广西壮族自治区龙胜县兴龙城市投资有限公司在2015年至2016年间，挪用易地扶贫搬迁资金1400万元，用于支付体育综合楼项目工程款。数据显示，此次针对脱贫攻坚政策的落实，共审计897个项目和278.81亿元资金。

★ 12个省87个项目未按时完工或建成后闲置

除了脱贫攻坚，污染防治问题同样是审计的"重头戏"。进入冬天后环境问题也愈发受到社会关注。

北青报记者注意到，公告中指出第三季度的审计发现部分地区污染防治项目存在未按要求建设、缺少环境评价、建设进展缓慢或建成后闲置的问题。其中：

一是陕西省、深圳市的13个项目未按要求开展环境影响评价等工作。

二是江西、甘肃2省的3个工业园区未按环评要求建设污水处理设施，部分超标污水直排河道。

三是12个省的87个生态环境保护项目未按时完工或建成后闲置，涉及投资33.91亿元。

——《北京青年报》

3.1　审　计　方　法

一、审计方法概述

关于审计方法概念的表达，归纳起来大致有两种不同的观点：一是狭义的审计方法，即认为审计方法是审计人员为取得充分有效审计证据而采取的一切技术手段；另一种是广义的审计方法，即认为审计方法不应只是用来收集审计证据的技术，而应将整个审计过程中所运用的各种方式、方法、手段和技术都包括在审计方法的范畴之内。

随着审计实践的丰富与审计理论的发展，审计方法也经历了由简单到复杂、由低级到高级、由个别到群体的漫长的历史演变，逐渐形成有系统的方法体系。从系统论的观点看，审计方法体系，是指为了完成审计任务，实现审计目标，由一组相互关联的审计方法共同构成的一个有机的整体。对于这个整体，有人认为它只包括能搜集审计证据的各种技术，也有人认为它包括整个审计过程中所使用的各种方法。一般认为后一种看法是正确的。因为要想完成审计任务，实现审计目标，仅仅依靠搜集审计证据是不够的，还要运用规划的方法来科学地确定目标，组织证实目标；还要运用记录、评价和报告的方法来反映、衡量反馈目标被证实的过程与结果；同时还要运用各种管理手段控制审计过程、审计效率和质量，否则就很难取得满意的效果。

二、审计方法的发展

审计方法的演变大致可分为三个阶段：账目基础审计阶段、制度基础审计阶段和风险基础审计阶段。

(一) 账目基础审计

账目基础审计是指以经济业务、会计事项和账目记录为基础，直接从会计资料的审查入手收集有关审计证据，从而形成审计意见和结论的一种审计取证模式。

审计目标：查错防作弊。审计方法：运用详细审计方法，对大量的凭证、账目、财务报表等进行逐项审查。

优点：这种取证方式可以直接取得具有实质性意义的审计证据，审计质量较高。缺点：在审计环境和审计目标发生巨大变化的条件下，账目基础审计已无法兼顾审计质量和审计效率两方面的要求。

(二) 制度基础审计

制度基础审计是从检查被审计单位内部控制入手，根据对内部控制评审的结果，确定实质性测试的审查范围、数量和重点，根据检查结果形成审计意见和结论。

审计目标：财务报表的真实性、合法性和效益性。审计方法：运用制度基础审计模式需要大量采用抽查方法。抽查测试中工作量的大小、样本容量的确定以及抽样方法的选择等，是以内部控制系统的强弱以及对内部控制系统的检查和评价为基础的。

优点：根据内部控制的测评结果确定实质性测试的范围和深度，这种取证模式较好地适应了审计环境和审计目标的变化，提高了审计质量和效率，同时也减少了审计取证的盲目性，降低了审计风险。

缺点：① 工作效率的改进不明显；② 由于不同被审计单位的差异，内部控制有效性的整体评价缺少统一的标准；③ 内部控制的可依赖程度与实质性测试所需要的检查工作之间缺乏量化关系；④ 被审计单位虽然建立了较为完善的内部控制，但是如果其管理人员由于种种原因有意不予执行，那么内部控制的有效性也难以保障；⑤ 不能直接解决全部审计风险问题。

(三) 风险基础审计

风险基础审计是指审计人员在对审计全过程中各种风险因素进行充分评估分析的基础上，将风险控制方法融入传统审计方法中，进而获取审计证据，形成审计结论的一种审计取证模式。

审计目标：财务报表的真实性、合法性和效益性。审计方法：风险基础审计立足于对审计风险进行系统的分析和评价。在审计过程中，审计人员不仅要对控制风险进行评价，而且要对审计各个环节的各种风险进行评价，并在评价的基础上运用相应的方法进行实质性测试。

随着社会经济的发展，民主政治制度的推行，社会对审计的需求增加，人们对审计的要求提高，审计工作者不得不认真总结经验、寻求科学的方法，努力提高审计质量以满足社会的需要。在漫长的历史发展过程中，通过不断地借鉴、吸收与创新，审计方法走出了自己的一条发展道路。

【项目演练 3-1　单选题】从检查被审计单位内部控制入手，根据内部控制测评结果，确定实质性审查的范围、数量和重点的审计取证模式是(　　)。

A. 账目基础审计　　　　　　　　B. 制度基础审计
C. 风险基础审计　　　　　　　　D. 数据基础审计

三、审计取证的基本方法

审计取证的基本方法是指与取证的顺序和范围有关的程序性方法。这些方法不是直接取证的具体方法。

(一) 审计取证方法按其取证顺序与记账程序的关系可分为顺查法和逆查法

1. 顺查法

顺查法是指审计的取证顺序与反映经济业务的会计资料形成过程相一致的方法。

在这种方法下，审计人员应该：① 检查原始凭证真实与合法性；② 用记账凭证或记账凭证汇总表核对日记账、明细账和总账，视其是否一致，并进行账目与账目和账目与实物的检查核对；③ 把经核实的账目与财务报表相核对，并分析确定财务报表编制的真实与合法性。

优点：审计过程全面细致，一般说来不容易遗漏错弊事项，因此，审计质量较高。同时由于方法简单，所以易于掌握。缺点：事无巨细，重点不突出，机械繁杂，工作量大，不利于提高审计工作效率。

顺查法的适用范围：业务规模较小、会计资料较少、存在问题较多的被审计单位。

2. 逆查法

逆查法是指审计取证的顺序与反映经济业务的会计资料形成过程相反的方法。

审计人员应当：① 分析检查财务报表，从中发现异常变动和问题线索，确定审计重点；② 追查至相关的日记账、明细账和总账，通过账目与账目和账目与实物的检查核对，进一步确定需要重点检查的记账凭证；③ 核对记账凭证直至原始凭证，以最终查明问题的原因和过程。

优点：可从审计事项的总体上把握重点，在发现问题线索的基础上明确主攻方向，因而目的性和针对性比较强。由于突出重点，因而可以节省人力和时间，提高审计工作效率。

缺点：由于运用逆查法一般不需详细审查，因此可能遗漏重要错弊事项。此外，在技术上逆查法比顺查法要复杂，掌握起来难度比较大。

逆查法的适用范围：业务规模较大，内部控制系统比较健全，管理基础较好的被审计单位。

(二) 审计取证方法按照审查经济业务和会计资料的范围可分为详查法和抽查法

1. 详查法

详查法是指对被审计的某类经济业务和会计资料的全部内容毫无遗漏地进行全面详细审查的方法。详查法不同于全部审计。全部审计是按审计范围大小进行的分类，与局部审计相对。全部审计不一定采用详查法。

优点：可以有效地查出会计资料中存在的各种差错，不容易出现遗漏，也可以收集到完整证据，使审计质量有可靠的保证。缺点：必须安排足够的人员和时间才能完成审计任务，工作量大，费时费力，审计成本相对较高。

详查法的适用范围：经济业务比较简单、内部控制比较薄弱以及可能存在重大违反财经法纪行为的被审计单位，可考虑采用详查法。

2. 抽查法

抽查法是指对被审计单位的部分经济业务和会计资料进行检查，并根据检查结果推断总体状况的方法。根据确定样本数量和以样本推断总体所依据的方法不同，抽查法可以分为统计抽样法和非统计抽样法。抽查法不同于局部审计，它是一种审计方法。而局部审计是审计类别的一种，它是按审计范围大小不同进行审计的。局部审计不一定采用抽查法。

优点：极大地提高了审计工作效率，节省了审计资源，可以收到事半功倍的效果。缺点：以对部分资料的检查结果去推断总体的状况，因而有可能对审计质量产生影响。尤其是对于那些发生频率不高的错弊行为，该方法的运用具有一定的局限性。

抽查法的适用范围比较广泛。凡对规模较大、经济业务多、内部控制健全有效、会计基础工作较好和组织机构健全的单位进行审计，都可运用抽查法。

【项目演练 3-2　单选题】下列有关审计方法的表述中，错误的是(　　)。

A. 顺查法是指从检查原始凭证入手的审计方法

B. 顺查法一般适用于业务规模较小、会计资料较少的被审计单位

C. 逆查法是指从分析检查财务报表入手的审计方法

D. 逆查法一般适用于存在问题较多的被审计单位

四、审计取证的具体方法

审计取证具体方法是指直接用于收集审计证据的方法。审计取证具体方法应用于审计程序的准备阶段和实施阶段。

(一) 检查

检查是指对纸质、电子或者其他介质形式存在的文件和资料进行审查，或者对有形资

产进行审查。包括检查记录或文件和检查有形资产两种类型。

1. 检查记录或文件

(1) 原始凭证的检查。检查原始凭证可以反映经济活动是否符合有关法律、规章和制度等，检查业务处理过程中各经办单位或部门及有关人员盖章是否齐全，业务内容是否正常，金额计算是否正确，明细金额与汇总金额是否相符，填制时有无涂改等。

(2) 记账凭证的检查。根据已检查的原始凭证，查看其摘要是否与经济活动的内容相一致，会计科目的使用是否正确，账户的对应关系是否清晰，金额计算是否正确，有关项目是否填列齐全。同时还要审查编制、复核、记账、财会主管、单位主管的签章是否齐全，以查清有关内部控制手续是否落实。

(3) 账簿的检查。

(4) 报表的检查。检查报表的项目是否填列齐全，检查表内的对应关系和平衡关系是否正确无误、报表的附注是否充分并且正确，有关主管人的签字盖章是否齐全等。

(5) 其他书面资料的检查。

2. 检查有形资产

检查有形资产是审计人员对资产实物进行审查。检查有形资产的方法主要适用于存货和现金，也适用于有价证券、应收票据和固定资产等。

检查有形资产可为其存在性提供可靠的审计证据，但不一定能够为权利和义务或计价认定提供可靠的审计证据。

(二) 观察

观察是指察看相关人员正在从事的活动或者执行的程序。

通过观察，审计人员可以了解被审计单位的基本情况，获取被审计单位的经营环境、生产状况、业务运行情况及内部控制遵循情况的证据。观察提供的审计证据仅限于观察发生的时间和地点。

(三) 询问

询问是指以书面或者口头方式向有关人员了解关于审计事项的信息。

询问常在运用其他方法发现疑点和问题后加以运用。询问必须作成书面记录，并由答询人签字盖章。

询问本身不足以发现认定层次存在的重大错报，也不足以测试内部控制运行的有效性，审计人员还应当实施其他审计程序获取充分且适当的审计证据。

(四) 外部调查

外部调查是指向与审计事项有关的第三方进行调查。根据调查方式的不同，外部调查可分为现场调查和函证。

1. 现场调查

现场调查是审计人员直接到与审计事项有关的第三方注册地或工作地进行实地调查。

2. 函证

函证是审计人员为证明被审计单位会计资料所载事项而向其他有关单位或个人发函询证。函证分为积极式和消极式。

① 积极函证要求收函单位对函询事项无论与事实相符与否，都应给予复函。收到复函后，应与被审计单位账面记录核对，如有不符可再次发函询证。积极函证方法在手续上比较麻烦，但是能取得书面证据，提高审计证据的可信性。对数额较大、有疑点的往来款项宜采取积极函证方法。如果函证未得到回复，审计人员应采取其他替代方法予以查证。

② 消极函证只是在收函单位发现函询事项与事实不符时，才予以复函。发函方经过一段时间未收到复函，则可认为所询证事项与事实相符。消极函证所取得的审计证据不如积极函证所取得的审计证据可靠。

外部调查的作用：由于外部调查所取得的证据是由独立于被审计单位之外的第三者提供的，因此具有较高的可靠性。

(五) 重新计算

重新计算是指以手工方式或者使用信息技术对有关数据计算的正确性进行核对。它可用于对以下资料的数据计算进行审查：① 原始凭证；② 记账凭证；③ 账簿；④ 报表；⑤ 其他有关资料。

由于重新计算所获得的证据属于审计人员的亲历证据，因此通常被认为具有较高的可靠性。

(六) 重新操作

重新操作是指对有关业务程序或者控制活动独立进行重新操作验证。

(七) 分析

分析是指研究财务数据之间、财务数据与非财务数据之间可能存在的合理关系，对相关信息作出评价，并关注异常波动和差异。常用的方法有：比较分析法、比率分析法和趋势分析法。

1. 比较分析法

比较分析法是通过某一财务报表项目与其既定标准的比较，以获取有关审计证据的一种技术方法。它包括本期实际数与计划数、预算数或审计人员的计算结果之间的比较，本期实际数与同业标准之间的比较等。

2. 比率分析法

比率分析法是通过对财务报表中的某一项目同其相关的某一项目相比所得的值进行分析，以获取实际证据的一种审计方法。

3. 趋势分析法

趋势分析法是通过对连续若干期某一财务报表项目的变动金额及其百分比的计算，分析该项目的增减变动方向和幅度，以获取有关审计证据的一种技术方法。

分析方法还包括分析和调查异常变动项目、重要比率或者趋势与预期数额和相关信息的差异情况。分析方法可以运用于审计计划、审计实施以及审计终结的全过程。

五、信息技术对审计方法的影响

无论被审计单位运用信息技术的程度如何，注册会计师均需了解与审计相关的信息技术一般控制和应用控制。如果注册会计师计划依赖自动应用控制，或依赖系统生成信息的控制，就需要对相关的信息技术一般控制进行验证。当人工控制依赖系统生成的信息时，信息技术的一般控制同样重要。

(一) 一般控制对控制风险的影响

注册会计师通常优先评估公司层面信息技术控制和信息技术一般控制的有效性。

信息技术一般控制对应用控制的有效性具有普遍性影响。无效的一般控制增加了应用控制不能防止或发现并纠正认定层次重大错报的可能性，即使这些应用控制本身得到了有效设计。

如果一般控制有效，注册会计师可以更多地信赖应用控制，测试这些控制的运行有效性，并将控制风险评估为低水平或者低于"最高"水平。

(二) IT(信息技术)控制对控制风险和实质性程序的影响

在评估 IT 控制对控制风险和实质性程序的影响时，注册会计师需要将控制与具体的审计目标相联系。

(1) 对于一般控制，注册会计师通常不将控制与具体的审计目标相联系。

(2) 如果针对某一具体审计目标，注册会计师能够识别出有效的应用控制，在通过测试确定其运行有效后，注册会计师能够减少实质性程序。

(三) 在不太复杂 IT 环境下的审计——绕过计算机进行审计

当面临不太复杂的 IT 环境时，注册会计师虽然仍需要了解信息技术一般控制和应用控制，但不测试其运行有效性，即不依赖其降低评估的控制风险水平，更多的审计工作将依赖非信息技术类审计方法。

(四) 在较为复杂 IT 环境下的审计——穿过计算机进行审计

当面临较为复杂的 IT 环境时，"绕过计算机进行审计"就不可行，而需要"穿过计算机进行审计"。这时，注册会计师更可能需要更多运用各项审计技术和审计工具开展具体的审计工作。

3.2　审　计　抽　样

审计抽样属于一种审计技术。抽样能以较小的样本规模代表大多数总体，提高工作效率。合理保证和重要性原则等审计理论也为审计抽样等运用奠定了基础。现代审计以抽样为原则，详查为例外。

一、审计抽样的含义

审计抽样是指审计人员从审计对象总体中选取一定数量的样本进行测试，并根据测试结果，推断总体特征的一种审计方法。它包括统计抽样方法和非统计抽样方法。

审计抽样可用于内部控制测试和实质性审查，但它并不适用于这些测试中的所有程序。比如，审计抽样可在检查和函证中广泛运用，但通常不用于询问、观察和分析。

审计抽样通常不适用于下列情况：① 检查总体的完整性；② 抽样单位较少；③ 总体中的每笔业务金额均超过重要性水平；④ 可接受检查风险过低或要求审计检查保证程度过高；⑤ 有特殊风险或需要特别关注的事项；⑥ 使用审计抽样不符合成本效益原则。

存在下列情形之一的，审计人员可以对审计事项中的全部项目进行审查：① 审计事项由少量大额项目构成的；② 审计事项可能存在重要问题，而选取其中部分项目进行审查无法提供适当且充分的审计证据的；③ 审计事项中的全部项目进行审查符合成本效益原则的。

审计人员可以在审计事项中选取下列特定项目进行审查：① 金额较大或者重要项目；② 数量或者金额符合设定条件的项目；③ 其他特定项目。选取部分特定项目进行审查的结果，不能用于推断整个审计事项。

二、审计抽样的种类

(一) 统计抽样

统计抽样是指同时具备下列特征的抽样方法：① 随机选取样本；② 运用概率论评价样本结果和计量风险。

统计抽样的优点：① 科学地确定样本量；② 随机选样，减少偏见；③ 量化抽样风险；④ 运用概率统计理论对样本结果进行评价推断总体特征。缺点：统计抽样可能发生额外的成本，需要特殊的专业技能，而且也做不到绝对准确。

统计抽样的方法有两种：属性抽样——适用于控制测试；变量抽样——适用于实质性审查。

(二) 非统计抽样

非统计抽样也称判断抽样。它一般是由审计人员根据专业判断来确定样本量、选取样本和对样本结果进行评估。

非统计抽样的特点：① 使用方便、灵活，能够充分利用审计人员的实践经验和判断能力；② 依据主观判断确定样本量，不如统计抽样客观；③ 根据经验和主观判断，结论不够准确；④ 不能量化抽样误差和抽样风险。

非统计抽样的抽样方法选择时，主要取决于审计人员对成本效果方面的考虑。这两种技术只要运用得当，都可以获取审计所要求的充分且适当的证据。无论是统计抽样还是非统计抽样，两种方法都要求审计人员在设计、执行抽样计划和评价抽样结果中合理运用专业判断。

【项目演练 3-3　单选题】审计结论的可靠性程度与所需样本量之间的关系是(　　)。
A. 反向的　　　　　　B. 正向的　　　　　　C. 不确定的　　　　　　D. 无关的

三、审计抽样的基本方法

审计抽样可以分随机选样和非随机选样。统计抽样必须使用随机选样。审计抽样的基本方法包括使用简单随机选样法、系统选样法和分层选样法。

(一) 简单随机选样法

随机数是由随机生成的从 0 到 9 十个数字所组成的数表，每个数字在表中出现的次数是大致相同的，它们出现在表中的顺序是随机的。随机数表也称乱数表，如表 3-1 所示。

表 3-1　随　机　数　表

	1	2	3	4
1	32044	69037	29655	92114
2	23821	96070	82592	81642
3	82383	94987	66441	28677
4	68310	21792	71635	86089
5	94856	76940	22165	01414

(1) 对总体项目进行编号。编号的目的在于确定总体项目的标志并确定所使用的随机数的位数。

(2) 选择一个随机起点和一个选号路线。起点和选号路线由审计人员随机决定，一经选定就不得改变。符合总体项目编号要求的数字，即选中的号码，一直到选足所需的样本量为止。

(二) 系统选样法

系统选样法也称等距选样法。使用系统选样法时，审计人员首先计算抽样间距，然后从第一个间距中选择一个随机起点，以随机起点作为开端，按照计算的抽样间距等距离地顺序选取样本。其计算公式如下：

$$抽样间距 = 总体容量 \div 样本量$$

在总体随机分布时，选择的样本才具有代表性。

(三) 分层选样法

分层选样法是按照一定标准将总体划分为若干层次或类型，然后再对各层次或各种类型的项目分别进行随机选样。它并非一种独立的样本选择方法，必须结合简单随机选样法等方法使用。

【项目演练 3-4　多选题】 如果审计人员计划随机抽取 15 笔赊销业务，可以采用的方法有(　　)。

A. 系统选样法　　　　　　　　　B. 属性抽样法
C. 随机数表选样法　　　　　　　D. 发现抽样法

四、审计抽样的基本原理和步骤

(一) 样本设计阶段

1. 定义总体和抽样单元

总体可以包括构成某类交易或账户余额的所有项目，也可以只包括某类交易或账户余额中的部分项目。抽样单元是指构成总体的个体项目。在定义抽样单元时，注册会计师应使其与审计测试目标保持一致。

2. 分层

如果总体项目存在重大的变异性，注册会计师应当考虑分层。分层可以降低每一层中项目的变异性，从而在抽样风险没有成比例增加的前提下减小样本规模。

3. 定义误差构成要件

在控制测试中，误差是指控制偏差，注册会计师应仔细定义所要测试的控制及可能出现偏差的情况；在细节测试中，误差是指错报，注册会计师要确定什么构成错报。

4. 确定审计程序

注册会计师必须确定能够最好地实现测试目标的审计程序组合。

(二) 选取样本阶段

1. 确定样本规模

注册会计师使用统计抽样方法时，必须对影响样本规模的因素进行量化，并利用根据统计公式开发的专门的计算机程序或专门的样本量表来确定样本规模。在非统计抽样中，注册会计师可以只对影响样本规模的因素进行定性的估计，并运用职业判断确定样本规模。

影响样本规模的因素(如表 3-2 所示)主要包括：

(1) 可接受的抽样风险。可接受的抽样风险与样本规模成反向变动关系。注册会计师愿意接受的抽样风险越低，样本规模通常越大。

(2) 可容忍误差。① 在控制测试中，它指注册会计师能够接受的最大偏差数量。如果偏差超过这一数量则减少或取消对控制的信赖。② 在细节测试中，它指注册会计师确定的认定层次的重要性水平。可容忍误差越小，为实现同样的保证程度所需的样本规模越大。

(3) 总体变异性。总体变异性是指总体的某一特征(如金额)在各项目之间的差异程度。①在控制测试中，注册会计师在确定样本规模时一般不考虑总体变异性。②在细节测试中，总体项目的变异性越低，通常样本规模越小。注册会计师可以通过分层，降低每一组中变异性的影响，从而减小样本规模。

(4) 预计总体误差。在既定的可容忍误差下，当预计总体误差增加时，所需的样本规模增大。

(5) 总体规模。除非总体非常小，一般而言总体规模对样本规模的影响几乎为零。

表 3-2　影响样本规模的因素

影响因素	控制测试	细节测试	与样本规模的关系
可接受的抽样风险	可接受的信赖过度风险	可接受的误受风险	反向变动
可容忍误差	可容忍偏差率	可容忍错报	反向变动
预计总体误差	预计总体偏差率	预计总体错报	同向变动
总体变异性	—	总体变异性	同向变动
总体规模	总体规模	总体规模	影响很小

2. 选取样本

3. 对样本实施审计程序

注册会计师应当针对选取的每个项目，实施适合于具体审计目标的审计程序。对选取的样本项目实施审计程序旨在发现并记录样本中存在的误差。

(三) 评价样本结果

1. 分析样本误差

无论是统计抽样还是非统计抽样,都应当对样本结果(误差——控制测试中的控制偏差和细节测试中的金额错报)进行定性评估和定量评估。如果将某一误差被视为异常误差,注册会计师应当实施追加的审计程序,以确认该误差对总体误差不具有代表性。

2. 推断总体误差

在实施控制测试时,由于样本的误差率就是整个总体的推断误差率,注册会计师无需推断总体误差率。当实施细节测试时,注册会计师应当根据样本中发现的误差金额推断总体误差金额,并考虑推断误差对特定审计目标及审计其他方面的影响。

3. 形成审计结论(考虑抽样风险)

偏差率范围 = 总体偏差率 ± 抽样风险允许限度(偏差率的修正值)

例如:

$$偏差率 = 10\% \pm 2\%$$
$$偏差率下限估计值 = 8\%$$
$$偏差率上限估计值 = 12\%$$

【项目演练 3-5　多选题】 下列有关对样本规模的提法中,不正确的有(　　　)。
A. 可接受的信赖过度风险越低,样本规模应越大
B. 可接受的信赖过度风险越低,样本规模应越小
C. 在既定的可容忍偏差率下,预计总体偏差率越高,样本规模应越大
D. 在既定的可容忍偏差率下,预计总体偏差率越高,样本规模应越小

3.3　审 计 证 据

一、审计证据的含义

审计证据是指注册会计师为了得出审计结论、形成审计意见而使用的所有信息,包括构成财务报表基础的会计记录所含有的信息和其他信息。

(一) 会计记录中含有的信息

会计记录主要包括原始凭证、记账凭证、总分类账和明细分类账、未在记账凭证中反映的对财务报表的其他调整,以及支持成本分配、计算、调节和披露的手工计算表和电子数据表。上述会计记录是编制财务报表的基础,构成注册会计师执行财务报表审计业务所需获取的审计证据的重要部分。

会计记录取决于相关交易的性质。它既包括被审计单位内部生成的手工或电子形式的凭证(内部证据),也包括从与被审计单位进行交易的其他企业收到的凭证(外部证据)。除此之外,会计记录还可能包括:

(1) 销售发运单和发票、顾客对账单以及顾客的汇款通知单；

(2) 附有验货单的订购单、购货发票和对账单；

(3) 考勤卡和其他工时记录、工薪单、个别支付记录和人事档案；

(4) 支票存根、电子转移支付记录(EFTs)、银行存款单和银行对账单；

(5) 合同记录，例如，租赁合同和分期付款销售协议；

(6) 记账凭证；

(7) 分类账账户调节表。

(二) 其他信息

会计记录中含有的信息本身并不足以提供充分的审计证据作为对财务报表发表审计意见的基础，注册会计师还应当获取用作审计证据的其他信息。

可用作审计证据的其他信息包括注册会计师从被审计单位内部或外部获取的会计记录以外的信息，如被审计单位会议记录、内部控制手册、询证函的回函、分析师的报告、与竞争者的比较数据等；通过询问、观察和检查等审计程序获取的信息，如通过检查存货获取存货存在性的证据等；以及自身编制或获取的可以通过合理推断得出结论的信息，如注册会计师编制的各种计算表、分析表等。

注册会计师所获取的证据一般属说服性证据，也称形式证据。注册会计师将不同来源和不同性质的审计证据综合起来考虑，这样能够反映出结果的一致性，从而佐证会计记录中记录的信息。

二、审计证据的充分性与适当性

注册会计师应当保持职业怀疑态度，运用职业判断，评价审计证据的充分性和适当性。

(一) 审计证据的充分性(数量特性)

审计证据的充分性是对审计证据数量的衡量，主要与注册会计师确定的样本量有关。审计证据的充分性是指审计证据的数量足以将与每个重要认定相关的审计风险限制在可接受的低水平。但审计证据的数量不是越多越好，足够就行。

1. 重大错报风险

注册会计师需要获取的审计证据的数量受其对重大错报风险评估的影响(评估的重大错报风险越高，需要的审计证据可能越多)。

2. 审计证据的质量

注册会计师需要获取的审计证据的数量受审计证据质量的影响(审计证据质量越高，需要的审计证据可能越少)。注册会计师不能仅靠获取更多的审计证据弥补其质量上的缺陷。

(二) 审计证据的适当性(质量特性)

1. 审计证据的相关性

相关性，是指用作审计证据的信息与审计程序的目的和所考虑的相关认定之间的逻辑关系。注册会计师只能利用与审计目标相关联的审计证据来证明和否定管理层所认定的事项。在确定审计证据的相关性时，注册会计师应当考虑：

(1) 特定的审计程序可能只为某些认定提供相关的审计证据，而与其他认定无关。

(2) 只与特定认定相关的审计证据并不能替代与其他认定相关的审计证据。

(3) 针对同一项认定可以从不同来源获取审计证据或获取不同性质的审计证据。

2. 审计证据的可靠性

审计证据的可靠性就是我们通常所说的证明力，可靠性受其来源和性质的影响：

(1) 从外部独立来源获取的审计证据比从其他来源获取的审计证据更可靠。

(2) 内部控制有效时内部生成的审计证据比内部控制薄弱时内部生成的审计证据更可靠。

(3) 直接获取的审计证据比间接获取或推论得出的审计证据更可靠。

(4) 以文件、记录形式(无论是纸质、电子或其他介质)存在的审计证据比口头形式的审计证据更可靠。

(5) 从原件获取的审计证据比从传真件或复印件获取的审计证据更可靠。

3. 充分性和适当性的关系

注册会计师需要获取的审计证据的数量也受审计证据质量的影响。审计证据质量越高，需要的审计证据数量可能越少。审计证据的适当性会影响审计证据的充分性。但仅仅获取更多的审计证据可能难以弥补其质量上的缺陷。

即：审计证据的适当性会影响充分性，但充分性一般不会影响适当性。

4. 评价充分性和适当性时的特殊考虑

(1) 对文件记录可靠性的考虑。审计工作通常不涉及鉴定文件记录的真伪。注册会计师也不是鉴定文件记录真伪的专家，但应当考虑用作审计证据的信息的可靠性，并考虑与这些信息生成和维护相关控制的有效性。如果在审计过程中识别出的情况使其认为文件记录可能是伪造的，或文件记录中的某些条款已发生变动，注册会计师应当作进一步调查，包括直接向第三方询证，或考虑利用专家的工作以评价文件记录的真伪。

(2) 使用被审计单位生成信息时的考虑。如果在实施审计程序时使用被审计单位生成的信息，注册会计师应当就这些信息的准确性和完整性获取审计证据。

(3) 证据相互矛盾时的考虑。如果从不同来源获取的审计证据或获取的不同性质的审计证据不一致，表明某项审计证据可能不可靠，注册会计师应当追加必要的审计程序。如果针对某项认定从不同来源获取的审计证据或获取的不同性质的审计证据能够相互印证，与该项认定相关的审计证据则具有更强的说服力。

(4) 获取审计证据时对成本的考虑。注册会计师可以考虑获取审计证据的成本与所获取信息的有用性之间的关系，但不应将获取审计证据的成本高低和难易程度作为减少不可替代的审计程序的理由。

【项目演练 3-6　单选题】下列有关审计证据的表述中，不正确的是(　　)。

A. 如果被审计单位财务报表的重大错报风险越高，对审计证据的要求也越高

B. 注册会计师在获取审计证据时，应当考虑获取审计证据的成本

C. 如果注册会计师从不同来源获取的不同审计证据相互矛盾时，注册会计师应当追加必要的审计程序

D. 如果注册会计师获取的审计证据质量越高，需要的审计证据数量可能越少

【项目演练 3-7　单选题】　注册会计师在确定审计证据的相关性时，下列表述中错误的是(　　)。

A. 特定的审计程序可能只为某些认定提供相关的审计证据，而与其他认定无关

B. 针对某项认定从不同来源获取的审计证据存在矛盾，表明审计证据不存在说服力

C. 只与特定认定相关的审计证据并不能替代与其他认定相关的审计证据

D. 针对同一项认定可以从不同来源获取审计证据或获取不同性质的审计证据

三、审计证据的分类

(一) 审计证据按其形式不同分类

审计人员所取得的审计证据可以按其外形特征分为实物证据、书面证据、口头证据、视听或电子证据、鉴定和勘验证据和环境证据。

(1) 实物证据。实物证据通常包括固定资产、存货、有价证券和现金等。实物证据是通过实际观察或盘点取得的，用以确定实物资产的存在性。但资产的所有权归属、资产的质量和分类还需要取得其他的审计证据。

(2) 书面证据。书面证据往往是审计证据中的主要部分，数量多、来源广。

(3) 口头证据。在取得口头证据时，应将其转换成书面记录，并取得提供证据者的签字盖章。一般情况下，口头证据需要得到其他相应证据的支持。

(4) 视听或电子证据。随着科学技术和审计技术方法的发展，此类证据将成为经常运用的审计证据。

(5) 鉴定和勘验证据。鉴定和勘验证据是指因特殊需要审计机关指派或聘请专门人员对某些审计事项进行鉴定而产生的证据(例如票据真伪)。这种证据实际上是书面证据的特殊形式。

(6) 环境证据。环境证据一般不作为主要证据，但它可以帮助审计人员了解被审计单位和审计事项所处的环境(如：经济形式、地理位置和管理状况等)。

(二) 审计证据按其来源不同分类

审计证据按其来源不同分为亲历证据、内部证据和外部证据。

(1) 亲历证据。亲历证据是指审计人员在被审计单位执行审计工作时亲眼目击、亲自参加或亲自动手取得的证据。例如，审计人员监督财产物资盘点。

(2) 内部证据。包括被审计单位提供的其他单位填制的书面资料，如其他单位填制的发票、收据、对账单等。

(3) 外部证据。外部证据是指审计人员从被审计单位以外的其他单位取得的审计证据，包括其他单位陈述和外来资料。其他单位陈述是指其他单位应审计人员的要求对被审计单位所寄存的财物的说明、经济业务往来情况的说明等。外来资料是指审计人员从其他单位取得的证明审计事项的凭证、账目、报表、合同、文件的摘录等。

(三) 审计证据按其相互关系分类

证实某一审计目标需要一系列的证据，按这些证据间的关系可将证据分为基本证据和辅助证据。

(1) 基本证据。基本证据是指对审计事项的某一审计目标有重要的、直接证明作用的审计证据。基本证据与所要证实的目标有极为密切的关系，例如，账户余额证明资产负债表金额的正确性。

(2) 辅助证据。辅助证据是指对审计事项的某一审计目标具有间接证明作用、能支持基本证据证明力的证据。环境证据通常作为辅助证据。

取得基本证据最为重要。但是要获取充分、可靠的证据体系，单靠基本证据是不够的。

【项目演练 3-8　案例分析题】L 注册会计师在对 F 公司 2012 年度财务报表进行审计时，收集到以下六组审计证据：

(1) 收料单与购货发票；

(2) 销货发票副本与产品出库单；

(3) 领料单与材料成本计算表；

(4) 工资计算单与工资发放单；

(5) 存货盘点表与存货监盘记录；

(6) 银行询证函回函与银行对账单。

请分别说明每组审计证据中哪项审计证据较为可靠，并简要说明理由。

3.4　审计工作底稿

一、审计工作底稿的含义与编制目的

审计工作底稿，是指注册会计师对制定的审计计划、实施的审计程序、获取的相关审计证据，以及得出的审计结论作出的记录。

注册会计师应当及时编制审计工作底稿，以实现下列目的：

(1) 提供充分、适当的记录，作为出具审计报告的基础；

(2) 提供证据，证明注册会计师已经按照审计准则和相关法律法规的规定计划和执行了审计工作。

(3) 有助于项目组计划和执行审计工作；

(4) 有助于负责督导的项目组成员按照审计准则的规定，履行指导、监督与复核审计工作的责任；

(5) 便于项目组说明其执行审计工作的情况；

(6) 保留对未来审计工作持续产生重大影响的事项的记录；

(7) 便于会计师事务所根据质量控制准则的规定，实施质量控制复核与检查；

(8) 便于监管机构和注册会计师协会根据相关法律法规或其他相关要求，对会计师事务所实施执业质量检查。

二、审计工作底稿的编制要求

注册会计师编制的审计工作底稿，应当使未曾接触该项审计工作的有经验的专业人士清楚地了解以下几点：

(1) 按照审计准则和相关法律法规实施审计程序的性质、时间安排和范围；

(2) 实施审计程序的结果和获取的审计证据；

(3) 审计中遇到的重大事项和得出的结论，以及在得出结论时作出的重大职业判断。

有经验的专业人士，是指会计师事务所内部或外部的具有审计实务经验，并且对下列方面有合理了解的人士：

(1) 审计过程；

(2) 审计准则和相关法律法规；

(3) 被审计单位所处的经营环境；

(4) 与被审计单位所处行业相关的会计和审计问题。

【项目演练 3-9 多选题】 下列各项中，注册会计师通常应形成最终审计工作底稿的有( )。

A. 注册会计师与管理层对重大事项进行讨论的结果

B. 注册会计师对有关问题初步思考的记录

C. 注册会计师审计过程中发现问题的备忘录

D. 注册会计师取得的已被取代的财务报表草稿

三、审计工作底稿的格式、要素和范围

(一) 确定审计工作底稿的格式、要素和范围时应考虑的因素

在确定审计工作底稿的格式、要素和范围时，注册会计师应当考虑下列因素：

(1) 被审计单位的规模和复杂程度；

(2) 拟实施审计程序的性质；

(3) 识别出的重大错报风险；

(4) 已获取审计证据的重要程度；

(5) 识别出的例外事项的性质和范围；

(6) 当从已执行审计工作或获取审计证据的记录中不易确定结论或结论的基础时，记录结论或结论基础的必要性；

(7) 审计方法和使用的工具。

(二) 审计工作底稿的要素

通常，审计工作底稿包括下列全部或部分要素：

(1) 审计工作底稿的标题；

(2) 审计过程记录；

(3) 审计结论；

(4) 审计标识及其说明；

(5) 索引号及编号；

(6) 编制者姓名及编制日期；

(7) 复核者姓名及复核日期；

(8) 其他应说明事项。

例如，审计工作底稿中的周转材料审定表如表3-3所示。

表3-3　周转材料审定表

被审计单位：金阳实业股份有限公司						索引号：ZA		
项目：周转材料审定表						财务报表截止日/期间：2017.12.31		
编制：						复核：		
日期：						日期：		

项目名称	期末未审数	账项调整		重分类调整		期末审定数	上期末审定数	索引号
		借方	贷方	借方	贷方			
包装物								
低值易耗品								
小计								
合计								
审计结论								

【项目演练 3-10　多选题】 下列有关审计工作底稿格式、要素和范围的表述中，恰当的有( )。

A. 由于注册会计师实施的审计程序的性质不同，其工作底稿的格式、要素和范围可能有所不同

B. 在审计过程中，由于审计使用的工具不同，会导致审计工作底稿在格式、要素和范围上有所不同

C. 识别和评估的重大错报风险水平不同，可能会导致审计工作底稿的格式、要素和范围不同

D. 针对同一目标获取的不同审计证据，注册会计师均应同等记录，不应进行有选择的记录

四、审计工作底稿的归档

在审计报告日后将审计工作底稿归整为最终审计档案是一项事务性的工作，不涉及实

施新的审计程序或得出新的结论。

如果在归档期间对审计工作底稿作出的变动属于事务性的，注册会计师可以作出变动，主要包括：① 删除或废弃被取代的审计工作底稿；② 对审计工作底稿进行分类、整理和交叉索引；③ 对审计档案归整工作的完成核对表签字认可；④ 记录在审计报告日前获取的、与项目组相关成员进行讨论并达成一致意见的审计证据。

审计工作底稿的归档期限为审计报告日后六十天内。如果注册会计师未能完成审计业务，审计工作底稿的归档期限为审计业务中止后的六十天内。

如果针对客户的同一财务信息执行不同的委托业务，出具两个或多个不同的报告，会计师事务所应当将其视为不同的业务。根据会计师事务所内部制定的政策和程序，在规定的归档期限内分别将审计工作底稿归整为最终审计档案。在完成最终审计档案的归整工作后，注册会计师不应在规定的保存期限届满前删除或废弃任何性质的审计工作底稿。

(一) 需要变动审计工作底稿的情形

注册会计师发现有必要修改现有审计工作底稿或增加新的审计工作底稿的情形主要有以下两种：

(1) 注册会计师已实施了必要的审计程序，取得了充分、适当的审计证据并得出了恰当的审计结论，但审计工作底稿的记录不够充分。

(2) 审计报告日后，发现例外情况要求注册会计师实施新的或追加审计程序，或导致注册会计师得出新的结论。

(二) 变动审计工作底稿时的记录要求

在完成最终审计档案的归整工作后，如果发现有必要修改现有审计工作底稿或增加新的审计工作底稿，无论修改或增加的性质如何，注册会计师均应当记录下列事项：

(1) 修改或增加审计工作底稿的理由。

(2) 修改或增加审计工作底稿的时间和人员，以及复核的时间和人员。

注意：

修改现有审计工作底稿主要是指在保持原审计工作底稿中所记录的信息，即对原记录信息不予删除 (包括涂改、覆盖等方式)的前提下，采用增加新信息的方式予以修改。

(三) 审计工作底稿的保存期限

会计师事务所应当自审计报告日起，对审计工作底稿至少保存 10 年。如果注册会计师未能完成审计业务，会计师事务所应当自审计业务中止日起，对审计工作底稿至少保存10 年。在完成最终审计档案的归整工作后，注册会计师不应在规定的保存期届满前删除或废弃任何性质的审计工作底稿。

项 目 练 习

一、单项选择题

1. 以下关于审计证据的说法中，错误的是(   )。

A. 审计证据是形成审计意见的基础

B. 注册会计师必须在每项审计工作中获取充分且适当的审计证据，以满足发表审计意见的要求

C. 财务报表依据会计记录中包含的信息和其他信息共同构成了审计证据

D. 如果没有会计记录中包含的信息，可能无法识别重大错报风险；如果没有其他信息，审计工作将无法进行

2. 下列不属于审计人员获取的用作审计证据的其他信息的是(　　)。

A. 考勤卡和其他工时记录　　　　　　B. 会议记录

C. 分析师的报告　　　　　　　　　　D. 询证函的回函

3. 审计证据按其相关关系分类可以分为(　　)。

A. 基本证据和辅助证据　　　　　　　B. 内部证据和外部证据

C. 书面证据和口头证据　　　　　　　D. 实物证据和环境证据

4. 在审计证据中占主要部分，数量多、来源广的审计证据是(　　)。

A. 实物证据　　　　　　　　　　　　B. 书面证据

C. 口头证据　　　　　　　　　　　　D. 视听或电子证据

5. 下列审计证据中，证明力最强的是(　　)。

A. 被审计单位提供的证明材料　　　　B. 被审计单位会计人员的口头证据

C. 有关审计事项的环境证据　　　　　D. 审计人员亲自编制的相关资料

6. 下列审计证据中，属于亲历证据的是(　　)。

A. 审计人员编制的应收账款账龄分析表

B. 审计人员从被审计单位获得的采购合同

C. 审计人员取得的银行对账单

D. 审计人员函证应收账款时收到的债务单位回函

7. 下列各项证据中，属于内部证据的是(　　)。

A. 审计人员监督财产物资盘点而取得的审计证据

B. 审计人员观察被审计单位经济业务执行情况所取得的审计证据

C. 被审计单位提供的其他单位填制的发票、收据、对账单等

D. 银行询证函的回函

8. 对存货的监盘结果只能证明存货是否存在，是否毁损和短缺，并不能证明存货的计价是否正确和所有权归属问题。对这一点的审计证据鉴定的根据是(　　)。

A. 鉴定审计证据的客观性　　　　　　B. 鉴定审计证据的可靠性

C. 鉴定审计证据的合法性　　　　　　D. 鉴定审计证据的相关性

9. 下列属于审计工作底稿中调查了解记录内容的是(　　)。

A. 对被审计单位存在重大问题可能性的评估情况

B. 所聘请外部审计人员的相关情况

C. 被审计单位的承诺情况

D. 因外部因素使审计任务无法完成的原因及影响

二、多项选择题

1. 在审计过程中，审计人员通过实地监督盘点固定资产取得的固定资产盘点表属于

（　　）。

A. 书面证据　　　　　　B. 实物证据　　　　　　C. 环境证据

D. 亲历证据　　　　　　E. 外部证据

2. 下列关于审计质量特征的表述中，正确的是（　　）。

A. 审计证据的质量特征包括适当性和充分性

B. 审计证据的适当性可体现为审计证据是否具有相关性和可靠性

C. 审计证据的充分性是对审计证据质量的衡量

D. 只有充分且适当的审计证据才是有证明力的

E. 适当性是对审计证据数量的衡量

3. 下列审计证据中属于审计人员亲历证据的有（　　）。

A. 审计人员编制的应收账款账龄分析表

B. 审计人员取得的被审计单位的租赁合同

C. 审计人员复制的被审计单位的销售发票

D. 审计人员从被审查账簿中摘录的资料

E. 审计人员动手编制的银行存款余额调节表

4. 下列关于实物证据的说法中正确的有（　　）。

A. 实物证据是指以实物存在并以其外部特征和内在本质证明审计事项的证据

B. 实物证据通常包括固定资产、存货、有价证券和现金等

C. 实物证据是通过实际观察或盘点取得的，用以确定实物资产的存在性

D. 实物证据对于证明实物资产是否存在具有较强的证明力

E. 实物证据可证明资产的所有权归属、资产的质量和分类

5. 下列关于审计人员鉴定审计证据可靠性的说法中，正确的有（　　）。

A. 对实物证据，不仅要核实数量，还应关注质量

B. 对书面证据，不仅要核对金额，还应判别真伪

C. 对口头证据，要分析提供者的陈述是否真实

D. 针对一项具体审计目标，可以从不同来源获取审计证据或者获取不同形式的审计证据

E. 在良好内部控制环境下产生的证据更可靠

6. 下列各项中，属于环境证据的有（　　）。

A. 被审计单位的地理位置

B. 被审计单位内部控制的状况

C. 被审计单位管理层的人员素质

D. 被审计单位的凭证、账薄和报表等

E. 被审计单位的大额销售合同

7. 下列关于审计证据的可靠性的标准判断叙述中，错误的有（　　）。

A. 审计人员间接获取的或推论得出的审计证据比直接获取的审计证据更为可靠

B. 经过加工汇总的业务凭证比直接产生于经济活动的业务凭证更为可靠

C. 从被审计单位外部取得的证据比从内部取得的证据更为可靠

D. 原件形式的审计证据比从复制件形式的审计证据更可靠

E. 以文件记录形式存在的审计证据比口头形式的审计证据更为可靠

三、案例分析题

ABC 会计师事务所承接了甲公司 2017 年度财务报表审计业务，A 注册会计师是项目合伙人，针对审计工作底稿归档期间和归档之后的相关事项，A 注册会计师的观点和做法如下：

(1) 2017 年 4 月 15 日，A 注册会计师出具了审计报告，并要求审计项目组于 7 月 15 日将审计工作底稿归整为最终审计档案。

(2) 甲公司因为增加注册资本而变更了营业执照，A 注册会计师替换了旧营业执照复印件，并将旧营业执照复印件废弃。

(3) 2017 年 7 月 18 日，A 注册会计师发现存货监盘工作底稿记录不充分，因而私下修改了部分审计工作底稿，且没有记录相关修改事宜。

(4) 在整理审计工作底稿时，A 注册会计师发现 2012 年度审计甲公司时的部分审计工作底稿不再具有使用价值，A 注册会计师决定销毁这部分审计工作底稿。

(5) 在归档期间，A 注册会计师发现了例外情况，并根据期后事项的相关规定，对例外事项实施了追加审计程序。

请根据相关规定，逐项指出 A 注册会计师的相关观点和做法是否恰当，如不恰当，简要说明理由。

拓展阅读

"证据采集师"

2002 年 3 月的一个周末晚宴上，布什总统说："我们刚刚接到伊拉克传来的信息，其中好消息是他们已同意由外界来盘点其大规模杀伤性武器，坏消息是他们坚持将监盘工作交给安达信会计师事务所。"这是美国式的调侃。但调侃的背后隐约表明，无论是武器核查，还是注册会计师审计，都需要证据——有说服力的证据。

对一个司法案件，处罚当事人或者保护无辜者的依凭就是证据。一些无关的、偏颇的或道听途说的证据，在法律上不被采信。同样，支持注册会计师发表意见的基础也是各种不同类型的证据，只有相关性、充分性、适当性与时间性同时得以满足的证据才能提供高水平的保证。

相关性，即审计证据必须与注册会计师的审计目标有关。假如注册会计师想要确认应收账款的完整性，就应沿着从发货凭证至销售发票副本的审计路线，以确信账单的开具是否完成；而先选取销售发票，再追查至发货凭证的审计路线，则与完整性目标无关(可证实存在性)。尽管大多数证据不仅指向一个目标，但一项有用的证据并不能印证所有目标。

充分性，即证据的取得是否足够，是审计证据的数量特征。

就特定审计程序而言，由 100 个样本所获得的证据显然比 10 个样本获得的证据更充分。注册会计师对错报的预期是判断充分性的标尺。样本只包含总体中金额较大的项目是不够的，还必须包括具有高度错报可能的项目和代表性变异项目。

适当性，即证据的可靠度，是审计证据的质量特征。适当性无法靠选取较大样本或不同母体来改进，而是凭着证据本身的客观性(例如监盘、函证比询问更可靠)、证据提供者的独立性(外部证据比内部证据更可靠)、客户内部控制的有效性(由健全的内部控制获取的证据比存在缺陷的内部控制获取的证据更可靠)、证据来源的获得性(直接获得的证据比间接获得的证据更可靠)以及信息供给者的资格性(从律师、银行获得的证据比从购销方获得的证据更可靠)来实现。

时间性,即何时归集证据与证据涵盖期间关系到证据的信服力。愈临近资产负债表日的证据,信服力愈高;愈能涵盖利润表整个期间的项目(例如全年销货交易的随机样本),证据的信服力远比期中的样本高。

综合相关性、充分性、适当性和时间性才能使证据扎实,但这并不是说口头证据就虚,有时,口头证据具有信号般的效果。

注册会计师搜集审计证据的过程就是完善审计程序的过程。所谓程序完善,就是"你做了,还要让别人知道你做了"——在工作底稿上留下收集证据以及评价证据的轨迹。与会计准则讲求的"实质重于形式"不同,审计证据准则要求"形神兼备"——实质与形式同等重要。

——《中国会计报》

项目 4　进行风险评估与风险应对

职业能力目标

- 理解风险识别和评估的作用，了解被审计单位及其环境；
- 掌握风险评估程序和被审计单位的内部控制；
- 掌握对被审计单位内部控制的测评；
- 理解针对财务报表层次重大错报风险的总体应对措施；
- 理解针对认定层次重大错报风险的进一步审计程序；
- 掌握控制测试的性质、时间安排和范围；
- 掌握实质性程序的性质、时间安排和范围。

工作任务与项目导图

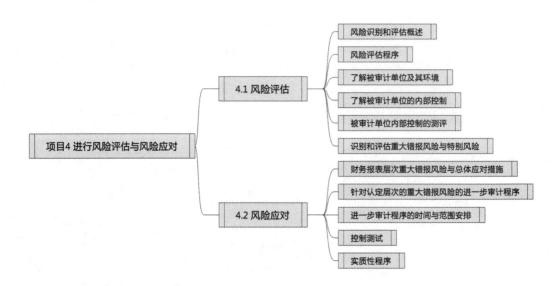

项目导入

我国证券史上最大的财务造假案——蓝田造假案

蓝田股份做为一家从事以农业为主的综合性经营企业，自 1996 年 6 月上市以来一直保持了业绩优良高速成长的特性，其 1996 年至 2000 年的每股收益分别达到了 0.61 元、0.64元、0.82 元、1.15 元及 0.97 元。从 2000 年的年报看，已步入稳定发展轨道的蓝田，当年股票含金量很高，其 4.31 亿元的净利润绝大部分均来自主营业务。在主营业务收入基本持平的情况下，虽然因成本略有增加使每股盈利下降了 0.18 元，但摊薄后 19.81% 的净资产收益率以及每股经营活动产生的 1.76 元的现金流量都表现了蓝田通过大力开发高科技农业而产生了实实在在的稳定回报。从财务角度看，其流动比率为 0.77，速动比率为 0.27，资金运用较充分，短期偿债能力虽然因存贷较大而略有不足，但提了 4296 万元的存货跌价准备还是比较稳健的，另外只有 23.18% 的资产负债率也说明了其稳定的财务结构。

　　从经营上说，该公司当前已形成了以饮品、食品、蛋类以及冷饮类为主的完整名优农产品结构。其生态农业旅游的综合开发已走上正轨，在下一年度里将大力建设洪湖绿色食品基地项目以及新建 10 万亩银杏采中圃基地项目和年产 200 吨银杏黄铜苷项目，预计建成后可增加净利润 2 亿元。年报股东数为 160 559 户，比上期又增加了 42%，因此二级市场表现并不太好，市盈率按 2000 年年报统计也只有 18 倍左右。特别是该公司董事会提议，2001 年度利润分配一次，分配比例不低于当期可供股东分配利润的 50%，2000 年度未分配利润用于分配的比例不低于 50%，将采取送红股与派现相结合的形式，派现比例不少于20%，其 2000 年未分配利润在本次派 2 元后仍将达 9.16 亿元，加上 4 亿元以上的净利润，应该说分红潜力十分惊人。

　　事实上，自从蓝田股份被查出在上市过程中弄虚作假被处罚后，公司在资本市场上的形象就一直不好。尽管这几年其报表一直显示每股盈利很高，但很难令人相信。

　　据中国证监会 1999 年 10 月公布的查处结果，蓝田股份在股票发行申报材料中，伪造有关批复和土地证，虚增公司无形资产 1100 万元；伪造三个银行账户，1995 年 12 月的银行对账单，虚增银行存款 2770 万元；将公司公开发行前的总股本的 8370 万股改为 6696万股，对公司国家股、法人股和内部职工股的数额作相应缩减，隐瞒内部职工股在 1995年 11 月 6 日至 1996 年 5 月 2 日在沈阳产权交易报价系统挂牌交易的事宜。据此，中国证监会当时对蓝田股份主要责任人处以警告并罚款 10 万元。

　　从 1999 年之后的 3 年间，蓝田股份三度申请配股，均未获得证券监管部门的核准。2001 年 9 月 21 日，证券监管部门再次到蓝田股份进行调查。一位投资者在接受采访时很坦率地表示："造假污点一辈子都洗不清，这就是市场经济中的信用问题，蓝田应该为此付出代价。"

——中国证券网

4.1　风险评估

一、风险识别和评估概述

　　风险识别和评估，是指注册会计师通过实施风险评估程序，识别和评估财务报表层次和认定层次的重大错报风险。其中，风险识别是指找出财务报表层次和认定层次的重大错报风险；风险评估是指对重大错报发生的可能性和后果严重程度进行评估。

　　注册会计师应当了解被审计单位及其环境，以充分识别和评估财务报表重大错报风险，设计和实施进一步审计程序。而了解被审计单位及其环境是一个连续和动态地收集、更新与分析信息的过程，贯穿于整个审计过程的始终，评价对被审计单位及其环境了解的程度是否恰当，关键是看注册会计师对被审计单位及其环境的了解是否足以识别和评估财务报表的重大错报风险。

二、风险评估程序

注册会计师应当实施下列风险评估程序，以了解被审计单位及其环境：① 询问管理层和被审计单位内部其他相关人员；② 分析程序；③ 观察和检查。需要注意的是：注册会计师在了解被审计单位及其环境过程中，往往将上述程序结合在一起；注册会计师并非在了解被审计单位及其环境的每个方面均实施上述所有风险评估程序；注册会计师通过询问获取的大部分信息来自于管理层和负责财务报告的人员。

(一) 询问管理层和被审计单位内部相关人员

注册会计师可以通过询问被审计单位内部的其他不同层级的人员获取信息，或为识别重大错报风险提供不同的视角。

(1) 询问管理层和财务负责人，了解关于以下问题的信息：① 管理层所关注的主要问题，如新的竞争对手、主要客户和供应商的流失、新的税收法规的实施以及经营目标或战略的变化等；② 被审计单位最近的财务状况、经营成果和现金流量；③ 可能影响财务报告的交易和事项，或者目前发生的重大会计处理问题，如重大的购并事宜等；④ 被审计单位发生的其他重要变化，如所有权结构、组织结构的变化以及内部控制的变化等。

(2) 询问被审计单位内部不同层级的人员：① 直接询问治理层，可能有助于注册会计师了解编制财务报表的环境；② 直接询问内部审计人员，可能有助于注册会计师了解本年度针对被审计单位内部控制设计和运行有效性而实施的内部审计程序，以及管理层是否根据实施这些程序的结果采取了适当的应对措施；③ 询问参与生成、处理、记录复杂交易或异常交易的员工，可能有助于注册会计师评价被审计单位选择和运用某项会计政策的恰当性；④ 直接询问内部法律顾问，可能有助于注册会计师了解有关信息，如诉讼及遵守法律法规的情况，影响被审计单位的舞弊或舞弊嫌疑、产品保证、售后责任、与业务合作伙伴的安排(如合营企业)和合同条款的含义等；⑤ 直接询问营销或销售人员，可能有助于注册会计师了解被审计单位营销策略的变化、销售趋势或与客户的合同安排。

(二) 分析程序

运用分析程序，是指注册会计师通过研究不同财务数据之间以及财务数据与非财务数据之间的内在关系，对财务信息作出评价。分析程序还包括调查识别出的、与其他相关信息不一致或与预期数据严重偏离的波动和关系。

(三) 观察与检查

进行观察和检查包括：

(1) 观察被审计单位的经营活动；

(2) 检查文件、记录和内部控制手册；

(3) 阅读由管理层和治理层编制的报告；

(4) 实地察看被审计单位的生产经营场所和厂房设备；

(5) 追踪交易在财务报告信息系统中的处理过程(穿行测试)。

注册会计师除了采用上述程序从被审计单位内部获取信息以外，如果根据职业判断认为从被审计单位外部获取的信息有助于识别重大错报风险，注册会计师应当实施其他审计程序以获取这些信息。例如询问被审计单位聘请的外部法律顾问、专业评估师、投资顾问和财务顾问等；阅读外部信息，如证券分析师、银行、评级机构出具的有关被审计单位及其所处行业的经济或市场环境等状况的报告，贸易与经济方面的报纸期刊，法规或金融出版物，以及政府部门或民间组织发布的行业报告和统计数据等。

【项目演练 4-1　多选题】 注册会计师可能实施的风险评估程序有(　　)。

A. 询问被审计单位管理层和内部其他人员

B. 实地查看被审计单位生产经营场所和设备

C. 执行分析程序

D. 重新执行内部控制

三、了解被审计单位及其环境

(一) 了解被审计单位及其环境的目的

了解被审计单位及其环境的目的包括：

(1) 确定重要性水平，并随着审计工作的进程评估对重要性水平的判断是否仍然适当；

(2) 评价会计政策的选择和运用是否恰当，评价财务报表的列报与披露是否充分、适当；

(3) 识别需要特别考虑的领域，包括关联方交易、管理层运用持续经营假设的合理性，或交易是否具有合理的商业目的等；

(4) 确定在实施分析程序时所使用的预期值；

(5) 设计和实施进一步审计程序，以将审计风险降至可接受的低水平；

(6) 评价所获取审计证据的充分性和适当性。

(二) 了解被审计单位及其环境的主要领域

1. 了解被审计单位的行业状况

被审计单位的行业状况主要包括：

(1) 所在行业的市场供求与竞争情况，包括生产能力与价格竞争情况；

(2) 生产经营的季节性和周期性；

(3) 产品生产技术的变化；

(4) 能源供应与成本；

(5) 行业的关键指标和统计数据。

2. 了解被审计单位所处的法律环境与监管环境

被审计单位所处的法律与监管环境主要包括：

(1) 适用的财务报告编制基础和行业特定惯例；

(2) 对经营活动产生重大影响的法律法规及监管活动；

(3) 对经营业务产生重大影响的国家各种相关政策，如货币(包括外汇管制)、财政(包括财政激励政策，如政府援助等)、税收(包括关税)和贸易限制等政策；

(4) 影响行业和被审计单位经营活动的环保要求。

3. 了解其他外部因素

其他外部因素主要包括：

(1) 宏观经济的景气度；

(2) 利率和资金供求状况；

(3) 通货膨胀水平及币值变动；

(4) 国际经济环境和汇率变动。

4. 了解被审计单位的性质

被审计单位的性质主要包括：所有权结构、治理结构、组织结构、经营活动、投资活动和筹资活动等方面。

(1) 了解被审计单位的所有权结构，包括所有权结构以及所有者与其他人员或单位之间的关系。这有助于识别被审计单位的关联方，评价关联方交易是否得到恰当核算，以及关联方关系及其交易是否已在财务报表附注中得到充分披露。

(2) 了解被审计单位的治理结构，包括董事会、监事会和经理层的构成及其制衡关系：① 董事会、监事会和经理层的构成人员；② 董事会、监事会的运作情况以及对经理层的监督情况与效果；③ 董事会下设战略、审计、提名、薪酬与考核委员会的构成及其运作情况；④ 治理层是否能够在独立于管理层的情况下对被审计单位事务以及财务报告作出客观判断。

(3) 了解被审计单位的组织结构。注册会计师应当以组织结构图的方式了解被审计单位的组织结构，考虑各部门之间的协调与制约关系；考虑复杂组织结构可能导致的重大错报风险，包括财务报表合并、商誉减值、长期股权投资核算以及特殊目的实体核算等问题。特别关注其组织结构是否复杂，是否在多个地区拥有子公司或其他组成部分，这通常可能导致重大错报风险。

(4) 了解被审计单位的经营活动，主要包括：① 主营业务的性质；② 与生产产品或提供劳务相关的市场信息；③ 业务的开展情况；④ 联盟、合营与外包情况；⑤ 从事电子商务的情况，如网上销售与营销活动；⑥ 地区与行业分布；⑦ 生产设施、仓库的地理位置及办公地点；⑧ 关键客户；⑨ 货物与服务的重要供应商；⑩ 劳动用工情况；⑪ 研究与开发活动及其支出；⑫ 关联方交易。

(5) 了解被审计单位的投资活动，主要包括：① 近期拟实施或已实施的并购活动与资产处置情况；② 证券投资、委托贷款的发生与处置；③ 资本性投资活动，包括固定资产和无形资产投资，以及近期或计划发生的变动；④ 不纳入合并范围的投资。

(6) 了解被审计单位的筹资活动，主要包括：① 主要子公司及其联营企业；② 债务结构和相关条款，包括担保情况及表外融资、租赁安排等；③ 固定资产的租赁；④ 关联方融资；⑤ 实际受益股东及其关联方；⑥ 衍生金融工具的运用。

5. 了解被审计单位对会计政策的选择和运用

了解被审计单位对会计政策的选择和运用应当关注的重要事项包括：

(1) 重要项目的会计政策和行业惯例；

(2) 重大和异常交易的会计处理方法；

(3) 在新领域和缺乏权威性标准或共识的领域，采用重要会计政策产生的影响；

(4) 会计政策的变更；

(5) 新颁布的财务报告准则、法律法规，以及被审计单位何时采用以及如何采用这些规定。

6. 了解被审计单位的目标、战略以及相关经营风险

注册会计师应当了解被审计单位的目标和战略，以及可能导致财务报表重大错报的相关经营风险。经营风险源于对被审计单位实现目标和战略产生不利影响的重大情况、事项、环境和行动，或源于不恰当的目标和战略。经营风险通常会产生财务后果，从而影响财务报表。注册会计师在了解可能导致财务报表存在重大错报风险的目标、战略及相关经营风险时，应当考虑的事项如表 4-1 所示。

表 4-1   相关事项及其可能导致的经营风险

相 关 事 项	可能导致被审计单位存在的相关经营风险
行业发展	不具备足以应对行业变化的人力资源和业务专长等
开发新产品或提供新服务	产品责任增加等
业务扩张	对市场需求的估计不准确等
新的会计要求	执行新要求不当或不完整，或会计处理成本增加等
监管要求	法律责任增加等
本期及未来的融资条件	由于无法满足融资条件而失去融资机会等
信息技术的运用	信息系统与业务流程难以融合等

7. 了解被审计单位财务业绩的衡量和评价

了解被审计单位财务业绩的衡量和评价时应当关注下列信息：

(1) 关键业绩指标(包括财务的与非财务的)、关键比率、趋势和经营统计数据；

(2) 同期财务业绩比较分析；

(3) 预测、预算和差异分析；

(4) 管理层和员工业绩考核与激励性报酬政策；

(5) 分部信息与不同层次部门的业绩报告；

(6) 与竞争对手的业绩比较；

(7) 外部机构提出的报告。

【项目演练 4-2 多选题】在了解被审计单位财务业绩的衡量和评价时，下列各项中，注册会计师可以考虑的信息有(   )。

A. 经营统计数据   B. 信用评级机构报告

C. 证券研究机构的分析报告   D. 员工业绩考核与激励性报酬政策

四、了解被审计单位的内部控制

内部控制是被审计单位为了合理保证财务报告的可靠性、经营的效率和效果以及对法律法规的遵守，由治理层、管理层和其他人员设计与执行的政策及程序。内部控制的责任

主体是被审计单位治理层、管理层和其他人员。内部控制由控制环境、风险评估、控制活动、信息与沟通和对控制的监督五个要素组成。

(一) 控制环境

控制环境是指对企业设置和实施内部控制有重大影响的因素的统称。它包括：管理当局的观念和经营风格；组织结构；董事会及其所属审计委员会；责权配置；员工的素质；人力资源制度；外部影响。

(二) 风险评估

风险评估是指企业及时识别、系统分析经营活动中与实现内部控制目标相关的风险，合理确定应对策略。

(三) 控制活动

控制活动是企业根据风险评估的结果，采用相应的控制措施，将风险控制在可承受度之内。控制活动贯穿于企业的所有层次和各个职能部门，是内部控制的主要组成部分。就一个企业来说，控制活动一般包括业务授权控制、职责分工控制、凭证与记录控制、实物控制和独立检查等内容。

1. 业务授权控制

授权可以是一般授权，也可以是特别授权。一般授权是指经办常规业务的授权，如制定产品售价、顾客赊销限额的批准等。特别授权是指超出常规范围的例外或特殊业务的授权。它意味着该项业务必须经过特别准许方可执行，如重大的资产购置、股票的发行等。

2. 职责分工控制

职责分工控制要求互不相容的职责不应由一个人兼任，以减少发生错弊的可能性。主要的职责分工包括：

(1) 业务的批准与执行相分工。例如，批准付款应与签发付款支票的职责相分离。

(2) 业务的执行与记录相分工。例如，采购员、售货员不能同时兼任记账、出纳工作。

(3) 各种会计责任之间相分工。例如，记录现金日记账的职责应与记录销售日记账的职责相分离，记录明细账、日记账的职责应与记录总账的职责相分离等。

(4) 资产的保管与会计相分工。例如，出纳员不得既负责保管现金，又负责登记现金总账和应收账款账，否则就会为出纳员发生舞弊行为创造条件。

(5) 资产的保管与账实核对相分工。负责账实核对的人员应由保管资产以外的人员来担任。

(6) 负责计算机信息系统的部门内部，以及信息部门与使用部门之间的职责分工。信息部门内部应分离的职责包括：系统分析、程序设计、电脑操作和数据控制等。此外，信息部门在组织上应独立于使用部门。

3. 凭证与记录控制

凭证既是证明业务发生的证据，也是执行业务和记录业务的依据。企业应设计和使用适当的凭证和记录，确保所有的资产均能得到恰当的控制，并使所有的经济业务均能得以全面、完整和准确地记录。

凭证与记录控制一般要求：

(1) 建立严格的凭证制度;

(2) 建立严格的簿记制度;

(3) 建立严格的定期核对、复核与盘点制度。

4. 实物控制

实物控制是指对接触、使用资产和各种记录,均应当有适当的防范措施,以限制非相关人员接近资产或接近重要的记录,从而保护资产和记录的安全。

5. 独立检查

独立检查是指对已记录的经济交易和事项由具体经办人之外的独立人员进行核对或验证,以及对与该项业务相关的内部控制程序的履行情况进行检查。(例如,在应收账款中与客户对账和编制银行存款余额调节表。)

(四) 信息与沟通

信息与沟通是指企业及时、准确地收集、传递与内部控制相关的信息,确保信息在企业内部、企业与外部之间进行有效沟通。

企业必须建立一个良好的信息沟通系统。所谓良好的信息沟通系统,是指该系统不仅能确保企业中的各级管理层和员工及时取得他们在履行生产经营活动时所需的信息,而且能确保企业中的每个员工都清楚地知道其在企业中所承担的特定职务或所扮演的控制角色和所担负的责任。就信息沟通系统的构成而言,它应包括会计系统、信息系统和传导机制等内容。

(五) 对控制的监督

对控制的监督是指由被审计单位内部特定人员对各项内部控制设计、职责及其履行情况的监督检查。它包括适当且及时地评估内部控制的设置和执行情况,以及采取必要的纠正措施。

【项目演练4-3　单选题】　下列有关控制环境的说法中,错误的是(　　　)。

A. 控制环境对重大错报风险的评估具有广泛影响

B. 有效的控制环境本身可以防止、发现并纠正各类交易、账户余额和披露认定层次的重大错报

C. 有效的控制环境可以降低因为舞弊而发生的风险

D. 财务报表层次重大错报风险很可能源于控制环境存在的缺陷

五、被审计单位内部控制的测评

内部控制测评,是指审计人员通过调查了解被审计单位内部控制的设置和运行情况,并进行相关测试,对内部控制的健全性、合理性和有效性做出评价,以确定是否依赖内部控制和实质性审查的性质、范围、时间和重点的活动。

建立健全内部控制并保证其有效地实施是被审计单位的责任。审计人员的责任是对内部控制的健全性和有效性进行评价。

(一) 内部控制测评的作用

(1) 评价被审计单位内部控制的健全性和有效性,据此确定会计和其他经济信息的可

依赖性。

(2) 评估控制风险水平，据此确定对实质性审查的性质、范围、时间和重点的影响，为制定和修改审计方案提供科学依据。

(3) 减少审计工作量，节约审计成本，保证审计质量。

(4) 向被审计单位提出健全和加强内部控制的建议，帮助其提高经济效益。

(二) 内部控制测评的步骤和方法

审计人员进行内部控制测评按下列四个步骤进行：

1. 调查了解内部控制，并做出相应记录

审计人员可以通过追踪一笔或者多笔交易的处理过程，来取得对被审计单位相关控制环节的了解，或印证已经取得的对内部控制的了解是否正确。此外，这种方法还可能获取部分内部控制运行有效性的审计证据。

审计人员对于被审计单位内部控制的调查结果，应该以书面形式记录或描述出来。常用的方法有文字说明法、调查表法和流程图法。

2. 对内部控制进行初步评价，并评估控制风险

初步评价以确定相应的审计应对措施。初步评价的内容包括健全性和合理性两个方面：

(1) 健全性评价，主要是评价应有的控制环节是否设置齐全。

(2) 合理性评价，主要是分析内部控制的布局是否合理，有无多余的和不必要的控制。

经过初步评价，审计人员认为存在下列情形之一的，应当测试相关内部控制的有效性：① 某项内部控制设计合理且预期运行有效，能够防止重要问题的发生；② 仅实施实质性审查不足以为发现重要问题提供适当且充分的审计证据。

审计人员决定不依赖某项内部控制的，可以对审计事项直接进行实质性审查。被审计单位规模较小、业务比较简单的，审计人员可以对审计事项直接进行实质性审查。

3. 如果决定依赖内部控制，就实施内部控制测试

内部控制测试是为了确定内部控制的设计和执行是否有效而实施的审计程序。它是在调查了解内部控制设置状况的基础上，对其执行的有效性所进行的测试，因此也常被称为遵循性测试。

(1) 内部控制测试的方式有两种。一是业务程序测试(简称业务测试)，即选择若干具体的典型业务，沿着业务处理过程检查业务处理程序中的各项内部控制是否得到执行。这种测试常被看成是一种纵向的内部控制测试。二是功能测试，即针对某项控制的某个控制环节，选择若干时期的同类业务进行检查，查明该控制环节的处理程序在被审计期内是否按规定发挥了作用。这种测试常被看成是一种横向的内部控制测试。

(2) 内部控制测试的范围。理论上讲，范围越大，提供的证据就越充分。但在审计实务中，内部控制测试的范围并不是越大越好，它要受到审计效率和审计成本的制约。

(3) 内部控制测试的方法。审计人员可以通过检查、询问、观察、重新操作等方法来测试内部控制是否得到有效执行。

4. 对内部控制进行再评价

对内部控制的进一步评价，可以确定完成审计工作所需执行的实质性审查的范围和重点。控制风险的水平，可以用高、中、低的概念来表示，也可以将控制风险量化为百分比

来表示。

（1）低控制风险。此种情况表明内部控制健全且执行情况良好。对策：审计人员可以较多地依赖和利用内部控制，并相应减少实质性审查的数量和范围。

（2）中等控制风险。此种情况表明内部控制比较健全，尚存在一定的薄弱环节或缺陷。对策：审计人员应有保留地信赖该企业的内部控制。为减少审计风险，应扩大实质性审查的深度和广度，适当增加财务报表项目检查的数量和范围。

（3）高控制风险。此种情况表明内部控制设置极不健全，或虽设计了良好的内部控制，但却未予有效执行，从而导致经济业务和会计资料大部分失控。对策：审计人员无法信赖该单位的内部控制。通常要对经济业务和财务报表项目实施较为详细的实质性审查，以获得支持审计结论的足够证据。

若审计人员认为内部控制完全不能预防或发现错误，就应将控制风险定为 100%。内部控制越有效，控制风险就越低。

其中第 1 和 2 点用于评价健全性和合理性，第 3 和 4 点用于评价有效性。

（三）内部控制测评结果的利用

1. 确定实质性审查的性质、范围、重点和方法

这是审计人员运用内部控制、实施内部控制测试的直接原因，也是制度基础审计模式的要求。

（1）确定实质性审查的性质。

（2）确定实质性审查的范围。通常情况下，在控制评价所认定的失去控制和控制薄弱的业务系统或业务环节，固有风险较大的经济业务都应当纳入实质性审查的范围。

（3）确定实质性审查的重点。确定实质性审查重点领域时应考虑以下三个方面：一是缺少内部控制的重要业务领域；二是内部控制设置不合理、控制目标不能实现的领域；三是内部控制没有发挥作用的领域。

（4）确定实质性审查的方法。重点的项目，一般应采用详细审计的方法；非重点业务，一般应采用抽样审计方法，选择较大规模的样本进行审查；对于未列入审计重点和审计范围的业务，一般可以选择较小规模的样本进行略查，或者不做检查。

2. 提出改进内部控制的建议

略。

【项目演练4-4　单选题】 下列各项中，不属于控制环境要素的是(　　)。

A. 被审计单位的人力资源政策与实务

B. 被审计单位的组织结构

C. 被审计单位管理层的理念

D. 被审计单位的信息系统

【项目演练4-5　多选题】 下列各项控制活动中，属于检查性控制的有(　　)。

A. 定期编制银行存款余额调节表，并追查调节项目或异常项目

B. 对计算机程序和数据文档设置访问和修改权限

C. 财务人员每季度复核应收账款贷方余额并找出原因

D. 财务总监复核月度毛利率的合理性

六、识别和评估重大错报风险与特别风险

(一) 识别和评估重大错报风险

1. 应当实施的审计程序

(1) 在了解被审计单位及其环境(包括与风险相关的控制)的整个过程中识别风险,并识别各类交易、账户余额、列报与披露层次的风险;

(2) 评估已识别的风险,并评价其是否与财务报表整体广泛相关,进而潜在影响多项认定,以及哪些认定;

(3) 结合对相关控制测试的考虑,将已识别风险与认定层次可能发生错报的领域相联系;

(4) 考虑发生错报的可能性,并考虑潜在错报的重大程度是否已导致重大错报。

2. 可能表明存在重大错报风险的事项和情况

在可能有重大错报风险的事项和情况时,应当特别关注:

(1) 在经济不稳定的国家或地区开展业务;

(2) 在高度波动的市场开展业务;

(3) 在严厉、复杂的监管环境中开展业务;

(4) 持续经营和资产流动性出现问题,包括重要客户流失;

(5) 融资能力受到限制;

(6) 行业环境发生变化;

(7) 供应链发生变化;

(8) 开发新产品或提供新服务,或进入新的业务领域;

(9) 开辟新的经营场所;

(10) 发生重大收购、重组或其他非经常性事项;

(11) 拟出售分支机构或业务分部;

(12) 复杂的联营或合资;

(13) 运用表外融资、特殊目的实体以及其他复杂的融资协议;

(14) 重大的关联方交易;

(15) 缺乏具备胜任能力的会计人员;

(16) 关键人员变动;

(17) 内部控制薄弱;

(18) 信息技术战略与经营战略不协调;

(19) 信息技术环境发生变化;

(20) 安装新的与财务报告有关的重大信息技术系统;

(21) 经营活动或财务报告受到监管机构的调查;

(22) 以往存在重大错报或本期期末出现重大会计调整;

(23) 发生重大的非常规交易;

(24) 按照管理层特定意图记录的交易;

(25) 应用新颁布的会计准则或相关会计制度;

(26) 会计计量过程复杂;

(27) 事项或交易在计量时存在重大不确定性;

(28) 存在未决诉讼和或有负债。

3. 考虑内部控制对重大错报风险的影响

财务报表层次的重大错报风险很可能源于薄弱的控制环境。薄弱的控制环境带来的风险可能对财务报表产生广泛影响,而不仅限于某类交易、账户余额、列报与披露,审计师应当采取总体应对措施。在评估重大错报风险时,审计师应当将所了解的控制与特定认定相联系。控制与认定直接或间接相关,其防止或发现并纠正认定错报的效果就不同。

如果通过对内部控制的了解发现下列情况:

(1) 被审计单位会计记录的状况和可靠性存在重大问题,不能获取充分、适当的审计证据;

(2) 对管理层的诚信存在严重疑虑。

并对财务报表局部或整体的可审计性产生疑问,审计师应当考虑出具保留意见或无法表示意见的审计报告。必要时,审计师应当考虑解除业务约定。

(二) 识别和评估特别风险

1. 特别风险的含义

特别风险,即由审计师识别和评估的、根据职业判断需要特别考虑的重大错报风险。管理层舞弊导致的财务报表重大错报风险,即特别风险(下文简称舞弊风险)。与一般重大错报风险相比较,特别风险难以识别和评估,它属于财务报表层次,影响多个认定,管理层有时会采取掩盖措施。在风险评估中,审计师还应当运用职业判断,确定识别的风险是否属于特别风险。

2. 识别和评估特别风险应考虑的事项

在确定风险是否属于特别风险时,审计师应当考虑下列事项:

(1) 是否属于舞弊风险;

(2) 是否与近期经济环境、会计处理方法和其他方面的重大变化有关;

(3) 涉及的交易是否复杂;

(4) 是否涉及重大关联方交易;

(5) 财务信息计量是否有较高的主观性,计量结果是否具有高度不确定性;

(6) 是否涉及异常或超出正常经营过程的重大交易。

特别风险通常与重大的非常规交易和判断事项有关。非常规交易是指由于金额或性质异常而不经常发生的交易,它具有以下特征:

(1) 管理层更多地介入会计处理;

(2) 数据收集和处理涉及更多的主观性;

(3) 需要复杂的计算或复杂的会计处理方法;

(4) 被审计单位可能难以对该交易产生的风险实施有效控制。

因此,与重大非常规交易相关的特别风险可能导致更高的重大错报风险。

判断事项通常包括作出的会计估计。由于下列原因,与重大判断事项相关的特别风险可能导致更高的重大错报风险:

(1) 对涉及会计估计、收入确认等方面的会计原则存在不同的理解;

(2) 所要求的判断可能是主观的和复杂的，或需要对未来事项作出假设。

3. 存在特别风险时对内部控制的补充考虑

当识别出被审计单位存在特别风险时，审计师应当评价相关控制的设计情况，并确定其是否已经得到执行。

日常控制通常没有考虑与重大非常规交易或判断事项相关的风险。因此，审计师应当了解被审计单位是否针对该特别风险设计和实施了特别的控制。如果管理层未能实施控制以恰当应对特别风险，审计师应当认为内部控制存在重大缺陷，并考虑其对风险评估的影响。

(三) 对风险评估的修正

重大错报风险评估贯穿于整个审计过程。因此，随着审计进程的发展和不断获取审计证据，风险评估结果会有相应的变化。因此，审计师应当根据需要修正风险评估结果，并相应修改原计划实施的进一步审计程序。

【项目演练 4-6　单选题】 下列有关特别风险的说法中，正确的是(　　)。

A. 注册会计师在判断重大错报风险是否为特别风险时，应当考虑识别出的控制对于相关风险的抵消效果

B. 注册会计师应当将管理层凌驾于控制之上的风险评估为特别风险

C. 注册会计师应当对特别风险实施细节测试

D. 注册会计师应当了解并测试与特别风险相关的控制

【项目演练 4-7　案例分析题】 甲公司是 ABC 会计师事务所的常年审计客户，A 注册会计师是甲公司 2017 年财务报表审计业务的项目合伙人。在了解甲公司及其环境时，A 注册会计师注意到以下情况：

(1) 在 2016 年度实现销售收入增长 10% 的基础上，甲公司董事会确定的 2017 年销售收入增长目标为 20%。甲公司管理层实行年薪制，总体薪酬根据上述目标的完成情况上下浮动。甲公司所在行业 2017 年的销售增长率为 10%。

(2) 甲公司的主要原材料产自地中海沿岸。2017 年由于地中海沿岸政局不稳，国家间经济、领土纠纷不断，甲公司原材料供应经常中断，原材料供应商多次提高原材料价格。

(3) 2017 年 1 月，甲公司开始实行会计电算化。为了尽快适应高度电算化环境，财务部门分期分批对财务人员进行了业务培训。

(4) 自 2017 年 10 月起，甲公司将主要产品交货方式由在甲公司仓库收款交货改为运至客户指定交货地点交客户签收。

(5) 为加快新产品研发进度以应对激烈的市场竞争，甲公司于 2017 年 6 月推出了新产品。但是甲公司竞争对手乙公司已于 2012 年初推出类似新产品，市场销售良好。同时，乙公司宣布将于 2018 年 2 月推出新一代产品。

(6) 甲公司生产过程中产生的噪音对环境造成一定影响，但甲公司考虑到现行法律并没有相关规定，以前并未对此作出回应。为改善与周围居民的关系，甲公司董事会于 2017 年 12 月 20 日决定对居民给予总额为 500 万元的一次性补偿，并制定了具体的补偿方案。2017 年 12 月 25 日，甲公司向居民公布了上述补偿决定和具体补偿方案。

要求：单独考虑上述情形，指出上述事项是否可能表明甲公司 2017 年财务报表存在重大错报风险；如果存在，请指出重大错报风险属于财务报表层次还是认定层次，并简要

说明理由；如果认为是认定层，请指明涉及财务报表的哪个项目的哪项认定。

4.2　风　险　应　对

一、财务报表层次重大错报风险与总体应对措施

注册会计师应当针对评估的财务报表层次重大错报风险确定下列总体应对措施：

(1) 向项目组强调保持职业怀疑的必要性。

(2) 指派更有经验或具有特殊技能的审计人员，或利用专家的工作。

(3) 提供更多的督导。对于财务报表层次重大错报风险较高的审计项目，项目组的高级别成员要对其他成员提供更详细、更经常、更及时的指导和监督并加强项目质量复核。

(4) 在选择拟实施的进一步审计程序时融入更多的不可预见的因素。注册会计师可以通过以下方式提高审计程序的不可预见性：① 对某些未测试过的低于设定的重要性水平或风险较小的账户余额和认定实施实质性程序；② 调整实施审计程序的时间，使被审计单位不可预期；③ 采取不同的审计抽样方法，使当期抽取的测试样本与以前有所不同；④ 选取不同的地点实施审计程序，或预先不告知被审计单位所选定的测试地点。

(5) 如果控制环境存在缺陷，注册会计师在对拟实施审计程序的性质、时间安排和范围进行总体修改时应当考虑：① 在期末而非期中实施更多的审计程序。控制环境的缺陷通常会削弱期中获得的审计证据的可信赖程度；② 通过实施实质性程序获取更广泛的审计证据。良好的控制环境是其他控制要素发挥作用的基础。控制环境存在缺陷通常会削弱其他控制要素的作用，导致注册会计师可能无法信赖内部控制，而主要依赖实施实质性程序获取审计证据；③ 增加拟纳入审计范围的经营地点的数量。

二、针对认定层次的重大错报风险的进一步审计程序

进一步审计程序相对于风险评估程序而言，是指注册会计师针对评估的各类交易、账户余额和披露认定层次重大错报风险实施的审计程序，包括控制测试和实质性程序。

需要注意的是：注册会计师设计和实施的进一步审计程序的性质、时间安排和范围，应当与评估的认定层次重大错报风险有明确的对应关系；尽管在应对评估的认定层次重大错报风险时，拟实施的进一步审计程序的性质、时间安排和范围都应当确保其具有针对性，但其中进一步审计程序的性质是最重要的。

在设计进一步审计程序时，注册会计师应当考虑下列因素：

(1) 风险的重要性。风险的重要性是指风险造成的后果的严重程度。风险的后果越严重，就越需要注册会计师关注和重视，越需要精心设计有针对性的进一步审计程序。

(2) 重大错报发生的可能性。

(3) 涉及的各类交易、账户余额和披露的特征。不同的交易、账户余额和披露，产生的认定层次的重大错报风险也会存在差异，适用的审计程序也有差别。这些需要注册会计师区别对待，并设计有针对性的进一步审计程序予以应对。

(4) 被审计单位采用的特定控制的性质。

(5) 注册会计师是否拟获取审计证据，以确定内部控制在防止或发现并纠正重大错报风险方面的有效性。如果注册会计师在风险评估时预期内部控制运行有效，随后拟实施的进一步审计程序就必须包括控制测试，且实质性程序自然会受到之前控制测试结果的影响。

注册会计师出于成本效益的考虑可以采用综合性方案设计进一步审计程序。但在某些情况下，注册会计师必须通过实施控制测试，才可能有效应对评估出的某一认定的重大错报风险。无论选择何种方案，注册会计师都应当对所有重大类别的交易、账户余额、披露设计和实施实质性程序。

【项目演练4-8　单选题】 下列有关注册会计师实施进一步审计程序时间的说法中，错误的是(　　)。

A. 如果被审计单位的控制环境良好，注册会计师可以更多地在期中实施进一步审计程序

B. 注册会计师在确定何时实施进一步审计程序时需要考虑能够获取相关信息的时间

C. 对于被审计单位发生的重大交易，注册会计师应当在期末或期末以后实施实质性程序

D. 如果评估的重大错报风险为低水平，注册会计师可以选择资产负债表日前适当日期为截止日实施函证

三、进一步审计程序的时间与范围安排

(一) 进一步审计程序的时间

进一步审计程序的时间是指注册会计师何时实施进一步审计程序，或审计证据适用的期间或时点。

注册会计师可以在期中或期末实施控制测试或实质性程序。当重大错报风险较高时，注册会计师应当考虑在期末或接近期末实施实质性程序，或采用不通知的方式，或在管理层不能预见的时间实施审计程序。

如果在期中实施进一步审计程序，可能有助于注册会计师在审计工作初期识别重大事项，并在管理层的协助下及时解决这些事项；或针对这些事项制定有效的实质性方案或综合性方案。由于在期中实施进一步审计程序的局限性，如果在期中实施了进一步审计程序，注册会计师还应当针对剩余期间获取审计证据。

注册会计师在确定何时实施进一步审计程序时应当考虑的重要因素：

(1) 控制环境。良好的控制环境可以抵销在期中实施进一步审计程序的局限性，使注册会计师在确定实施进一步审计程序的时间时有更大的灵活度。

(2) 何时能得到相关信息。

(3) 错报风险的性质。

(4) 审计证据适用的期间或时点。

虽然注册会计师在很多情况下可以根据具体情况选择实施进一步审计程序的时间，但也存在着一些限制选择的情况。某些审计程序只能在期末或期末以后实施，包括将财务报表与会计记录相核对，检查财务报表编制过程中所作的会计调整等。

如果被审计单位在期末或接近期末发生了重大交易，或重大交易在期末尚未完成，注册会计师应当考虑交易的发生或截止等认定可能存在的重大错报风险，并在期末或期末以后检查此类交易。

(二) 进一步审计程序的范围

进一步审计程序的范围是指实施进一步审计程序的数量，包括抽取的样本量，对某项控制活动的观察次数等。

确定进一步审计程序的范围时考虑的因素：

(1) 确定的重要性水平。确定的重要性水平越低，注册会计师实施进一步审计程序的范围越广。

(2) 评估的重大错报风险。评估的重大错报风险越高，对拟获取审计证据的相关性、可靠性的要求越高，因此注册会计师实施的进一步审计程序的范围也越广。

(3) 计划获取的保证程度。计划获取的保证程度，是指注册会计师计划通过所实施的审计程序对测试结果可靠性所获取的信心。计划获取的保证程度越高，对测试结果可靠性要求越高，注册会计师实施的进一步审计程序的范围越广。例如，注册会计师对财务报表是否不存在重大错报的信心可能来自控制测试和实质性程序，如果注册会计师计划从控制测试中获取更高的保证程度，则控制测试的范围就更广。

随着重大错报风险的增加，注册会计师应当考虑扩大审计程序的范围。但只有当审计程序本身与特定风险相关时，扩大审计程序的范围才是有效的。

注册会计师使用恰当的抽样方法通常可能得出有效结论。但如果存在下列情形：① 从总体中选择的样本量过小；② 选择的抽样方法对实施特定目标不适当；③ 未对发现的例外事项进行恰当的追查。注册会计师依据样本得出的结论可能与对总体实施同样的审计程序得出的结论不同，出现不可接受的风险。

【项目演练 4-9　单选题】 注册会计师在实施进一步审计程序时，其判断正确的是 (　　)。

A. 无论评估的重大错报风险结果如何，注册会计师都应当针对所有的各类交易、账户余额和披露实施实质性程序

B. 注册会计师为评价控制设计和确定控制是否得到执行而实施的风险评估程序不可能为控制运行的有效性提供审计证据

C. 只有当询问、观察和检查程序结合在一起仍无法获得充分的证据时，注册会计师才考虑通过重新执行来证实控制是否有效运行

D. 在准备信赖内部控制，并且因信赖内部控制而减少的实质性程序的工作量小于控制测试的工作量时，注册会计师就会进行控制测试

四、控制测试

控制测试是指用于评价内部控制在防止或发现并纠正认定层次重大错报方面的运行有效性的审计程序。

在测试控制运行的有效性时，注册会计师应当从下列方面获取关于控制是否有效运行的审计证据：① 控制在所审计期间的相关时点是如何运行的；② 控制是否得到一贯执行；

③ 控制由谁执行或以何种方式执行。从这三个方面来看，控制运行有效性强调的是控制能够在各个不同时点按照既定设计得以一贯执行。

因此，在了解控制是否得到执行时，注册会计师只需抽取少量的交易进行检查或观察某几个时点。但在测试控制运行的有效性时，注册会计师需要抽取足够数量的交易进行检查或对多个不同时点进行观察。

(一) 控制测试的要求与方法

当存在下列情形之一时，注册会计师应当实施控制测试：① 在评估认定层次重大错报风险时，预期控制的运行是有效的；② 仅实施实质性程序并不能够提供认定层次充分、适当的审计证据。

在认为仅通过实施实质性程序不能获取充分、适当的审计证据的情况下，注册会计师必须实施控制测试，且这种测试已经不再是单纯出于成本效益的考虑，而是必须获取的一类审计证据。控制测试采用审计程序的类型包括询问、观察、检查和重新执行。

(1) 询问。注册会计师可以向被审计单位适当的员工询问，以获取与内部控制运行情况相关的信息。

(2) 观察。观察是测试不留下书面记录的控制(如职责分离)运行情况的有效方法。

(3) 检查。对运行情况留有书面证据的控制，检查非常适用。

(4) 重新执行。通常只有当询问、观察和检查程序结合在一起仍无法获得充分的证据时，注册会计师才考虑通过重新执行来证实控制是否有效运行。

询问本身并不足以测试控制运行的有效性。注册会计师应当将询问与其他审计程序结合使用，以获取有关控制运行有效性的审计证据。观察提供的证据仅限于观察发生的时点，它不足以测试控制运行的有效性；将询问、检查和重新执行结合使用，通常能够比仅实施询问和观察获取更高的保证。

(二) 实施控制测试的目的与影响

控制测试的目的是评价控制是否有效运行；细节测试的目的是发现认定层次的重大错报。尽管两者目的不同，但注册会计师可以考虑针对同一交易同时实施控制测试和细节测试，以实现双重目的。例如，注册会计师通过检查某笔交易的发票可以确定其是否经过适当的授权，也可以获取关于该交易的金额和发生时间等细节证据。当然，如果拟实施双重目的测试，注册会计师应当仔细设计和评价测试程序。

注册会计师应当考虑实施实质性程序发现的错报对评价相关控制运行有效性的影响。如果实施实质性程序发现被审计单位没有识别出的重大错报，通常表明内部控制存在重大缺陷，注册会计师应当就这些缺陷与管理层和治理层进行沟通。

(三) 实施控制测试的特别考虑

1. 如何考虑期中审计证据

对于控制测试，注册会计师在期中实施此类程序具有更积极的作用。但是即使注册会计师已获取有关控制在期中运行有效性的审计证据，仍然需要考虑如何能够将控制在期中运行有效性的审计证据合理延伸至期末。一个基本的考虑是针对期中至期末这段剩余期间获取充分、适当的审计证据。

因此，如果已获取有关控制在期中运行有效性的审计证据，并拟利用该证据，注册会计师应当实施下列审计程序：

(1) 获取这些控制在剩余期间变化情况的审计证据；

(2) 确定针对剩余期间还需要获取的补充审计证据。

确定针对剩余期间需要获取的补充审计证据时，注册会计师应当考虑下列因素：

① 评估认定层次重大错报风险的重要程度。评估的重大错报风险对财务报表的影响越大，注册会计师需要获取的剩余期间的补充证据越多。

② 在期中测试的特定控制以及自期中测试后发生的重大变动。例如，对自动化运行的控制，注册会计师更可能测试信息系统一般控制的运行有效性，以获取控制在剩余期间运行有效性的审计证据。

③ 在期中对有关控制运行有效性获取审计证据的程度。如果注册会计师在期中对有关控制运行有效性获取的审计证据比较充分，可以考虑适当减少需要获取的剩余期间的补充证据。

④ 剩余期间的长度。剩余期间越长，注册会计师需要获取的剩余期间的补充证据越多。

⑤ 在信赖控制的基础上拟缩小实质性程序的范围。注册会计师对相关控制的信赖程度越高，通常在信赖控制的基础上拟减少进一步实质性程序的范围就越大。在这种情况下，注册会计师需要获取的剩余期间的补充证据就越多。

⑥ 控制环境。在注册会计师总体上拟信赖控制的前提下，控制环境越薄弱(或把握程度越低)，注册会计师需要获取的剩余期间的补充证据就越多。

通过测试剩余期间控制的运行有效性或测试被审计单位对控制的监督，注册会计师可以获取补充审计证据。

2. 如何考虑以前审计获取的审计证据

注册会计师在本期审计时可以适当考虑利用以前审计获取的有关控制运行有效性的审计证据(内部控制相对稳定)；但是，注册会计师在利用以前审计获取的有关控制运行有效性的审计证据时需要格外慎重，充分考虑各种因素。

考虑拟信赖的以前审计中测试的控制在本期是否发生变化。如果拟信赖以前审计获取的有关控制运行有效性的审计证据，注册会计师应当通过实施询问并结合观察或检查程序，获取这些控制是否已经发生变化的审计证据。

如果控制在本期发生变化，注册会计师应当考虑以前审计获取的有关控制运行有效性的审计证据是否与本期审计相关。如果拟信赖的控制自上次测试后已发生变化，注册会计师应当在本期审计中测试这些控制的运行有效性。

如果拟信赖的控制自上次测试后未发生变化，且不属于旨在减轻特别风险的控制，注册会计师应当运用职业判断确定是否在本期审计中测试其运行有效性，以及本次测试与上次测试的时间间隔，但每三年至少对控制测试一次。

但需要注意的是：在确定利用以前审计获取的有关控制运行有效性的审计证据是否适当以及再次测试控制的时间间隔时，注册会计师应当考虑相关因素。如果拟信赖以前审计获取的某些控制运行有效性的审计证据，注册会计师应当在每次审计时从中选取足够数量的控制，测试其运行有效性。不应将所有拟信赖控制的测试集中于某一次审计，而在之后的两次审计中不进行任何测试。

鉴于特别风险的特殊性,对于旨在减轻特别风险的控制,不论该控制在本期是否发生变化,注册会计师都不应该依赖以前审计获取的证据,而应当在每次审计中都测试这类控制。

(四) 控制测试的范围

控制测试的范围是指某项控制活动的测试次数。注册会计师应当设计控制测试,以获取控制在整个拟信赖的期间内有效运行的充分、适当的审计证据。

注册会计师在确定某项控制的测试范围时,通常会考虑下列因素:

(1) 在拟信赖期间,被审计单位执行控制的频率。控制执行的频率越高,控制测试的范围越大。

(2) 在审计期间,注册会计师拟信赖控制运行有效性的时间。拟信赖控制运行有效性的时间不同,在该时间内发生的控制活动次数也不同。注册会计师需要根据拟信赖控制的时间确定控制测试的范围。拟信赖时间越长,控制测试的范围越大。

(3) 控制的预期偏差。预期偏差可以用控制未得到执行的预期次数占控制应当得到执行次数的比率(也可称为预期偏差率)加以衡量。控制的预期偏差率越高,需要实施控制测试的范围越大。如果控制的预期偏差率过高,注册会计师应当考虑控制可能不足以将认定层次的重大错报风险降至可接受的低水平,从而针对某一认定实施的控制测试可能是无效的。

(4) 通过测试与认定相关的其他控制获取的审计证据的范围。针对同一认定,可能存在不同的控制。当针对其他控制获取审计证据的充分性和适当性较高时,测试该控制的范围可适当缩小。

(5) 拟获取有关认定层次控制运行有效性的审计证据的相关性和可靠性。

另外,对自动化控制的测试范围需要进行特别考虑,除非系统(包括系统使用的表格、文档或其他永久性数据)发生变动,注册会计师通常不需要增加自动化控制的测试范围。

【项目演练 4-10　多选题】 在测试内部控制的运行有效性时,注册会计师应当获取的审计证据有(　　)。

A. 控制是否得到执行

B. 控制是否得到一贯执行

C. 控制在所审计期间不同时点是如何执行的

D. 控制以何种方式执行

【项目演练 4-11　单选题】 下列有关控制测试程序的说法中,正确的是(　　)。

A. 注册会计师应当将观察与其他审计程序结合使用

B. 检查程序适用于所有控制测试

C. 重新执行程序适用于所有控制测试

D. 通常只有当询问、观察和检查程序结合在一起仍无法获得充分的证据时,注册会计师才会考虑实施重新执行程序

五、实质性程序

实质性程序是指用以发现认定层次重大错报的审计程序。实质性程序包括对各类交易、账户余额和披露的细节测试以及实质性分析程序。

如果认为评估的认定层次重大错报风险是特别风险，注册会计师应当专门针对该风险实施实质性程序。为应对特别风险需要获取具有高度相关性和可靠性的审计证据，仅实施实质性分析程序不足以获取应对特别风险的充分且适当的审计证据。

(一) 细节测试和实质性分析程序的适用范围

细节测试适用于对各类交易、账户余额和披露认定的测试，尤其是对存在或发生、计价认定的测试。对在一段时期内存在可预期关系的大量交易，注册会计师可以考虑实施实质性分析程序。

注册会计师需要根据评估的不同认定层次的重大错报风险设计有针对性的细节测试，包括：针对存在或发生认定的细节测试，选择财务报表项目追踪至原始业务凭证；针对完整性认定的细节测试，选择获取原始业务凭证，来表明该业务包含在财务报表金额中。

注册会计师在设计实质性分析程序时应当考虑的因素包括：

(1) 对特定认定使用实质性分析程序的适当性；

(2) 对已记录的金额或比率做出预期时，所依据的内部或外部数据的可靠性；

(3) 做出预期的准确程度是否足以在计划的保证水平上识别重大错报；

(4) 已记录金额与预期值之间可接受的差异额。

(二) 实施实质性程序的特别考虑

由于实质性程序的目的在于更直接地发现重大错报，故在期中实施实质性程序时更需要考虑其成本效益的权衡；对于以前审计中通过实质性程序获取的审计证据，则采取了更加慎重的态度和更严格的限制。

1. 如何考虑是否在期中实施实质性程序和利用期中审计证据

注册会计师在考虑是否在期中实施实质性程序时应当考虑有关因素：① 控制环境和其他相关的控制；② 实施审计程序所需信息在期中之后的可获得性；③ 实质性程序的目的；④ 评估的重大错报风险；⑤ 特定类别交易或账户余额以及相关认定的性质；⑥ 针对剩余期间，能否通过实施实质性程序或将实质性程序与控制测试相结合，降低期末存在错报而未被发现的风险。

如果在期中实施了实质性程序，注册会计师应当针对剩余期间实施进一步的实质性程序，或将实质性程序和控制测试结合使用，以将期中测试得出的结论合理延伸至期末。

2. 如何考虑以前审计获取的审计证据

在以前审计中实施实质性程序获取的审计证据，通常对本期只有很弱的证据效力或没有证据效力，不足以应对本期的重大错报风险。只有当以前获取的审计证据及其相关事项未发生重大变动时(例如，以前审计通过实质性程序测试过的某项诉讼在本期没有任何实质性进展)，以前获取的审计证据才可能用做本期的有效审计证据。

【项目演练4-12　多选题】 下面有关实质性程序的表述，正确的有(　　)。

A. 当使用分析程序比细节测试能更有效地将认定层次的检查风险降低至可接受的水平时，分析程序可以用作实质性程序

B. 仅实施实质性程序不足以提供认定层次充分、适当的审计证据时，注册会计师应当实施控制测试，以获取内部控制运行有效性的审计证据

C. 如果风险评估程序未能识别出与认定相关的任何控制，注册会计师可能认为仅实施实质性程序就是适当的

D. 注册会计师认为控制测试很可能不符合成本效益原则。注册会计师可能认为仅实施实质性程序就是适当的

项 目 练 习

一、单项选择题

1. 某注册会计师正在对甲公司 2014 年的财务报表实施风险评估程序。在询问时，下列询问的对象和事项不合适的是(　　)。

A. 向甲公司管理层询问经营目标或战略的变化情况

B. 向甲公司财务经理询问被审计单位最近的财务状况、经营成果和现金流量

C. 向甲公司参与生成、处理或记录复杂或异常交易的员工询问被审计单位最近的财务状况、经营成果和现金流量

D. 向甲公司律师询问是否存在未决诉讼

2. 下列选项中，不属于风险评估程序的是(　　)。

A. 穿行测试　　　　B. 观察　　　　　　C. 检查　　　　　　　D. 函证

3. 下列选项中，既属于被审计单位外部环境，又属于被审计单位内部环境的因素是(　　)。

A. 对被审计单位财务业绩的衡量和评价

B. 被审计单位的性质

C. 被审计单位的目标、战略以及可能导致重大错报风险的相关经营风险

D. 被审计单位的内部控制

4. 被审计单位的信息系统与沟通是注册会计师了解企业内部控制的一个重要方面。以下有关企业信息系统与沟通的说法中，不正确的是(　　)。

A. 所谓的信息系统是与财务报告相关的信息系统

B. 与财务报告相关的信息系统应当与业务流程相适应

C. 被审计单位的信息系统是指由自动化程序执行的信息系统

D. 自动化程序和控制可能降低了发生无意错误的风险，但是并没有消除将个人凌驾于控制之上的风险

5. 以下关于被审计单位内部控制的表述中，错误的是(　　)。

A. 实现内部控制目标的手段是设计控制政策及程序

B. 内部控制目标的保证程度是合理保证

C. 设计和实施内部控制的责任主体是治理层、管理层和其他人员，即组织中的每一个人都对内部控制负有责任

D. 被审计单位设计、执行和维护内部控制的方式会因被审计单位的规模和复杂程度的不同而不同

6. 以下关于被审计单位控制环境的说法中，不正确的是(　　)。

A. 控制环境设定了被审计单位的内部控制基调，对企业具有广泛影响

B. 防止或发现并纠正舞弊和错误是注册会计师的责任

C. 良好的控制环境是实施有效内部控制的基础

7. 在设计审计程序时，注册会计师的下列做法中，正确的是(　　)。

A. 设计相关可靠的审计程序，以消除财务报表中存在重大错报的风险

B. 在应对认定层次重大错报风险时，优先考虑合理确定审计程序的范围

C. 如果将特定重大账户和重大错报的风险评估为低水平，且控制测试支持这一评估结果，则不实施实质性程序

D. 不因获取审计证据的困难和成本减少不可替代的审计程序

8. 下列有关控制测试目的的说法中，正确的是(　　)。

A. 控制测试旨在确定内部控制的设计是否合理，是否能够防止或发现并纠正认定层次重大错报

B. 控制测试旨在确定内部控制是否得到执行

C. 控制测试旨在发现认定层次发生错报的金额

D. 控制测试旨在评价内部控制在防止或发现并纠正认定层次重大错报方面的运行有效性

二、多项选择题

1. 下列与控制测试有关的表述中，正确的有(　　)。

A. 如果控制设计不合理，则可以不必实施控制测试

B. 如果控制设计合理，但没有执行，则可以不必实施控制测试

C. 如果在评估认定层次重大错报风险时预期控制的运行是有效的，则应当实施控制测试

D. 如果认为仅实施实质性程序不足以提供认定层次充分、适当的证据，则应当实施控制测试

2. 在测试内部控制的运行有效性时，注册会计师应当获取的审计证据有(　　)。

A. 控制设计是否合理　　　　　　B. 控制在所审计期间不同时点是如何运行的

C. 控制是否得到一贯执行　　　　D. 控制由谁或以何种方式执行

3. 下列做法中，可以提高审计程序不可预见性的有(　　)。

A. 采取不同的审计抽样方法，使当期抽取的测试样本与以前有所不同

B. 选取不同的地点实施审计程序，或预先不告知被审计单位所选定的测试地点

C. 对某些未测试过的低于重要性水平或风险较小的账户余额和认定实施实质性程序

D. 将实施实质性程序的时间由期末改为期中，使其超出被审计单位的预期

4. 注册会计师在确定实质性程序的范围时，以下做法正确的有(　　)。

A. 如果对控制测试的结果不满意，应当扩大实质性程序的范围

B. 应针对所有重大的各类交易、账户余额和披露实施实质性程序

C. 评估的认定层次重大错报风险越高，需要实施实质性程序的范围越广

D. 在细节测试中，针对大额或异常项目，应当采用抽样的方法

5. 针对特别风险，注册会计师在设计实施进一步审计程序时，以下做法中不正确的是

(　　)。

A. 针对特别风险注册会计师应当采用实质性方案

B. 对于管理层应对特别风险的控制，无论是否信赖，都需要进行了解

C. 应对舞弊风险的实质性程序应当在资产负债表日后实施

D. 针对特别风险应当实施细节测试

6. 如果期中已获得有关控制有效运行的证据，在确定针对剩余期间还需获取的补充审计证据时，注册会计师应当考虑下列(　　)因素。

A. 控制环境

B. 期中对控制运行有效性获取的审计证据的程度

C. 在信赖控制的基础上拟缩小实质性程序的范围

D. 剩余期间的长度

7. 如果注册会计师已获取有关控制在期中运行有效性的审计证据，通常还应实施的审计程序有(　　)。

A. 获取这些控制在剩余期间发生重大变化的审计证据

B. 确定针对剩余期间还需获取的补充审计证据

C. 获取信息技术一般控制变化情况的审计证据

D. 仅获取这些控制在期末运行有效的审计证据

三、案例分析题

在甲公司 2014 年度财务报表审计中，A 注册会计师了解的相关情况、实施的部分审计程序及相关结论(如适用)摘录如下：

序号	情况概述	实施的审计程序及相关结论
(1)	甲公司的内部控制制度规定，应当将销售合同、出库单、客户验收单和销售发票核对一致后记录收入	对该项控制，A 注册会计师预计控制偏差率为零，并抽取 25 笔交易作为样本实施控制测试，发现其中两笔交易没有客户验收单。管理层解释客户验收单已遗失，但属于例外情况。A 注册会计师接受了管理层的解释，认为该控制运行有效
(2)	甲公司与现金销售相关的内部控制设计合理并得到执行	A 注册会计师对与现金销售相关的内部控制实施控制测试。经询问财务经理，了解到 2011 年度相关控制运行有效，未发现例外事项。A 注册会计师认为 2011 年度与现金销售相关的内部控制运行有效
(3)	甲公司与多个关联方发生大量非常规交易	A 注册会计师认为甲公司的关联方交易存在特别风险。因此，不再了解相关内部控制，直接实施实质性程序
(4)	甲公司经营情况、员工结构和员工人数稳定，各年度职工薪酬费用变化不大	A 注册会计师认为与职工薪酬相关的财务报表项目不存在特别风险，决定采用综合性方案实施进一步审计程序。A 注册会计师在审计甲公司 2011 年度财务报表时，对与职工薪酬相关的内部控制实施了测试，认为其运行有效。在 2012 年度至 2014 年度审计中，通过实施询问程序未发现相关控制发生变化。因此，A 注册会计师决定在 2014 年度财务报表审计中利用 2011 年度获取的控制运行有效的审计证据

　　针对以上资料中所述的审计程序及相关结论(如适用)，假定不考虑其他条件，逐项指出其是否恰当，并简要说明理由。将答案直接填入答题区的相应表格内。

审计程序及相关的结论序号	是否恰当 (是/否)	理　　由
(1)		
(2)		
(3)		
(4)		

拓展阅读

审计模式发展历程

　　审计模式是审计导向(oriented)的目标、范围和方法等要素的组合。它规定了审计应从何处入手、如何着手和何时着手等问题。在审计发展的过程中，审计模式的发展起着相当重要的作用。审计活动是为完成一定的审计目标而设计的，因此审计模式的发展，要受到审计目标变化的深刻影响。随着社会经济的发展，审计目标是有变化的，因此审计模式也是不断发展的。按照历史的顺序，与审计目标的变化相适应，审计模式的发展大致可以分为四个阶段：账项基础审计阶段、制度基础审计阶段、风险基础审计阶段和风险导向审计阶段。

　　一、账项基础审计

　　账项基础审计(transaction-based auditing)，也叫数据导向审计(data-oriented auditing)或凭单审计方案法(voching auditing program approach)。它审计方法模式发展的第一阶段，在审计方法史上占据着十分重要的地位，直到现在仍被大量采用。它以凭单核对为中心，以审查账目有无舞弊为目标，以数据的可信度为着眼点，以会计科目为入手点，构成了一个完整的方法模式。

　　在账项基础审计阶段，由于当时审计工作的主要目标是查错防弊，注重凭证、账簿和报表的详细审查，比较费时费力。在企业规模不大，经济业务比较简单的情况下，这种审计方法基本能满足需要。后来由于资产负债表审计的盛行，人们更多地采用抽样审计技术。但此时的抽样更多地采用判断抽样，主要根据审计人员的经验进行主观判断，有时可能遗漏重要项目事项，抽查的风险很大。而且，账项基础审计通过凭证的核对，虽然可以发现技术性错误或舞弊行为，但是审计耗费人力较多，难以深入分析，难以查找产生的原因，不能揭示会计系统中不合理的缺陷。因此，账项基础审计并不能达到预期的效果，特别是经济业务规模扩大和业务复杂的情况下。为了保证审计质量，必须寻找更为可靠的和更加有效的审计方法，于是产生了制度基础审计。

　　二、制度基础审计

　　随着股份有限公司的不断出现，社会公众更多关注的是财务报表的公允性和真实性。即使是未揭露的差错和舞弊，只要不会对财务报表构成重大的影响，就不是审计的主要目标。实际上企业为了管理的需要，建立了内部控制制度。内部控制制度是否严密有效，直接影响到企业财务报表的公允性。在审计实践过程中，审计人员也发现内部控制制度的可靠性对于审计工作具有非常重要的意义。

制度基础审计面对新的环境，相比于账项基础审计是前进了一大步，但是它本身也存在着重大的缺陷。制度基础审计虽然也涉及审计风险问题，但它并不是直接处理审计风险，且会让审计人员的注意力过于集中在被审单位的内部控制制度方面，使审计人员过于依赖内部控制的测试而忽视审计风险产生的其他环节；再有，由于世界范围的科学技术和政治经济的巨大变化，企业之间的竞争愈演愈烈，企业的不稳定性增加。许多企业破产倒闭，于是社会对审计提出了更多的要求，不断出现指控审计人员的事件，这就要求审计人员充分把握被审单位各方面的情况，考虑各种风险因素。更为致命的是，审计证据可以从许多渠道进行收集——如对组织的了解，组织的环境、历史以及分析性检查等，所有这些，并不是制度基础审计采用的技术方法，再称为制度基础审计就有点名不副实。从各种渠道所收集的证据，都会对最终的审计意见产生影响，但制度基础审计缺乏通过一种可接受的量化方法来连接各种来源的手段，因此作出的一些主观判断，可能存在较大的偏差，仍然可能使重大的差错和舞弊未能揭示出来，使审计人员不断受到诉讼的威胁。

三、风险基础审计

由于制度基础审计的不足，使它适应不了社会公众对审计的要求，风险基础审计方法随之兴起。风险基础审计立足于对审计风险进行系统的分析和评价，并以此作为出发点，制订审计战略和与企业状况相适应的多样化的审计计划，使审计工作适应社会发展的需求。风险基础审计要求审计人员不仅要对控制风险进行评价，而且要对产生风险的各个环节进行评价，用以确定审计人员实质性测试的重点和测试水平，确定如何收集、收集多少和收集何种性质证据的决策。风险基础审计大量运用了分析的方法，这种分析的方法贯穿于审计的准备阶段、实施阶段和终结阶段。它使审计风险理论和整个审计过程联系更为紧密；使审计人员能够重视产生审计风险的各个重要环节；使审计过程成为一个不断克服和降低审计风险的过程。一旦审计人员认为审计风险已经控制在可容忍的水平范围内，审计人员就可以发表审计意见。风险基础审计为更有效地控制和提高审计效果和审计效率提供了完整的结构，有利于进一步弥合公众期望差(expectation gap)，有利于减轻审计人员的责任，使审计人员由被动地承受审计风险到主动地控制审计风险。因此，它不失为现代审计的一个新思路。

四、风险导向审计

风险导向审计也称"商业基础审计"，或"现代风险导向审计"。风险基础审计基于审计风险模型，通过对财务报表固有风险和控制风险的评估来确定实质性测试的性质、时间和范围。但在审计实务中，审计人员所采用的是制度基础审计的基本方法，增加了风险定量评估的内容，并将风险定量分析视为审计风险控制的一种重要手段。在风险基础审计模式下，审计对于风险的分析和评估还是一种狭隘的会计观。审计人员的注意力和相关的分析、测试的重点，主要放在财务报表账户余额及发生额本身的风险及会计系统的可靠性上。审计人员依然采用一种自下而上的审计思路，认为只要通过对客户财务报表各个项目及相关交易类别与账户各个认定的固有风险和控制风险的评估和测试，并加以实质性测试，就可以为审计意见提供充分适当的证据。从审计实施的角度看，审计方法和程序仍然是以业务层面的内部控制测试和风险评价为导向，然后对相关认定实施实质性测试。企业是社会经济生活中的一个细胞，其所处的经济环境、行业状况、经营目标、战略与风险最终都会对财务报表产生重大影响。如果审计人员不深入考虑财务报表背后的东西，就不能对财务报表项目余额得出一个合理的期望。如果审计人员不把审计视角扩展到内部控制以外，就容易受到蒙蔽和欺骗，不能发现由于内部控制失效所导致的财务报表存在的重大错报和舞弊行为。

　　因此，风险基础审计主要还是一种观念上的审计模式。它并没有使审计过程和审计方法在审计实务方面产生巨大的变化。21 世纪初，安然和世通公司等重大财务欺诈案的不断出现，导致了社会对审计职业极度怀疑，社会公众总是要问"审计师在哪里？"。虽然审计职业主要的职责范围是监管机构赋予的，但其来源是社会公众。当重大管理舞弊被社会公众所知悉时，审计职业就会遭到重创。审计模式从制度基础审计转向风险基础审计，不仅改变了审计方法，而且改变了传统的审计理念。国外会计师事务所对风险基础方法进行改进，意识到审计风险与企业经营风险是不可分割的，威胁企业经营的风险也是影响审计风险的来源。因而，有效的审计需要对企业所处的社会环境等进行深入的了解，审计理论、审计实务以及审计准则都开始要求审计人员更多地理解企业的经营，形成了以企业经营风险评价为中心的风险导向审计(risk-oriented auditing)，或称商业基础审计(business audit)。这一认识比传统的基于审计风险模型的风险认识更广泛和深刻。

——岳阳市审计局

项目 5　销售与收款循环审计

职业能力目标

- 了解销售与收款循环涉及的主要业务及其相关的单据和记录；
- 理解销售与收款循环重大错报风险因素；
- 理解销售与收款循环具体审计目标；
- 掌握销售与收款循环的内部控制要点及其有效性测试方法；
- 掌握主营业务收入、应收账款与坏账准备、应收票据的具体审计目标和实质性测试程序。

工作任务与项目导图

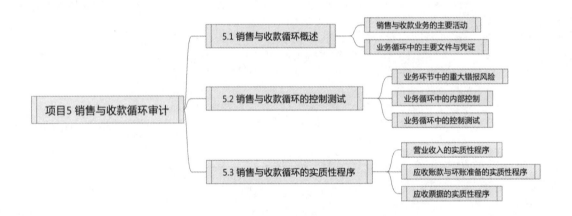

项目导入

中国股市第一造假案

　　曾几何时，银广夏是一个在中国资本市场上十分响亮的名字。在 2000 年几乎贯穿全年的沪深股市大牛市中，银广夏以全年 440% 以上的涨幅高居所有上市 A 股涨幅的第一名。它也因此戴上了"跨世纪大牛股"的桂冠。但是，在媒体记者的不懈追踪下，银广夏的原形终于暴露，原来这又是一个欺世盗名的骗子公司。

　　位于宁夏的银广夏，于 1994 年 6 月在深圳证交所上市。在上市以后的最初几年里，它的经营业绩虽然比较稳定，但放在整个市场的大环境里只能算是十分平淡，因此一直没有引起人们的注意。奇迹出现在 2000 年。这一年，银广夏从资本公积金中拨款，对全体股东每 10 股转增 10 股，其总股本扩大了 1 倍，但这一年的每股收益却没有出现稀释，相反出现了强劲上升，达到 0.827 元，升幅 62.16%，而其资产收益率则从 1999 年的第 154位上升到了第 6 位(深圳证券交易所)。

但是，银广夏的这种异常表现也引起了媒体的高度关注。《财经》杂志的记者经过长达一年多的艰苦调查，终于证实，银广夏的业绩增长是一场彻头彻尾的大骗局。银广夏号称其开发的生物萃取技术在国外拥有广阔的市场，能够提供稳定的利润来源。公司董事长甚至吹嘘，银广夏 2001 年的每股收益将达到 2～3 元，它将成为整个沪深市场业绩最好和市盈率最低的优质股票。但是，《财经》杂志记者经过调查发现，银广夏所依赖的所谓生物萃取技术并不像它吹嘘的那样神乎其神，在国际市场上的规模也不大，银广夏依靠这样一项技术能够创造出这样高的业绩是不可能的。记者在银广夏自称的主要出口基地天津广夏所在地的天津海关掌握到了银广夏的出口数额，1999 年为 481 万美元，2000 年为 3 万多美元，2001 年上半年则没有一分钱的出口额。如此少的出口额，却成为支撑银广夏利润的主要来源，可见其所谓的业绩神话完全是虚构的。整个事情——从大宗萃取产品出口到银广夏利润猛增，再到股价暴涨——完全是一场骗局。

在《财经》杂志揭露银广夏真相的报道发表以后，中国证监会随即展开了调查，并于9 月 5 日以发言人谈话的形式公布了初步的调查结果，证实了《财经》报道的准确性。发言人说，已经查明银广夏通过伪造购销合同、伪造出口报关单、虚开增值税专用发票、伪造免税文件和伪造金融票据等手段，虚构主营业务收入，虚构巨额利润达 7.45 亿元。随后，银广夏董事局副主席、总裁李有强，董事局秘书、财务总监、总会计师丁功民等人被宁夏回族自治区公安厅刑事拘留，之后被判刑。2002 年 5 月，中国证监会又正式作出对银广夏的行政处罚，对公司罚款 60 万元。

银广夏案在中国股市发展史上是一件影响深远的大案。在这起案件中，会计师和证券分析师的严重失职起到了为虎作伥的恶劣作用。事后，有关的会计师事务所被注销执业资格，吹捧银广夏的一些股评家也在市场上销声匿迹。回顾整个市场的揭露过程，媒体的坚持起到了重要的作用。

——《国际金融报》

5.1 销售与收款循环概述

一、销售与收款业务循环的主要活动

销售与收款业务循环是指随着商品销售或劳务的提供而发生的商品所有权转让及已收或应收货款的业务过程，是企业最主要的业务循环之一，也是审计风险较大的环节。

销售与收款业务循环的主要活动包括以下方面：

1. 接受客户定单

客户提出订货需求是企业销售业务的真正开始。客户定单只有在符合管理当局的授权标准时才接受。若客户定单不符合管理当局的授权标准，则由销售主管决定是否接受其定单。销售部门在接受客户定单后，以此编制一式多联的销售通知单，列示客户订购的商品名称、规格、型号、数量及质量要求等，并以此作为生产、信用、仓库、运输、开票和收款等有关部门履行职责的依据。客户订单是证明管理当局有关销售交易的"发生"认定的凭证之一，也是某笔销售交易轨迹的起点。

2. 批准赊销信用

商业信用在市场经济中的运用，使赊销成为一种普遍销售方式。对于赊销业务，批准赊销是由信用部门根据管理当局赊销政策以及顾客的已授权信用额度进行的。信用部门收到销售通知后，应立即审查客户的赊销额度的授权情况、财务状况和信用等级等情况，以确定是否给予赊销。赊销的执行应当合理划分工作职责，避免某些销售人员在参与信用分析时为扩大销售而使企业承受不适当的信用风险。客户的信用评价应由专门的信用部门负责。

设计信用授权批准控制的目的是为了降低坏账风险，且与应收账款净额的"计价和分摊"认定有关。

3. 按销售单发货及装运

按销售单发运商品是确认收入实现的标志。商品仓库只有在收到经批准的销售通知单时才能发出商品。设立此项控制程序的目的是为了防止仓库在未经授权的情况下擅自发货。经批准的销售单的一联通常应送达仓库，作为仓库按销售单供货和发货给装运部门的授权依据。

将按经批准的销售单供货与按销售单装运货物的职务进行分离，有助于避免装运人员在未经授权的情况下装运商品。

4. 向客户开具销售发票

会计部门将销售订单、销售通知单和出库单(提货单)进行核对无误后，应及时开出销售发票，并将其中一联提供给客户。

对所有装运的货物开具的销售发票，是证明销售业务记录"完整性"的认定凭证；对实际装运的货物证实无重复或虚构交易后开具发票，与销售业务的"发生"认定有关；按已授权批准的商品价目表所列价格计价并开具销售发票，与商品的"计价与分摊"认定有关。此控制程序有助于确保用于记录销货交易的销售发票的正确性。

5. 记录销售业务

会计部门开出销售发票后，应及时编制记账凭证，并据此登记相关货币资金日记账、销售明细账和应收账款明细账等。

6. 办理和记录货币资金收入

这项活动涉及有关货款收回，现金、银行存款的记录以及应收账款的减少等。在办理现金和银行存款收入时，要特别关注货币资金失窃的可能性。处理货币资金收入时，要保证全部货币资金必须如数、及时地记入现金、银行存款日记账和应收账款明细账，现金如数且及时地存入银行。

7. 办理和记录销售退回、销售折扣与折让

若客户对商品不满意，销货企业一般会接受退货，或者给予一定的销货折让；客户提前支付货款也将得到销货企业给予的一定现金折扣。当发生此类事项时，必须经授权批准，授权批准人员应独立于负责收款和记录于应收账款以外的销售部门主管，并根据退货验收单和入库单批准退货。编制贷项通知单，会计部门根据销售退回与折让业务凭证及时、正

确地记录。

在该业务环节，严格使用贷项通知单起着关键作用。

8. 定期与客户对账

定期向客户对账和催收货款的会计部门应定期编制并向客户寄送对账单，核对账面记录，保证所有销售收款、折扣或折让都能准确记录，并要求客户将任何例外情况直接向指定的未涉及执行或记录销货业务的会计人员报告。上述两项控制程序的实施有助于降低"发生""完整性"和"计价和分摊"认定的控制风险。

9. 注销坏账与提取坏账准备

在有确凿证据确认应收账款无法收回时，经批准后企业需将其转为坏账注销，并冲减相应的应收账款总账和明细账记录。根据稳健性原则，年末根据应收账款的余额、账龄或本期销售收入来分析确定本期应计提的坏账准备金额。恰当、正确的坏账计提方式和比例，有助于企业抵补以后无法收回的本期销货款。

二、业务循环中的主要文件与凭证

本循环审计主要是通过对会计账目与有关记录的审查以证实经济活动的真实、完整与合法。典型的销售与收款业务循环中所使用的重要凭证和记录有以下几种：① 客户订货单；② 销货单；③ 销货合同；④ 发运凭证；⑤ 销货发票；⑥ 贷项通知单；⑦ 销货日记账或明细账；⑧ 销售退回及折让日记账或明细账；⑨ 汇款通知书；⑩ 现金和银行存款日记账；⑪ 坏账审批表；⑫ 应收账款账龄分析表；⑬ 应收账款明细账；⑭ 收款凭证；⑮ 客户对账单；⑯ 转账凭证。

【项目演练 5-1 多选题】销售与收款业务循环所使用的凭证和记录有( )。

A. 客户订货单　　　　　B. 销货单　　　　　　　C. 销售合同
D. 销售发票　　　　　　E. 付款凭单

【项目演练 5-2 单选题】销售与收款业务循环中，用来表示由于销售退回或经批准折让而引起的应收账款减少的凭证是( )。

A. 销货合同　　　　　　B. 销货单
C. 贷项通知单　　　　　D. 客户订货单

5.2 销售与收款循环的控制测试

一、业务环节中的重大错报风险

销售收款的确认会影响到与之相关的成本、利润和资产(如应收账款和坏账准备)等项目，并对审计的真实性和合理性产生影响。本业务循环常见的导致重大错报风险的因素有：

(1) 管理层对收入造假的偏好和动因；

(2) 销售业务控制不严，导致虚计销售收入和调节利润；

(3) 信用政策不合理盲目赊销，导致形成大量的应收账款甚至呆账；

(4) 长期不与客户核对应收账款，导致应收账款记录不准，甚至出现舞弊行为；

(5) 应收账款清理不积极，资金被长期占用，甚至导致了大量的呆账、坏账；

(6) 收款方式选用不当，管理不严造成坏账，或者收入款项被贪污；

(7) 销售费用支出失控，可能存在虚报冒领行为；

(8) 销售收入截止不正确，被提前或推后入账；

(9) 坏账准备计提和坏账损失确认方法不当，多计提或少计提坏账准备，不当确认损失，进而调节利润。

二、业务循环中的内部控制

企业应当结合实际情况，全面梳理销售与收款业务流程，完善销售与收款业务相关管理制度，确定适当的销售政策和策略，明确销售、发货和收款等环节的职责和审批权限，按照规定的权限和程序办理销售与收款业务，定期检查分析销售过程中的薄弱环节，采购有效控制措施，确保实现销售目标。

(一) 职责分工与授权批准控制

适当的职责分离有助于防止各种有意或无意的错误。例如，主营业务收入帐如果由记录应收账款之外的职员独立登记，并由另一位不负责账簿记录的职员定期调节总账和明细账，就构成了一项交互牵制；规定负责主营业务收入和应收账款记账的职员不得经手货币资金，也是防止舞弊的一种重要控制。另外，销售人员通常有一种追求更大销售数量的自然倾向，而不关注它是否将以巨额坏账损失为代价，赊销的审批则在一定程度上可以抑制这种倾向。因此，赊销批准职能与销售职能的分离，也是一种理想的控制。

为确保办理销售与收款业务的不相容岗位相互分离、制约和监督，一个企业销售与收款业务相关职责适当分离的基本要求通常包括：企业应当分别设立办理销售、发货、收款三项业务及收款方式等具体事项的岗位。销售过程中的谈判人员至少应有两人以上，并与订立合同的人员相分离；编制销售发票通知单的人员与开具销售发票的人员应相互分离；销售人员应当避免接触销售现款；企业应收票据的取得和贴现必须经由保管票据以外的主管人员书面批准。

1. 恰当的授权审批

对于授权审批问题，应当关注以下四个关键点上的审批程序：其一，在销售发生之前，赊销已经正确审批；其二，非经正当审批，不得发出货物；其三，销售价格、销售条件、运费和折扣等必须经过审批；其四，审批人应当根据销售与收款授权批准制度的规定，对在授权范围内的特殊销售交易进行授权。前两项控制的目的在于保证销售交易按照企业定价政策规定的价格开票收款；对授权审批范围设定权限的目的则在于防止因审批人决策失误而造成严重损失。

2. 充分的凭证和记录

只有具备充分的记录手续，才能可能实现各项控制目标。例如，企业在收到客户订购单后，就立即编制一份预先编号的一式多联的销售单，分别用于批准赊销、审批发货、记录发货数量以及向客户开具账单和销售发票等。在这种制度下，只要定期清点销售单和销售发票，漏开账单的情形几乎不会发生。与此相反，有的企业只有在发货以后才开具账单，如果没有其他控制措施，这种制度下漏开账单的情况就很可能发生。

3. 凭证的预先编号

对凭证预先进行编号，旨在防止销售以后遗漏向客户开具账单或登记入账，也可防止重复开具账单或重复记账。当然，如果对凭证的编号不作清点，预先编号就会失去其控制意义。由收款员对每笔销售开具账单后，将发运凭证按顺序归档，而由另一位职员定期检查全部凭证的编号，并调查凭证缺号的原因，就是实施这项控制的一种方法。

4. 按月寄出对账单

由不负责现金出纳和销售及应收账款记账的人员按月向客户寄发对账单，能促使客户在发现应付账款余额不正确后及时反馈有关信息。为了使这项控制更加有效，最好将账户余额中出现的所有核对不符的账项，指定一位既不掌握货币也不记录主营业务收入的应收账款账目的主管人员处理，然后由独立人员按月编制对账情况汇总报告并交管理层审阅。

【项目演练 5-3　单选题】 在销售与收款业务循环内部控制中，发送商品与记账职责相互分离主要是为了防止(　　)。

A. 盗窃商品并通过篡改记录加以掩饰

B. 贪污客户所付款项并通过篡改记录加以掩饰

C. 贪污已做坏账处理后又收回的应收账款

D. 放宽信用标准而导致企业信用风险增加

(二) 销售与发货的控制

(1) 企业应当加强市场调查，合理确定定价机制和信用方式，根据市场变化及时调整销售策略，灵活运用销售折扣、销售折让、信用销售、代销和广告宣传等多种策略和营销方式，促进销售目标实现，不断提高市场占用率。企业应当健全客户信用档案，关注重要客户资信变动情况，采取有效措施防范信用风险。对于境外客户和新开发客户，企业应当建立严格的信用保证制度。

(2) 企业在销售合同订立前，应当与客户进行业务洽谈、磋商或谈判，关注客户信用状况、销售定价和结算方式等相关内容。重大的销售与收款业务谈判应当吸收财会、法律等专业人员参加，并形成完整的书面记录。销售合同应当明确双方的权利和义务，审批人员应当对销售合同草案进行严格审核。重要的销售合同，应当征询法律顾问或专家的意见。

(3) 企业销售部门应当按照经过批准的销售合同开具相关销售通知。发货和仓储部门应当对销售通知进行审核，严格按照所列项目组织发货，确保货物的安全发运。企业应当加强销售退回管理，分析销售退回原因及时妥善处理。企业应当严格按照发票管理规定开具销售发票，严禁开具虚假发票。

(4) 企业应当完善客户服务制度，加强客户服务和跟踪，提升客户满意度和忠诚度，不断改进产品质量和服务水平。

(三) 收款的控制

(1) 企业应当按照《现金管理暂行条例》《支付结算办法》等规定，及时办理销售收款业务。企业应当完善应收账款管理制度，严格考核，实行奖惩。销售部门负责应收账款的催收，催收记录(包括往来函电)应妥善保存；财会部门负责办理资金结算并监督款项回收。

(2) 企业应将销售收入及时入账，不得账外设账，不得擅自坐支现金。销售人员应当避免接触销售现款。

(3) 企业应当建立应收账款账龄分析制度和逾期应收账款催收制度。销售部门应当负责应收账款的催收，财会部门应当督促部门加紧催收。对催收无效的逾期应收账款可通过法律程序予以解决。

(4) 企业应当按照客户设置应收账款台账，及时登记每一客户应收账款余额增减变动情况和信用额度使用情况。对长期往来客户应当建立起完善的客户资料，并对客户资料实施动态管理，及时更新。

(5) 企业对于可能成为坏账的应收账款应当报告有关决策机构，由其进行审查，确定是否确认为坏账。企业发生的各种坏账，应查明原因明确责任，并在履行规定的审批程序后作出会计处理。

(6) 企业注销的坏账应当进行备查登记，做到账销案存。已注销的坏账又收回应当及时入账，防止形成账外资金。

(7) 企业应收票据的取得和贴现必须经由保管票据以外的主管人员的书面批准。应收票据应有专人保管。对于即将到期的应收票据，应及时向付款人提示付款；已贴现票据应在备查簿中登记，以便日后追踪管理；还应制定逾期票据的冲销管理程序和逾期票据追踪监控制度。

(8) 企业应当定期与往来客户通过函证等方式核对应收账款、应收票据和预收账款等往来款项。如有不符，应查明原因及时处理。

(9) 企业应当加强对销售、发货和收款业务会计系统的控制，详细记录销售客户、销售合同、销售通知、发运凭证、商业票据和款项收回等情况，确保会计记录、销售记录与仓储记录核对一致。

(四) 内核核查程序

由内部审计人员或其他独立人员核查销售交易的处理和记录，是实现内部控制目标所不可缺少的一项控制措施。

销售与收款环节内部控制检查的主要内容包括：

(1) 销售与收款交易相关岗位及人员的设置情况。重点检查是否存在销售与收款交易不相容职务混岗的现象。

(2) 销售与收款交易授权批准制度的执行情况。重点检查授权批准手续是否健全，是否存在越权审批行为。

(3) 销售的管理情况。重点检查信用政策和销售政策的执行是否符合规定。

(4) 收款的管理情况。重点检查销售收入是否及时入账，应收账款的催收是否有效，坏账核销和应收票据的管理是否符合规定。

(5) 销售退回的管理情况。重点检查销售退回手续是否齐全，退回货物是否及时入库。

三、业务循环中的控制测试

如果在评估认定层次重大错报风险时预期控制的运行是有效的，注册会计师应当实施控制测试，就控制在相关期间或时点的运行有效性获取充分且适当的审计证据。

(一) 在对被审计单位销售与收款交易实施控制测试时的注意事项

(1) 注册会计师应把测试重点放在被审计单位是否设计了由人工执行或计算机系统运行的更高层次的调节和比对控制，是否生成例外报告；管理层是否及时调查所发现的问题并采取管理措施，而不是全部只测试员工在数据输入阶段执行的预防性控制。

(2) 注册会计师应当询问管理层用于监控销售与收款交易的关键业绩指标，例如销售额和毛利率预算、应收账款平均收款期等。

(3) 注册会计师应当考虑通过执行分析程序和截止测试，可以对应收账款的存在、准确性和计价等认定获取多大程度的保证。如果能够获得充分保证，则意味着不需要执行大量的控制测试。

(4) 为获取相关重大错报风险是否可能被评估为低的有关证据，注册会计师通常需要对被审计单位重要的控制，尤其是对易出现高舞弊风险的现金收款和存储的控制的有效运行进行测试。

(5) 如果注册会计师计划信赖的内部控制是由计算机执行的，就应当测试：

① 相关一般控制的设计和运行的有效性(测试一般控制)；

② 针对认定层次的控制，如收款折扣的计算(测试应用控制)；

③ 人工跟进措施(测试人工控制)。

(6) 评估风险的高低对控制测试的影响：

① 在控制风险被评估为低时，注册会计师需要考虑评估的控制要素的所有主要方面和控制测试的结果，以便得出这样的结论：控制能够有效运行，可防止或发现并纠正重大错误和舞弊。

② 如果将控制风险评估为高，注册会计师可能仅需了解内部控制，无须测试内部控制运行的有效性。

(7) 如果在期中实施了控制测试，注册会计师应当在年末审计时选择项目测试控制在剩余期间的运行情况，以确定控制是否在整个会计期间持续运行有效。

(8) 控制测试所使用的审计程序的类型主要包括询问、观察、检查和重新执行等。注册会计师应当根据特定控制的性质选择所需实施审计程序的类型。

(二) 业务循环中具体测试方法

业务循环中具体测试方法含有：

(1) 了解并描述该循环的内部控制；

(2) 检查不相容职责的划分；

(3) 测试制度执行情况：向有关人员调查、询问、实地观察和抽验有关文件资料，测试检查有关发票制度、发货制度和结算制度的实际执行情况；

(4) 审查销售合同：审查合同形式的合法性、合同内容的完整性、合同中有关双方权利和义务条款的明确性以及合同的履行情况等；

(5) 观察对账单是否按期寄出；

(6) 审查有关凭证上内部核查的标记，审查销售业务记录的会计凭证及明细账，评价内部核查的有效性；

(7) 抽查账龄分析表: 应追查有无信用调查报告与批准文件, 是否由独立部门或人员进行;

(8) 审查销货折扣与收款的合理性: 揭露不符合折扣政策的项目;

(9) 审核坏账损失的账簿记录及相应的手续, 必要时, 对已注销的应收款项可采取函证方式加以证实;

(10) 评价销售与收款循环内部控制, 审计人员确定对内部控制的信赖程度, 指出存在的薄弱环节与失控点, 评价控制风险, 明确实质性审查的范围与重点, 必要时调整或修订审计计划。

【项目演练 5-4　多选题】审计人员对被审计单位销售与收款循环不相容职责的划分情况进行检查时, 可实施的审计程序有(　　　)。

A. 观察信用部门与应收账款记账部门是否相互独立

B. 询问是否按期编制并向客户寄出对账单

C. 审查有关凭证上内部检查的标记, 评价内部检查的有效性

D. 检查坏账准备的计提比例是否合理

E. 验证销售退回是否由业务记录以外人员批准

【项目演练 5-5　案例分析题】注册会计师 A 负责对甲公司 2010 年 12 月 31 日的财务报告内部控制进行审计。他了解到, 甲公司将客户验货签收作为销售收入确认的时点, 部分与销售相关的控制内容摘录如下:

(1) 每笔销售业务均需与客户签订销售合同。

(2) 赊销业务需由专人进行信用审批。

(3) 仓库只有在收到经批准的发货通知单时才能供货。

(4) 负责开具发票的人员无权修改开票系统中已设置好的商品价目表。

(5) 财务人员根据核对一致的销售合同、客户签收单和销售发票编制记账凭证确认销售收入。

(6) 每月末, 由独立人员对应收账款明细账和总账进行调节。

要求:

① 针对上述(1)～(6)项所列控制, 逐项指出是否与销售收入的发生认定直接相关。

② 从所选出的与销售收入的发生认定直接相关的控制中, 选出一项最应当测试的控制, 并简要说明理由。

5.3　销售与收款循环的实质性程序

一、营业收入的实质性程序

(一) 运用分析方法及监盘方法检查主营业务收入的完整性

1. 比率分析

将企业年度内各期主营业务收入的实际数与计划数进行比较和分析, 了解完成计划情

况；比较本期各月主营业务收入的波动情况，了解有无异常；将行业平均毛利和以前年度平均值进行比较；分析年末最后一个月销售额占总销售额的比例；销售折扣占赊销收入的比例，销售退回及折让占销售的比例等。

2. 趋势分析

将被审计单位的营业收入趋势与经济状况和行业趋势相比较；毛利率是否高于行业平均毛利率；与上年同期的实际数相比较，了解变动趋势；计算本期重要产品和重要客户的销售额和毛利率，分析本期与上期有无明显变化；月销售分析与以前年度及同期预算相比，是否存在季度末或年末销售激增的现象；是否超出经验及行业平均趋势给予客户折扣等。

3. 合理性测试

审计人员通过审查账户与某些因素的相关关系，收集关于这一账户的相关信息。

4. 监盘法

如果被审计单位利润表中有净利润，但经营活动现金流量却是负值，审计人员应查找应收账款和存货虚增的可能性。通过监盘原材料、在产品和产成品等存货，对收入记录的完整性进行分析。

【项目演练 5-6　多选题】 在运用分析方法检查营业收入的完整性时，审计人员可以实施的程序有(　　)。

A. 计算本期主要产品的销售额和毛利率并与上期比较

B. 比较本期各月营业收入的波动情况

C. 比较本期各月营业收入的实际数与计划数

D. 计算本期存货周转率并与上期比较

E. 计算本期流动比率并与上期比较

(二) 验证业务收入入账正确性

(1) 索取产品出库存根、销售发票副本和各种收入明细账，相互核对，检查有无混淆主营业务收入与其他业务收入、营业外收入界限的现象。取得或编制主营业务收入项目明细表，复核其正确性，并与明细账、总账和报表数核对相符。

(2) 审阅一定数量的产品发运单、销售发票副本、各种结算单据、有关明细账以及大型产品的生产进度表，核实企业是否遵循了权责发生制原则，并根据生产经营与结算方式的不同特点，真实完整地计入营业收入、结转营业成本。

营业收入审计需要考虑到的会计知识有：① 审查企业销售商品收入是否满足确认条件；② 审查企业提供劳务获得的收入是否满足确认条件；③ 审查企业按完工进度确认收入方法的合理性；④ 审查企业收入确认和成本结转的正确性；⑤ 对于售后回购、售后租回和以旧换新的销售，是否有按照收到货款记入收入从而虚增收入和利润的问题。

(三) 核查营业收入真实性和账务处理正确性

1. 发票和销货合同的审查

(1) 审查发票的真伪和发票簿的连续编号是否完整无缺；作废发票是否加盖"作废"

章等。

(2) 抽查一部分发票，审查其购货单位、商品名称、销售单价、数量、金额与销货合同的一致性。

(3) 销售关联方或关系密切的客户产品计价是否合理，有无以高价或低价结算转移利润的问题。

(4) 重点审查分期收款销售、以旧换新、委托代销、售后回购和出口销货合同及其履行情况。

2. 营业收入计账正确性的审查

(1) 实施审查时可采用时间抽样。

(2) 可按结算方式的不同选用不同的方法与相关账户进行对比与核查。

(3) 由于主营业务收入发生数取决于销售数量和销售单价两个因素，故应该进一步审查销售数量与发货数量的一致性，查明有无退货；审查销售单价是否符合有关规定。

取得产品价格目录，抽查销售价格是否符合价格政策，并且注意销售给关联单位的产品价格是否合理，有无高价或低价结算以转移利润的问题。

审查时需要注意的是：

(1) 只计算主产品的营业收入，不计算联产品和副产品的营业收入。

(2) 只计算合格产品营业收入，不计算残次品营业收入。

(3) 只计算基准价部分收入，不计算附加价部分收入。

(4) 将营业收入列入往来账户长期挂账，不通过"营业收入"账户核算。

(5) 违背配比原则，只记收入、不转入成本(高估利润)；或少记、不记收入，只转入成本(低估利润)。

3. 核实营业收入交易的截止期

检查决算日前后一周或十天的有关收入记录，核对并比较有关的发票、运单及收据，确认收入的截止期是否正确。审计中注意关键日期：发票开具日期、记账日期和发货日期(服务业则是提供劳务的日期)，这三个日期在同一会计期间则表明记录是正确的。

如果发货运单显示货物是在本报告期发运的，而相应的收入是在下一报告期计入的，就属于低估收入。

如果已计入本期的收入是"应收账款"账户的日期，而相应的产品出库单存根与运单或提货单日期在下一会计期间，表明是高估了收入。

审查时可从明细账为起点追查决算日前后会计凭证；也可以从结算日前后销售发票为起点追查发运单和明细账；或者从发运单为起点追查销售发票和明细账。

(四) 审查销售退回、折让及折扣

许多案例中，企业在第四季度记录大量销售，但年度结束后，接踵而来的是大量销售退回。如果企业把退回的商品重新作为新商品销售，表明存在舞弊可能。

1. 销货退回的审查

(1) 审查销售退回原因的合理性。

(2) 审查销售退回账务处理的正确性。

发生并确认销售退回时，不论属于本年度还是属于以前年度销售的，都应冲减本期营业收入，同时冲减营业成本，增加库存产成品，发生的销售退回费用，应作为期间费用处理。

核对"营业收入明细账"与退货凭证和退货入库凭证：如果存在退货凭证，而在"营业收入明细账"中未予以记录，说明有可能存在虚增营业收入，调高利润水平的问题；如果在"营业收入明细账"中有销售退回的记录，而无相关退货的原始凭证，则说明有可能存在隐匿营业收入、虚减利润和偷漏税金的问题。

应当注意审查期末及下期期初发生的销售退回业务的真实性。有的企业为追求本期销售计划的完成，往往采用期末虚构销售，开出"空头发票"，下期期初再冲回的不当手法弄虚作假。结合应收账款函证程序，检查是否存在未经认可的大额销售。

2. 销售折让与折扣的审查

销售折让与折扣的审查主要注意的是：

(1) 销售折让与折扣业务的真实性。

(2) 销售折让与折扣比例的合理性。

(3) 销售折让与折扣业务账务处理的及时性和正确性。

按有关规定，发生销售折让与折扣应作为营业收入的抵减项目处理。审计人员应审查"营业收入明细账"和有关记账凭证，以查明会计处理的正确性。

【项目演练 5-7　案例分析题】注册会计师对主营业务收入的发生认定进行审计，编制了审计工作底稿，部分内容摘录如下(金额单位：万元)：

记账凭证日期	记账凭证编号	记账凭证金额	发票日期	出库单日期
20×8 年 1 月 5 日	转字 10	12	20×8 年 1 月 8 日	20×8 年 1 月 8 日
20×8 年 2 月 28 日	转字 45	7	20×8 年 2 月 27 日	20×8 年 2 月 27 日
20×8 年 3 月 20 日	转字 40	8	20×8 年 3 月 19 日	20×8 年 3 月 19 日
略				
20×8 年 11 月 3 日	转字 4	10	20×8 年 11 月 2 日	20×8 年 11 月 2 日
20×8 年 11 月 15 日	转字 28	200	20×8 年 11 月 14 日	20×8 年 11 月 14 日
20×8 年 12 月 10 日	转字 50	250	20×8 年 12 月 10 日	20×8 年 12 月 10 日
略				

审计说明：

(1) 根据销售合同约定，在客户收到货物、验收合格并签发收货通知后，甲公司取得收取货款的权利。审计中已检查销售合同。

(2) 已检查记账凭证日期、发票日期和出库日期，未发现异常。发票和出库单中的其他信息与记账凭证一致。

(3) 11 月转字 28 号和 12 月转字 50 号记账凭证反映的销售额较高，财务经理解释系调整售价所致。

针对资料中的审计说明第(1)～(3)项，逐项指出注册会计师实施的审计程序中存在的不当之处，并简要说明理由。

二、应收账款与坏账准备的实质性程序

1. 取得应收账款明细表

应收账款明细表上应包括客户名称、欠款金额和拖欠时期等内容。由于该明细表是由企业内部自行编制的，因此对其独立性和可信性要加以证实。审计人员应对明细表总数进行验算，并与应收账款总账和报表进行比较。

2. 运用分析方法进行审查

(1) 分析应收账款周转率或应收账款周转天数、每个主要客户的平均余额、应收账款占流动资产的百分比、应收账款账龄、坏账准备占应收账款的百分比和坏账费用占赊销净额的百分比。

(2) 将本期应收账款的余额与上年度相比，了解其变动趋势。

(3) 将本期期末应收账款占本期销售额的比例，与上年该比率比较。

(4) 将本期赊销收入净额占平均应收账款金额的比率与上年比较。

3. 函证应收账款

(1) 函证目的。函证是对客户是否存在及资产是否存在的最好证实。

(2) 函证的范围和对象。金额较大和拖欠时间较长的应收账款要作为必须函证的项目。如果内部控制有缺陷，以前函证发现重大差异或采用否定式函证，则应增大函证范围和数量。

(3) 函证方式有：① 肯定式或称积极式函证。向债务单位发函后，请债务单位必须向审计人员回函，答复询证函上所列示的金额是否正确。② 否定式或称消极式函证。向债务单位发函后，请债务单位仅在结欠金额有错误的情况下回函审计人员。在审计工作中，两种方式可以结合使用。

❖ 【学习提示：积极式询证函】

企业询证函

××(公司)：

本公司聘请的××会计师事务所正在对本公司××年度财务报表进行审计。按照中国注册会计师审计准则的要求，应当询证本公司与贵公司的往来账项等事项。下列数据出自本公司账簿记录，如与贵公司记录相符，请在本函下端"信息证明无误"处签章证明；如有不符，请在"信息不符"处列明不符金额。回函请直接寄至××会计师事务所。

……

(4) 未收到回函的处理。在采用肯定式函证方法时，如未能收到对方的回函，则应继续发函或派专人前往调查。如果债务单位的复函与账列欠款额有重大差异的，也应作进一步调查。

审计人员收到所有调查回函后，应编制应收账款调查汇总表，并将表中数字与应收账款明细账和总账核对，以查明应收账款余额的真实性和正确性。

(5) 不宜函证——采取替代程序。对于有些债务单位，由于其单位性质、地点或其他

原因不宜发函询证的，也可以采取其他验证方式。如审查合同、订货单、货运单据、销货发票以及其他单据，以证实应收账款确因实际销货而发生。

(6) 函证过程的控制。向债务单位的函证过程均由审计人员控制。

4. 分析不同函证结果并作相应处理

(1) 函证回函认可函证金额。

(2) 函证回函认可的金额与函证金额有差异。函证回函认可的金额与函证金额有差异的，审计人员应对此进行分析，并查明产生差异的原因。这些差异的原因包括：① 由于购销双方登记入账的时间不同。一是询证函发出时，债务人已经付款，而被审计单位尚未收到货款；二是询证函发出时，被审计单位的货物已发出并已作销售记录，但货物仍在途中，债务人尚未收到货物；三是债务人由于某种原因将货物退回，而被审计单位尚未收到；四是债务人对收到货物的数量、质量及价格等有异议而全部或部分拒付货款。② 一方或双方记账错误。③ 存在弄虚作假或舞弊行为。审计人员应核实销货合同、发票和发货单位等并加以证实。

(3) 肯定式询证函若未能在规定时期内回复，应再寄出第二次询证函。未得到回复的情况包括：① 账款已还，不愿意再回复。审计人员要核查决算日后一至两个月的现金日记账与银行存款日记账，注意账款是否收回；② 坏账损失发生。报经批准后冲减坏账准备，调整有关账户；③ 不存在该顾客。审计人员要予以揭露，并调整账户；④ 询证函邮寄丢失。审计人员可以不再补寄询证函，而是查阅年终有关销货合同、销货发票、发货单和订单等，验证应收账款的真实性。询证函多次发出后均未收到回复时，只能考虑实施采取替代程序。

5. 取得或编制应收账款账龄分析表

审计人员应向财会部门索取或自己编制应收账款账龄分析表，确定应收账款的可实现价值。除了查明应收账款占用资金数额以外，还要审查应收账款可能有收回和不能收回的情况。

6. 审查坏账准备的提取与使用

验证企业坏账准备计提方法和计提比例的恰当性，计算的金额是否正确；应严格审查坏账的注销。检查坏账准备提取方法是否符合一致性原则。

7. 审查应收账款账务处理的正确性

略。

8. 审查应收账款在财务报表上披露的正确性

应收账款是否按减去已计提坏账准备的净额列示。坏账准备的会计政策和应收关联方账款是否已在财务报表附注中予以披露。

【项目演练 5-8 案例分析题】 A 注册会计师负责审计甲公司 2015 年度财务报表。甲公司 2017 年 12 月 31 日应收账款余额为 3000 万元。A 注册会计师认为应收账款存在重大错报风险，决定选取金额较大以及风险较高的应收账款明细账户实施函证程序，选取的应收账款明细账户余额合计为 1800 万元。相关事项如下：

(1) 审计项目组成员要求被询证的甲公司客户将回函直接寄至会计师事务所，但甲公司客户 X 公司却将回函寄至甲公司财务部，审计项目组成员取得了该回函，将其归入审计工作底稿。

(2) 对于审计项目组以传真件方式收到的回函，审计项目组成员与被询证方取得了电话联系，确认回函信息，并在审计工作底稿中记录了电话内容与时间、对方姓名与职位，以及实施该程序的审计项目组成员姓名。

(3) 审计项目组成员根据甲公司财务人员提供的电子邮箱地址，向甲公司境外客户 Y 公司发送了电子邮件，询证应收账款余额，并收到了电子邮件回复。Y 公司确认余额准确无误。审计项目组成员将电子邮件打印后归入审计工作底稿。

针对上述第(1)~(3)项，逐项指出甲公司审计项目组的做法是否恰当。如不恰当，简要说明理由。

三、应收票据的实质性程序

商业汇票包括银行承兑汇票与商业承兑汇票两种。它们与货币资金一样，具有流动性强和风险性大的特点，是审计中的重要内容。

1. 监盘库存应收票据

库存应收票据的清点工作与库存现金的监盘工作基本相同，应该同时进行。对于存放在其他处所的应收票据(如作为抵押、提交银行贴现和交由律师代收的)也应查实。

2. 函证应收票据

3. 对应收票据发生和收回的审查

根据内部控制的要求，企业应设立"应收票据备查簿"，由出纳员以外的专人负责登记。

4. 对票据贴现的审查

(1) 票据贴现的款项是否及时足额入账。

(2) 票据贴现的计算是否正确。

(3) 票据拒付是否及时转账。

项 目 练 习

一、单项选择题

1. 销售与收款循环业务的起点是(　　)。

A. 发运商品　　　　　　　　　　　B. 批准赊销

C. 客户提出订货要求　　　　　　　D. 向客户开出账单并登记销货业务

2. 一种用来表示由于销售退回或经批准折让而引起的应收账款减少的凭证。这种凭证是(　　)。

A. 销货合同　　　　　　　　　　　B. 发运凭证

C. 销货单　　　　　　　　　　　　D. 贷项通知单

3. 审查应收账款是否真实和正确，最重要和具有决定性意义的方法是(　　)。

A. 函证　　　　　　　　　　　　　B. 取得应收账款明细账

C. 运用分析方法进行审查　　　　　D. 取得或编制应收账款账龄分析表

4. 下列方式中，不得以产品发出作为收入实现的是( )。

A. 预收货款结算方式　　　　　　B. 支票结算方式

C. 商业汇票结算方式　　　　　　D. 委托外单位非买断方式代销一批商品

5. 为了确保年度内所有发出的货物均已开具发票，审计人员应从中抽取样本并与相关发票核对的样本总体是( )。

A. 当年的销售合同　　　　　　　B. 当年的发运单

C. 当年的销货单　　　　　　　　D. 当年的订购单

6. 审计人员根据主营业务收入明细账中的记录抽取部分销售发票，追查销货合同和发货单等资料，其目的是( )。

A. 证实主营业务收入的完整性

B. 证实主营业务收入的真实性

C. 证实主营业务收入的总体合理性

D. 证实主营业务收入的披露充分性

7. 下列选项中审查应收账款是否真实和准确，最重要和具有决定意义的方法是( )。

A. 调节法　　　　　　　　　　　B. 审阅法

C. 函证　　　　　　　　　　　　D. 分析复核法

8. 对应收票据的审查，应在清点的基础上进行核实的方法是( )。

A. 核对法　　　　　　　　　　　B. 分析法

C. 复核法　　　　　　　　　　　D. 函证法

9. 在审计应收账款时，控制询证过程的应当是( )。

A. 会计主管　　　　　　　　　　B. 应收账款记账员

C. 审计人员　　　　　　　　　　D. 信用调查人员

10. 对两次发出肯定式询证函后仍未得到回复的某笔应收账款，审计人员应当( )。

A. 将该笔应收账款确认为坏账

B. 认定被审计单位虚构应收账款户名，捏造应收账款

C. 查阅有关销货合同和发货单，验证应收账款的真实性

D. 编制应收账款账龄分析表

二、多项选择题

1. 如果发生以前年度的销售退回(非日后期间)，正确的会计处理为( )。

A. 冲减以前年度营业收入　　　　B. 冲减本期营业收入

C. 冲减本期营业成本　　　　　　D. 增加库存产成品

E. 销售退回费用，作为期间费用处理

2. 向债务单位的函证过程均由审计人员控制。有两种函证方法的是( )。

A. 积极式函证　　　　　　　　　B. 一次性函证

C. 消极式函证　　　　　　　　　D. 多方函证

E. 差异函证

3. 审计人员对被审计单位销售与收款循环不相容职责的划分情况进行检查时，可实施

的审计程序有(　　)。

　　A. 观察信用部门与应收账款记账部门是否相互独立

　　B. 询问是否按期编制并向客户寄出对账单

　　C. 审查有关凭证上内部检查的标记，评价内部检查的有效性

　　D. 检查坏账准备的计提比例是否合理

　　E. 验证销售退回是否由业务记录以外人员批准

4. 审计人员对销售与收款循环进行内部控制测试的内容有(　　)。

　　A. 发函询证应收账款

　　B. 检查是否按期编制应收账款账龄分析表

　　C. 实地观察不相容职务划分情况

　　D. 审查销售发票是否经过授权批准

　　E. 抽查验证营业收入账务处理的正确性

5. 进行分析性复核对应收账款余额变动合理性，主要的方法有(　　)。

　　A. 将不同期间流动比率相比较

　　B. 将本期末应收账款占本期销售额的比率与上年该指标比较

　　C. 将本期赊销收入净额占平均应收账款的比率与上年该指标比较

　　D. 将不同期间速动比率相比较

　　E. 将本期应收账款余额与上一年的相比较

6. 在运用分析性复核方法检查主营业务收入的完整性时，审计人员可以实施的程序有(　　)。

　　A. 计算本期主要产品的销售额和毛利率，并与上期比较

　　B. 比较本期各月主营业务收入的波动情况

　　C. 比较本期各月主营业务收入的实际数与计划数

　　D. 计算本期存货周转率并与上期比较

　　E. 计算本期流动比率并与上期比较

7. 询证应收账款时，肯定式询证函经二次发出仍不回复，有可能(　　)。

　　A. 账款已还、不愿再回复

　　B. 根本不存在该客户

　　C. 客户发生重大财务困难或已破产

　　D. 被审计单位提供地址错误

　　E. 审计人员执行了替代程序

8. 审查营业收入计算的正确性时，如果被审计单位以现金或支票结算方式销售产品，则应与销货发票存根相核对的账户有(　　)。

　　A. 应收账款明细账

　　B. 银行存款日记账

　　C. 主营业务收入明细账

　　D. 应收票据明细账

　　E. 现金日记账

9. 以下属于应收账款实质性审查内容的有(　　)。

A. 取得或编制应收账款账龄分析表

B. 发函询证应收账款

C. 检查应收账款不相容职务的划分

D. 审查坏账准备的提取

E. 审查销售折扣与收款合理性

10. 下列属于营业收入审计目标的有(　　)。

A. 收入真实性　　　　　　　　　B. 收入完整性

C. 收入分类正确性　　　　　　　D. 收入所有权

E. 收入增减变动适当性

三、案例分析题

1. A 注册会计师负责审计甲公司 2011 年度财务报表。甲公司 2011 年 12 月 31 日应收账款余额为 3000 万元。A 注册会计师认为应收账款存在重大错报风险,决定选取金额较大以及风险较高的应收账款明细账户实施函证程序,选取的应收账款明细账户余额合计为 1800 万元。相关事项如下:

(1) 审计项目组成员要求被询证的甲公司客户将回函直接寄至会计师事务所,但甲公司客户 X 公司却将回函寄至甲公司财务部,审计项目组成员取得了该回函,并将其归入审计工作底稿。

(2) 对于审计项目组以传真件方式收到的回函,审计项目组成员与被询证方取得了电话联系,确认了回函信息,并在审计工作底稿中记录了电话内容与时间、对方姓名与职位以及实施该程序的审计项目组成员姓名。

(3) 审计项目组成员根据甲公司财务人员提供的电子邮箱地址,向甲公司境外客户 Y 公司发送了电子邮件,询证应收账款余额,并收到了电子邮件回复。Y 公司确认余额准确无误。审计项目组成员将电子邮件打印后归入审计工作底稿。

(4) 甲公司客户 Z 公司的回函确认金额比甲公司账面余额少 150 万元。甲公司销售部人员解释,甲公司于 2011 年 12 月末销售给 Z 公司的一批产品,在 2011 年末尚未开具销售发票,Z 公司因此未入账。A 注册会计师认为该解释合理,未实施其他审计程序。

(5) 实施函证的 1800 万元应收账款余额中,审计项目组未收到回函的余额合计 950 万元,审计项目组对此实施了替代程序:对其中的 500 万元查看了期后收款凭证;对没有期后收款记录的 450 万元,检查了与这些余额相关的销售合同和发票,未发现例外事项。

(6) 鉴于对 60%应收账款余额实施函证程序未发现错报,A 注册会计师推断其余 40%的应收账款余额也不存在错报,无须实施进一步审计程序。

针对上述第(1)～(6)项,逐项指出甲公司审计项目组的做法是否恰当。如不恰当,简要说明理由。

2. ABC 会计师事务所接受甲公司委托审计其 2013 年度财务报表。经了解,甲公司采用赊销方式销售货物,在对销售与收款循环进行审计时,实施了如下审计程序:

(1) 获取产品价格目录,抽查售价是否符合价格政策;

(2) 检查与登记入账的销售业务相关的销售合同、客户订单、销售单和销售发票等信息;

(3) 实施销售的截止测试;

(4) 检查甲公司是否在月末安排独立人员对应收账款明细账和总账进行调节;

(5) 检查甲公司是否定期向客户寄送对账单。

要求:

<1> 针对上述(1)~(5)项所执行的审计程序,逐项指出他们分别与销售收入或应收账款的哪些认定直接相关。

<2> 在上述审计程序中,哪一项审计程序对证实销售收入的发生认定最为有效,并简要说明理由。

拓展阅读

银广夏造假案件始末

银广夏公司的全称为广夏(银川)实业股份有限公司,现证券简称为 ST 广夏(000557)。1994 年 6 月上市的银广夏公司,曾因其骄人的业绩和诱人的前景而被称为"中国第一蓝筹股"。2001 年 8 月,《财经》杂志发表"银广夏陷阱"一文,银广夏虚构财务报表事件被曝光。专家意见认为,天津广夏出口德国诚信贸易公司的为"不可能的产量、不可能的价格、不可能的产品"。以天津广夏萃取设备的产能,即使通宵达旦运作,也生产不出所宣称的数量。天津广夏萃取产品出口价格高到近乎荒谬。对德出口合同中的某些产品,根本不能用二氧化碳超临界萃取设备提取。

审计疑点:

(1) 利润率高达 46%(2000 年),而深沪两市农业类、中草药类和葡萄酿酒类上市公司的利润率鲜有超过 20%的。

(2) 如果天津广夏宣称的出口属实,按照我国税法,应办理几千万的出口退税,但年报里根本找不到出口退税的项目。2000 年公司工业生产性的收入形成毛利 5.43 亿元,按 17%税率计算,公司应当计交的增值税至少为 9231 万元,但公司披露 2000 年年末应交增值税余额为负数,不但不欠,而且还没有抵扣完。

(3) 公司 2000 年销售收入与应收款项保持大体比例的同步增长,货币资金和应收款项合计与短期借款也保持大体比例的同步增长,考虑到公司当年销售及资金回笼并不理想,显然公司希望以巨额货币资金的囤积来显示销售及回款情况。

(4) 签下总金额达 60 亿元合同的德国诚信公司(Fedelity Trading GmBH)只与银广夏单线联系,据称是一家百年老店,事实上却是注册资本仅为 10 万马克的一家小型贸易公司。

(5) 原材料购买批量很大,都是整数吨位。一次购买上千吨桂皮和生姜,整个厂区恐怕都盛不下,而且库房和工艺不许外人察看。

(6) 萃取技术需要高温、高压和高耗电,但公司水电费 1999 年仅 20 万元,2000 年仅 70 万元。

(7) 1998 年及之前的财务资料全部神秘"消失"。

2002 年 5 月中国证监会对银广夏的行政处罚决定书认定,公司自 1998 年至 2001 年期间累计虚增利润 77 156.70 万元,其中:1998 年虚增 1776.10 万元,由于主要控股子公司天津广夏 1998 年及之前年度的财务资料丢失,利润真实性无法确定;1999 年虚增 17 781.86 万元,实际亏损 5003.20 万元;2000 年虚增 56704.74 万元,实际亏损 14 940.10 万元;2001 年 1～6 月虚增 894 万元, 实际亏损 2557.10 万元。从原料购进到生产、销售和出口等环节,公司伪造了全部单据,包括销售合同和发票、银行票据、海关出口报关单和所得税免税文件。2001 年 9 月后,因涉及银广夏利润造假案,深圳中天勤这家审计过最多上市公司财务报表的会计师事务所实际上已经解体。财政部亦于 9 月初宣布,拟吊销签字注册会计师刘加荣和徐林文的注册会计师资格;吊销中天勤会计师事务所的执业资格,并会同证监会吊销其证券和期货相关业务许可证,同时,将追究中天勤会计师事务所负责人的责任。

——中国证券网

项目6　采购与付款循环审计

职业能力目标

- 了解采购与付款循环涉及的主要业务、相关单据与记录；
- 理解采购与付款循环重大错报风险因素；
- 理解采购与付款循环具体审计目标；
- 掌握采购与付款循环的内部控制要点及其有效性测试方法；
- 掌握采购与付款循环项目的具体审计目标和实质性测试程序。

工作任务与项目导图

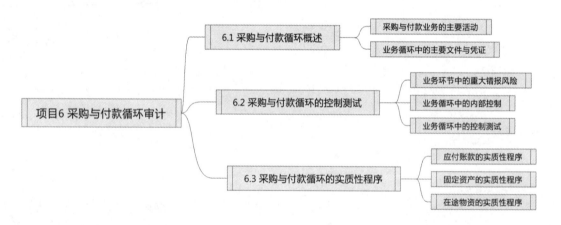

项目导入

中国铁建会计估计变更减少利润 1.5 亿

中国铁建股份有限公司(证券代码：601186，证券简称：中国铁建)发布《关于会计估计变更的公告》，对固定资产和无形资产的会计估计进行调整，固定资产会计估计变更减少 2015 年度利润总额约人民币 1.5 亿元。

公告称，中国铁建依据《关于完善固定资产加速折旧企业所得税政策的通知》(财税〔2014〕75 号)和《关于固定资产加速折旧税收政策有关问题的公告》(2014 年第 64 号)等政策，对固定资产会计估计进行变更。变更固定资产认定标准，将固定资产认定标准金额由人民币 2000 元变更至人民币 5000 元；变更研发类固定资产折旧政策，2015 年 10 月 1 日后新购进的专门用于研发的仪器和设备，单位价值不超过 100 万元的，允许一次性计入当期成本费用，单位价值超过 100 万元的，采取加速折旧的方法计提折旧；变更大型施工设备折旧政策，对架桥机和盾构等大型施工设备可允许采用工作量法计提折旧；变更部分固定资产的折旧年限，将办公用电子产品折旧年限由 5 年改为 3 年；将发电机等生产设备折旧年限由 10 年改为 5 年。固定资产会计估计变更对本公司 2015 年度合并财务报表的影响为减少 2015 年度利润总额约人民币 1.5 亿元。

根据《企业会计准则第 6 号——无形资产》规定，在参考同行业的做法，结合公司特许经营权项目的实际情况，特许经营权摊销方法由直线法改为按照车流量法或直线法进行摊销，由特许经营权项目在进入运营期间初始根据客观反映项目实际情况的原则进行选择，摊销方法一经确定不可随意变更。无形资产会计估计变更未对本公司 2015 年度合并财务报表产生影响。

公告称，本次会计估计的变更不对以前年度进行追溯调整，因此不会对公司已披露的财务报表产生影响，且变动金额预计对 2015 年度年报财务报表项目金额不产生重大影响。

独立董事、监事会发表意见认为，本次会计估计变更符合会计准则和国家财税法规的相关规定。安永华明会计师事务所(特殊普通合伙)出具了专项报告，根据工作程序，没有发现由中国铁建编制的会计估计变更专项说明所载资料与审计财务报表时所审核的会计资料及财务报表中所披露的相关内容在重大方面存在不一致的情况。

——中国会计视野

6.1 采购与付款循环概述

一、采购与付款业务主要活动

(一) 请购商品和劳务(请购部门——请购单)

仓库、生产及其他部门都可以填列请购单，不便事先编号，为加强控制，每张请购单必须经过对这类支出预算负责的主管人员签字批准。

请购单是证明有关采购交易"发生"认定的凭据之一，也是采购交易轨迹的起点。

(二) 编制订购单(采购部门——订购单)

采购部门在收到请购单后，只能对经过批准的请购单发出订购单。

订购单应正确填写所需要的商品品名、数量、价格、厂商名称和地址等，预先予以顺序编号并经过被授权的采购人员签名。其正联应送交供应商，副联则送至企业内部的验收部门、应付凭单部门和编制请购单的部门。随后，应独立检查订购单的处理，以确定是否确实收到商品并正确入账。这项检查与采购交易的"完整性"认定和"发生"认定有关。

(三) 验收商品(验收部门——验收单)

商品经过验收后，验收部门应对已收货的每张订购单编制一式多联、预先编号的验收单，作为验收和检验商品的依据。验收人员将商品送交仓库或其他请购部门时，应取得经过签字的收据，或要求其在验收单的副联上签收，以确立他们对所采购的资产应负的保管责任。验收人员还应将其中的一联验收单送交应付凭单部门。

验收单是支持资产或费用以及与采购有关的负债"存在或发生"认定的重要凭证。定期独立检查验收单的顺序(编号)以确定每笔采购交易都已编制应付凭单,则与采购交易的"完整性"认定有关。

(四) 储存已验收的商品(仓库)

保管存货的内部控制与商品的"存在"认定有关。

(五) 编制付款凭单(应付凭单部门——应付凭单)

记录采购交易之前,应付凭单部门应编制付款凭单。这项功能的控制包括:

(1) 确定供应商发票的内容与相关的验收单和订购单的一致性。

(2) 确定供应商发票计算的正确性。

(3) 编制有预先编号的付款凭单,并附上支持性凭证(如订购单、验收单和供应商发票等)。这些支持性凭证的种类,因交易对象的不同而不同。

(4) 独立检查付款凭单计算的正确性。

(5) 在付款凭单上填入应借记的资产或费用账户名称。

(6) 由被授权人员在凭单上签字,以示批准照此凭单要求付款。所有未付凭单的副联应保存在未付凭单档案中,以待日后付款。经适当批准和有预先编号的凭单为记录采购交易提供了依据。

这些控制与"存在"、"发生"、"完整性"、"权利和义务"和"计价和分摊"等认定有关。

(六) 确认与记录负债

(七) 付款

编制和签署支票的有关控制包括:

(1) 独立检查已签发支票的总额与所处理的付款凭单总额的一致性。

(2) 应由被授权的财务部门的人员负责签署支票。

(3) 被授权签署支票的人员应确定每张支票都附有一张已经适当批准的未付款凭单,并确定支票收款人姓名和金额与凭单内容一致。

(4) 支票一经签署就应在其凭单和支持性凭证上用加盖印戳或打洞等方式将其注销,以免重复付款。

(5) 支票签署人不应签发无记名甚至空白的支票。

(6) 支票应预先顺序编号,保证支出支票存根的完整性和作废支票处理的恰当性。

(7) 应确保只有被授权的人员才能接近未经使用的空白支票。

(八) 记录现金、银行存款支出

二、业务循环中的主要文件与凭证

采购与付款循环是企业购买商品或接受劳务,直到支付相关款项的活动所组成的业务循环。就一个工业企业来说,其涉及的交易文件与凭证有:请购单、订货单、采购合同、质量检验报告、入库单、购货发票付款凭单、付款审批单、银行付款回单、退货或折扣与折让申请单和退货运输凭证等。

6.2　采购与付款循环的控制测试

一、业务环节中的重大错报风险

(1) 物资采购没有严格计划和审批程序，导致物资采购出现盲目性，造成存货积压，进而导致期末存货被错报；

(2) 物资采购业务决策权过分集中于采购部门和采购人员，导致价格过高；

(3) 没有严格验收和入库制度，导致入库物资出现数量短缺或质量问题，进而导致存货被错报；

(4) 物资采购成本核算不合规或不正确，如将采购人员差旅费计入采购成本，或将运杂费计入期间费用，或将 A 物资的采购成本计入 B 物资的采购成本或相反等；

(5) 已验收入库但发票未到的物资未按暂估价入账，导致隐瞒应付账款；

(6) 已验收入库且发票已收到的物资故意推迟或提前入账，故意隐瞒或虚增应付账款；

(7) 长期未与供货单位就应付账款或预付账款核对，导致其账面记录不正确等。

二、业务循环中的内部控制

企业应当结合实际情况，全面梳理采购业务流程，完善采购业务相关管理制度，统筹安排采购计划，明确请购、审批、购买、验收、付款和采购后评估等环节的职责和审批权限。按照规定的审批权限和程序办理采购业务，建立价格监督机制，定期检查和评价采购过程中的薄弱环节，采取有效控制措施，确保物资采购满足企业生产经营需要。

(一) 职责分工与授权批准控制

适当的职责分离有助于防止各种有意或无意的错误。企业应当建立采购与付款交易的岗位责任制度，明确相关部门和岗位的职责和权限，确保办理采购与付款交易的不相容岗位相互分离、制约和监督。采购与付款交易不相容岗位至少包括：请购与审批；询价与确定供应商；采购合同的订立与审批；采购与验收；采购、验收与相关会计记录；付款审批与付款执行。这些都是对企业提出的有关采购与付款交易相关职责适当分离的基本要求，以确保办理采购与付款交易的不相容岗位相互分离、制约和监督。

【项目演练 6-1　单选题】 审计人员在审查被审计单位采购与付款循环的职责分工时，发现批准请购与采购职责未能相互分离，这种情况可能导致(　　)。

A. 采购部门购入过量或不必要的物资

B. 未按实际收到的商品数额登记入账

C. 应付账款记录不正确

D. 未及时向特定债权人支付货款

(二) 请购与审批的监控

企业应当建立采购申请与审批制度，依据购买物资或接受劳务的类型，确定归口管理部门，授予相应的请购权，明确相关部门或人员的职责权限及相应的请购和审批程序。企业可以根据实际需要设置专门的请购部门，对需求部门提出的采购需求进行审核，并进行归类汇总，统筹安排企业的采购计划。具有请购权的部门对于预算内采购项目，应当严格按照预算执行进度办理请购手续，并根据市场变化提出合理采购申请。对于超预算和预算外采购项目，应先履行预算调整程序，由具备相应审批权限的部门或人员审批后，再行办理请购手续。

(三) 采购与验收的控制

(1) 企业的采购业务应当集中，避免多头采购或分散采购，以提高采购业务效率，降低采购成本，堵塞管理漏洞。企业应当对办理采购业务的人员定期进行岗位轮换。重要的技术性较强的采购业务，应当组织相关专家进行论证，实行集体决策和审批。企业除小额零星物资或服务外，不得安排同一机构办理采购业务全过程。

(2) 企业应当根据市场情况和采购计划合理选择采购方式。大宗采购应当采用招标方式，合理确定招投标的范围、标准、实施程序和评标规则；一般物资或劳务等的采购可以采用询价或定向采购的方式并签订合同协议；小额零星物资或劳务等的采购可以采取直接购买等方式。

(3) 企业应当根据确定的供应商、采购方式和采购价格等情况拟订采购合同，准确描述合同条款，明确双方权利、义务和违约责任，按照规定权限签订采购合同。企业应当根据生产建设进度和采购物资特性，选择合理的运输工具和运输方式，办理运输和投保等事宜。

(4) 企业应当建立采购物资定价机制，采取协议采购、招标采购、谈判采购和询价采购等多种方式合理确定采购价格，最大限度地减小市场变化对企业采购价格的影响。大宗采购等应当采用招投标方式确定采购价格，其他商品或劳务的采购，应当根据市场行情制定最高采购限价，并对最高采购限价适合调整。

(5) 企业应当建立科学的供应商评估和准入制度，确定合格供应商清单，与选定的供应商签订质量保证协议，建立供应商管理信息系统，对供应商提供物资或劳务的质量、价格、交货及时性、供货条件及其资信和经营状况等进行实时管理和综合评价，根据评价结果对供应商进行合理选择和调整。企业可委托具有相应资质的中介结构对供应商进行资信调查。

(6) 企业应当加强物资采购供应过程的管理，依据采购合同中确定的主要条款跟踪合同履行情况，对有可能影响生产或工程进度的异常情况，应出具书面报告并及时提出解决方案。企业应当做好采购业务各环节的记录，实行全过程的采购登记制度或信息化管理，确保采购过程的可追溯性。

(7) 企业应当建立严格的采购验收制度，确定检验方式，由专门的验收机构或验收人员对采购项目的品种、规格、数量和质量等相关内容进行验收，出具验收证明。涉及大宗新的和特殊物资采购的，还应进行专业测试。验收过程中发现的异常情况，负责验收的机构或人员应当立即向企业有管理权的相关机构报告，相关机构应当查明原因并及时处理。

【项目演练 6-2　多选题】下列各项中，符合采购与付款循环内部控制要求的有(　　)。

A. 应付款项记账员不能接触现金、有价证券和其他资产

B. 签发支票支付货款要经过被授权人的签字批准

C. 货物验收部门与财会部门相互独立

D. 采购部门负责提出采购申请并办理采购业务

E. 收到购货发票后，及时交财会部门确认其与订货单和验收单的一致性

(四) 付款的控制

(1) 企业应当加强采购付款的管理，完善付款流程，明确付款审核人的责任和权力，严格审核采购预算、合同、相关单据凭证和审批程序等相关内容，审核无误后按照合同规定及时办理付款。企业在付款过程中，应当严格审查采购发票的真实性、合法性和有效性。发现虚假发票的，应查明原因，及时报告处理。企业应当重视采购付款的过程控制和跟踪管理，发现异常情况的，应当拒绝付款，避免出现资金损失和信用受损。企业应当合理选择付款方式，并严格遵循合同规定，防范付款方式不当带来的法律风险，保证资金安全。

(2) 企业应当加强预付账款和定金的管理。涉及大额或长期的预付账款，应当定期进行追踪核查，综合分析预付账款的期限、占用款型的合理性和不可收回风险等情况，发现有疑问的预付款项，应当及时采取措施。

(3) 企业应当加强对购买、验收和付款业务的会计系统控制，详细记录供应商的情况、请购申请、采购合同、采购通知、验收证明、入库凭证、商业票据和款项支付等情况，确保会计记录、采购记录与仓储记录核对一致。企业应当指定专人通过函证等方式，定期与供应商核对应付账款、应付票据和预付账款等往来款项。

(4) 企业应当建立退货管理制度，对退货条件、退货手续、货物出库和退货货款回收等做出明确规定，并在与供应商的合同中明确退货事宜，及时收回退货货款。涉及符合索赔条件的退货，应在索赔期内及时办理索赔。

(五) 内部核查程序

企业应当建立对采购与付款交易内部控制的监督检查制度。采购与付款交易内部控制监督检查主要包括：

(1) 采购与付款交易相关岗位及人员的设置情况。重点检查是否存在采购与付款交易不相容职务混岗的现象。

(2) 采购与付款交易授权批准制度的执行情况。重点检查大宗采购与付款交易的授权批准手续是否健全，是否存在越权审批的行为。

(3) 应付账款和预付账款的管理。重点审查应付账款和预付账款支付的正确性、时效性和合法性。

(4) 有关单据、凭证和文件的使用和保管情况。重点检查凭证的登记、领用、传递、保管和注销手续是否健全，使用和保管制度是否存在漏洞。

三、业务循环中的控制测试

(1) 注册会计师应当通过控制测试获取支持将被审计单位的控制风险评价为中或低的证据。如果能够获取这些证据，注册会计师就可以接受较高的检查风险，并在很大程度上可以通过实施实质性分析程序获取进一步的审计证据，同时减少对采购与付款交易和相关余额实施细节测试的依赖。

(2) 考虑到采购与付款交易控制测试的重要性，注册会计师通常对这一循环采用属性抽样审计方法。在测试该循环中的大多数属性时，注册会计师通常选择相对较低的可容忍误差。

(3) 注册会计师在实施控制测试时，应抽取请购单、订购单和商品验收单，检查请购单和订购单是否得到适当审批，验收单是否有相关人员的签名，订购单和验收单是否按顺序编号。

(4) 对于编制付款凭单和确认与记录负债这两项主要业务活动，被审计单位的内部控制通常要求应付账款记账员将采购发票所载信息与验收单和订购单进行核对，核对相符应在发票上加盖"相符"印戳。对此，注册会计师在实施控制测试时，应抽取订购单、验收单和采购发票，检查所载信息是否核对一致，发票上是否加盖了"相符"印戳。

每月末，应付账款主管应编制应付账款账龄分析报告。注册会计师在实施控制测试时，应抽取应付账款调节表，检查调节项目与有效的支持性文件是否相符，以及是否与应付账款明细账相符。

(5) 对于付款这项主要业务活动，有些被审计单位内部控制要求，由应付账款记账员负责编制付款凭证，并附相关单证，提交会计主管审批。在完成对付款凭证及相关单证的复核后，会计主管在付款凭证上签字，作为复核证据，并在所有单证上加盖"核销"印戳。对此，注册会计师在实施控制测试时，应抽取付款凭证，检查其是否经由会计主管复核和审批，并检查款项支付是否得到适当人员的复核和审批。

【项目演练 6-3　案例分析题】A 注册会计师在审计工作底稿中记录了甲公司采购与付款循环的内部控制，部分内容摘录如下：

(1) 仓库及所需物资部门对需要购买的已列入存货清单的项目填写订购单。

(2) 采购部门收到请购单后，安排专人询价并确定供应商。

(3) 收到采购物资后，由采购部门人员根据订购单验收入库，并负责编制预先连续编号的验收单。

(4) 由独立人员核对订购单和卖方发票，并据此编制预先连续编号的应付凭单。

(5) 期末由出纳人员根据收到的供应商对账单与应付账款明细账核对，并向财务主管报告所发现的差异。

针对材料中第(1)~(5)项，假定不考虑其他条件，逐项指出所列控制的设计是否存在缺陷。如存在缺陷，简要说明理由。

6.3　采购与付款循环的实质性程序

一、应付账款的实质性程序

应付账款的审计主要是检查付款记录是否完整。

1. 获取或编制应付账款明细表

分析借方余额。应付账款出现借方余额的原因：重复付款、付款后退货、预付货款、记账错误等。

2. 实质性分析程序

(1) 将期末应付账款余额与期初余额进行比较，分析波动原因。

(2) 分析长期挂账的应付账款，要求被审计单位做出解释，判断被审计单位是否缺乏偿债能力或利用应付账款隐瞒利润；并注意其是否可能无须支付，对确实无须支付的应付账款的会计处理是否正确，依据是否充分。

确实无须支付的应付账款应转入营业外收入项目：

借：应付账款

　　贷：营业外收入

(3) 计算应付账款与存货的比率及应付账款与流动负债的比率，并与以前年度相关比率对比分析，评价应付账款整体的合理性。

(4) 分析存货和营业成本等项目的增减变动，判断应付账款增减变动的合理性。

3. 应付账款的函证

(1) 一般情况下，并非必须函证应付账款，这是因为：① 应付账款审计目标主要是防止低估，而函证不能保证查出未记录的应付账款(完整性)。② 注册会计师能够取得采购发票等外部凭证来证实应付账款的余额；存在比较令人满意的替代程序；也可以通过期后付款情况的检查予以证实等(存在)。

(2) 应考虑函证应付账款的条件。① 控制风险较高；② 某应付账款明细账户金额较大。

(3) 函证对象的选择：① 选择较大金额的债权人；② 在资产负债表日金额不大，甚至为零，但为企业重要供应商的债权人(因为他们容易发生债权债务关系)。

(4) 函证方式最好采用积极式询证函，也可采用消极式询证函。

(5) 如果存在未回函的重大项目，注册会计师应采用替代审计程序。① 可以检查决算日后应付账款明细账、库存现金和银行存款日记账，核实其是否已支付。② 检查该笔债务的相关凭证资料，如合同、发票和验收单，核实应付账款的真实性。

4. 检查会计期间(截止)和应付账款(完整性)

(1) 检查债务形成的相关原始凭证，如供应商发票、验收报告或入库单等，查找有无未及时入账的应付账款，确认应付账款期末余额的完整性；(凭证——完整性)

(2) 检查资产负债表日后应付账款明细账贷方发生额的相应凭证，关注其购货发票的日期，确认其入账时间是否合理；(日后账簿记录——截止)

(3) 获取被审计单位与其供应商之间的对账单(应从非财务部门，如：采购部门获取)，并将对账单和被审计单位财务记录之间的差异进行调节(如在途款项、在途商品、付款折扣和未记录的负债等)，查找有无未入账的应付账款，确定应付账款金额的准确性。(对账单——计价和分摊)

(4) 针对资产负债表日后付款项目，检查银行对账单及有关付款凭证(如银行划款通知、供应商收据等)，询问被审计单位内部或外部的知情人员，查找有无未及时入账的应付账款；(日后付款——完整性)

(5) 结合存货监盘程序，检查被审计单位在资产负债日前后的存货入库资料(验收报告或入库单)，检查是否有大额货到单未到的情况，确认相关负债是否计入了正确的会计期间。

(监盘——截止、完整性)

【项目演练6-4　多选题】为检查是否存在未入账的应付账款，注册会计师采用的程序恰当的有(　　)。

A. 检查债务形成的相关原始凭证，如供应商发票、验收报告或入库单等与应付账款明细账进行比较

B. 检查资产负债表日后应付账款明细账贷方发生额的相应凭证，关注其购货发票的日期，确认其入账时间是否合理

C. 获取被审计单位与其供应商之间的对账单，并将对账单和被审计单位财务记录之间的差异进行调节

D. 函证应付账款

二、固定资产的实质性程序

(一) 运用分析方法检查固定资产变动合理性

编制或取得固定资产及累计折旧分类汇总表

(1) 将固定资产总值除以全年总产量的比率与以前年度相比较，目的是查明有无已减少的固定资产未在账面上注销或查明有无闲置的固定资产等问题。

(2) 比较本年度与以前各年度固定资产增加额和减少额。因被审计单位的生产经营情况不断变化，各个会计年度固定资产增加和减少数额可能会有很大差异。审计人员通过深入分析差异原因，同时根据企业过去和未来的生产经营趋势确定产生差异的原因是否合理。

(3) 比较本年度各个月份和本年度与以前各年度的修理费用，目的是确定资本性支出和收益性支出的区分是否正确，有无混淆这两类支出的错误。

(4) 将本年度计提折旧额除以固定资产总值的比率与上年计算数比较，目的是确定本年度折旧额的计算有无错误。

(5) 分析比较各年度固定资产保险费，查明变动有无异常。

(二) 固定资产入账价值的审查

(1) 对于购入的固定资产入账价值的审查。审计人员应审查其入账价值是否按实际支付的买价、相关税费(不包括购买固定资产的进项税额)、使固定资产达到预定可使用状态前所发生的可归属于该项资产的运输费、装卸费、安装费和专业人员服务费等记账，有无将包装费、运杂费或安装成本挤入生产成本或管理费用中，混淆固定资产成本与生产成本界限的情况。

(2) 对于自行建造的固定资产入账价值的审查(如：材料、工时和费用)。

(3) 对于其他单位投资转入的固定资产，审查其入账的价值是否按评估确认或者合同和协议约定的价格记账，合同和协议约定价值有无不公允的情况。

(4) 对于融资租入的固定资产，审计人员应审查其入账价值是否按租赁协议确定的设备价款、运输费、途中保险费和安装调试等支出记账。

(5) 对于改建或扩建的固定资产入账价值的审查。审计人员应审查其入账价值是否按原有固定资产账面原值，减去改建或扩建过程中发生的变价收入，加上由于改建或扩建而

增加的支出记账；有无将改建或扩建期间发生的材料、工时和费用与生产成本或管理费用相混淆，或将改建或扩建中发生的固定资产变价收入不入账的情况。

(6) 对于企业为取得固定资产而发生的借款利息支出和有关费用以及外币借款的折合差额，审计人员应该注意审查，在固定资产达到预定可使用状态之前发生的是否计入了固定资产的价值；在此之后发生的是否计入了当期损益。

(三) 固定资产增减和结存的审查

1. 核查固定资产的真实性——监盘

在法律意义上归属于企业的各项固定资产是否确实存在，需通过监盘加以证实。一般对房屋或建筑物等无移动性的固定资产，可以重点抽查验证；对安装使用设备，可以在小范围内抽查验证；对可移动的固定资产，需在较大范围内抽查验证。

实物监盘前，应先将固定资产明细账与固定资产卡片进行核对，做到账卡相符。清查时，一方面注意固定资产是否完整存在；另一方面应注意审查固定资产的维护保养情况，鉴定其新旧程度与账面记录是否一致，必要时请专家对其实际价值进行估价。

监盘后，对于盘盈和盘亏的固定资产进行深入的调查，查明原因，并进行必要的账务处理。

2. 查验固定资产的所有权

对实际存在的企业固定资产，审计人员需收集各种凭证，如契约、产权证明书、财产税单和发票等，以确定固定资产确实属企业所有。当再次审计时，可视内部控制情况，抽取一部分资产记录与资产本身进行查对，特别应对记录中的一些增减项目进行查对。

3. 新增固定资产的审查

审查新增固定资产是否按照企业会计准则的规定进行了业务处理。例如，接受捐赠的应计入"营业外收入"；盘盈的固定资产应作为前期差错处理，通过"以前年度损益调整"科目核算，并调整应纳所得税及留存收益数额。

4. 固定资产减少的审查

固定资产的减少，包括报废、出售、向其他单位投资转出和盘亏等。应分析减少的情况是否合理。

5. 融资租赁固定资产的审查

融资租赁固定资产审查要点主要有：租赁合同是否合法、合规以及手续是否完备；融资租入的固定资产计价是否正确；是否按合同规定按期支付租金，支付租金时的账务处理是否正确；是否按期计提折旧，折旧计算是否正确；合同到期时所有权转移是否按原定条件执行。

6. 核实期末固定资产的价值

7. 审查固定资产披露正确性

(四) 固定资产折旧的审查

1. 运用分析方法进行审查

(1) 将当年的折旧费用与以前年度折旧费用相比较；

(2) 将应计提折旧的固定资产乘以本期的折旧率，分析折旧计提的总体合理性；

(3) 计算本期计提折旧额占固定资产原值的比例，并与上期比较，分析本期计提折旧额的合理性；

(4) 计算本期计提折旧额占固定资产原值的比例，评价固定资产新旧程度，并估计可能发生的固定资产损失、使用年限的变更或折旧政策的变化；

(5) 将成本费用中的折旧费用明细账记录与"累计折旧"账户贷方的本期折旧计提额相比较，查明计提折旧是否计入本期生产成本或期间费用，如发现差异，必须查明原因，差异数额较大时需作出调整。

2. 确定企业所使用折旧方法的适当性

审计人员应审查企业所采用的折旧方法是否符合会计准则的规定，检查企业是否遵循一贯性原则。

3. 审查计提折旧的范围

计提是按月初固定资产原值为基础进行的新增(后)、减少(前)、一直在用的和停用的。不计提是已提足折旧继续使用的，按规定估价单独入账的土地等不计提折旧。

4. 审查折旧额的计算

(1) 不计提减值准备的固定资产的情况：审查时，注意固定资产的月初原值的确定是否正确，有无将本月新增的固定资产计提了折旧而本月减少的固定资产未提取折旧；折旧率是否正确，是否符合各类固定资产使用年限的规定，审计人员应该核实年限平均法的折旧率以及其他的折旧率，并复核折旧额的计算。

(2) 已计提减值准备的固定资产的情况：按照该固定资产的账面价值以及尚可使用寿命重新计算确定折旧率和折旧额。审查时，应结合固定资产减值准备账户，确认其折旧额计算的正确性。

(五) 固定资产减值准备的审查

固定资产减值准备的审查要点如下：

(1) 确定减值准备计提方法及比例的适当性和计提额是否充分。

(2) 确定减值准备增减变动完整记录的情况。

(3) 确定固定资产减值准备账户期末余额的正确性。

(4) 结合累计折旧账户，确认已计提减值准备的固定资产是否按照账面价值和尚可使用寿命调整折旧计提金额。

(5) 审查固定资产减值准备是否按照企业会计准则进行正确披露。

【项目演练 6-5　多选题】 下列有关固定资产实质性审计程序的表述中，注册会计师认为不恰当的有(　　)。

A. 以固定资产明细分类账为起点，进行实地追查，以获取实际存在的固定资产均已入账的证据

B. 以固定资产实物为起点，追查至明细账，以证明会计记录中所列固定资产确实存在，并了解其目前的使用状况

C. 注册会计师实地观察固定资产的重点应放在当期增加的固定资产

D. 审计固定资产减少的目的是查明已减少的固定资产是否已做相应的会计处理

【项目演练6-6　案例分析题】　甲会计师事务所的 B 注册会计师接受委托审计 W 公司 2015 年度财务报表。B 注册会计师了解到，W 公司由原来的国有电器企业改制成立，主要为国内外企业代理加工电子产品，经营状况良好，其 2014 年财务报表由乙会计师事务所审计并发表了无保留意见。W 公司的房屋及建筑物折旧年限为 40 年，通用设备折旧年限为 10 年，专用设备和运输工具折旧年限为 5 年。W 公司固定资产均采用年限法计提折旧，残值率为 5%。2014 年底 W 公司以 500 万元竞拍到一块 500 万元的商业地块，使用年限为 50 年。

B 注册会计师获取的根据相关明细账编制的固定资产和累计折旧分类汇总表如下：

固定资产类别	固定资产				累计折旧			
	期初余额	本年增加	本年减少	期末余额	期初余额	本年增加	本年减少	期末余额
房屋及建筑物	20930	2655	0	23564	13490	898	0	14357
通用设备	8612	1158	62	9708	863	865	34	1694
专用设备	10008	3854	121	13741	3080	1041	20	4101
运输工具	1671	460	574	1557	992	311	610	693
土地	500	-	-	500	-	10	-	10
合计	41721	8127	757	49070	18425	3125	664	20855

要求：

1. 请指出 W 公司的固定资产账户的相关认定是否存在重大错报风险，并说明理由。

2. B 注册会计师对房屋及建筑物的期初余额审计应主要实施哪些审计程序？

三、在途物资的实质性程序

(一) 在途物资的主要审计目标

(1) 确定在途物资是否按计划或要求进行，即合规性；

(2) 确定在途物资入库是否完整；

(3) 确定在途物资成本确定的合规性和准确性；

(4) 验证在途物资业务相关进项税额确定的合规性和正确性；

(5) 确定在途物资业务相关账务处理的正确性。

(二) 实施的实质性程序

(1) 取得或编制当期主要在途物资明细表，进行必要的复核，了解主要在途物资的总体情况；

(2) 对本期主要在途物资情况执行分析程序，验证其总体合理性；

(3) 审阅重点在途物资明细账，初步验证当期在途物资的合理性和真实性；

(4) 抽查在途物资的会计凭证，验证在途物资的真实性和正确性；

(5) 审查购货调整业务，验证其合理性和正确性；

(6) 进行在途物资截止测试，验证期末在途物资截止的正确性。

项 目 练 习

一、单项选择题

1. 订购单的正联要送交(　　)。

A. 验收部门　　　　　　　　　　B. 应付凭单部门

C. 供应商　　　　　　　　　　　D. 编制请购单的部门

2. 属于固定资产内部控制弱点的是(　　)。

A. 出租设备时，将所得收益贷记其他业务收入

B. 设备通常在所估计使用寿命即将结束时才重置固定资产

C. 所有设备的购买均由使用设备部门自行办理

D. 出售设备时，将所得收益贷记营业外收入

3. 向生产负责人询问的以下事项中，最有可能获取审计证据的是(　　)。

A. 固定资产的抵押情况　　　　　B. 固定资产的报废或毁损情况

C. 固定资产的投保及其变动情况　D. 固定资产折旧的计提情况

4. 证实已记录应付账款存在的是(　　)。

A. 抽取购货合同、购货发票和入库单等凭证，追查至应付账款明细账

B. 检查采购文件以确定是否使用预先编号的采购单

C. 从应付账款明细账追查至购货合同、购货发票和入库单等凭证

D. 向供应商函证零余额的应付账款

5. 某企业 2009 年 5 月购入大型设备一台，支付设备价款 800 万元，增值税 136 万元，运杂费 20 万元，安装成本 30 万元，以上款项全部用银行存款支付。审计人员发现，该企业对此业务借记为：固定资产 800 万元，应交税费(增值税)136 万元，制造费用 20 万元，管理费用 30 万元。该项业务的上述账务处理(　　)。

A. 正确

B. 错误。应借记固定资产 986 万元

C. 错误。应借记固定资产 936 万元及管理费用 50 万元

D. 错误。应借记固定资产 850 万元及应交税金(增值税)136 万元

6. 审计人员针对实际存在的企业固定资产，收集查阅了契约、产权证明书和财产税单等有关凭证文件，其目的是为了证实(　　)。

A. 固定资产的存在性　　　　　　B. 固定资产的所有权

C. 固定资产折旧计算的准确性　　D. 固定资产的完整性

7. 在付款前，掌管付款凭单的人员是(　　)。

A. 出纳员　　　　　　　　　　　B. 会计人员

C. 应付账款记账员　　　　　　　D. 仓库管理员

8. 审查应付账款期末余额变动合理性时，审计人员可采用的分析方法不包括(　　)。

A. 将本期各主要应付账款账户余额与上期余额进行比较

B. 检查应收账款明细表上有无贷方余额

C. 计算并对比分析应付账款占当年流动负债的比率

D. 计算并对比分析应付账款占采购金额的比率

9. 下列凭证记录中属于采购与付款业务循环过程的是(　　)。

A. 贷项通知单　　　　　　　　　B. 付款凭单

C. 汇款通知单　　　　　　　　　D. 客户对账单

10. 下列有关应付账款审计与固定资产审计的相关说法中，错误的是(　　)。

A. 审计人员应证实，企业所选用的固定资产折旧方法是否符合有关要求，方法一经确定，有无任意变动，折旧的计算是否正确

B. 审计人员应证实，企业的固定资产是否按照有关规定正确分类，并相应设立明细账进行核算与管理

C. 检查长期挂账的应付款项并分析原因，判断被审计单位偿债能力，特别注意是否利用应付款项隐瞒收入

D. 针对应付账款，无须实施函证程序

二、多项选择题

1. 审查应付账款期末余额变动合理性时，审计人员可采用的分析方法有(　　)。

A. 将本期各主要应付账款账户余额与上期余额进行比较

B. 检查应收账款明细表上有无贷方余额

C. 计算本期获得的现金折扣占采购金额比率，并与前期相比较

D. 计算并对比分析应付账款占当年流动负债的比率

E. 计算并对比分析应付账款占采购金额的比率

2. 下列选项中，对采购与付款循环内部控制测试的程序包括(　　)。

A. 核对明细表

B. 抽查部分采购业务

C. 走访并观察业务经办人与记录人是否独立

D. 了解并描述内部控制

E. 抽查付款业务

3. 下列各项中，符合采购与付款循环内部控制要求的有(　　)。

A. 应付款项记账员不能接触现金、有价证券和其他资产

B. 签发支票支付货款要经过被授权人的签字批准

C. 货物验收部门与财会部门相互独立

D. 采购部门负责提出采购申请并办理采购业务

E. 收到购货发票后，及时交财会部门确认其与订货单及验收单的一致性

4、下列选项中，审查是否存在高估固定资产数额时，可采取的程序是(　　)。

A. 分析其他业务收支账户

B. 分析营业外收支账户

C. 向固定资产管理部门查询本年有无未做会计记录的固定资产减少业务

D. 复核固定资产保险单

E. 用新增加的固定资产替换原有固定资产，原有固定资产是否未做会计记录

5. 审计人员运用分析性复核方法对固定资产折旧进行审查时，可以采用的方法有（　　）。

A. 将本期计提折旧额除以期末"固定资产减值准备"余额，并将该比例与上期比较

B. 将应计提折旧的固定资产乘以本期的折旧率，以分析折旧计提的总体合理性

C. 计算本期计提折旧额占固定资产原值的比例，并与上期比较

D. 将成本费用中的折旧费用明细记录与"累计折旧"账户贷方的本期计提额相比较

E. 将本期计提折旧额除以全年销售收入并将该比例与上期比较

6. 采购与付款循环一般包括的过程有（　　）。

A. 编制订购单

B. 确认债务

C. 处理和记录价款的支付

D. 批准赊销

E. 发运商品

7. 应审查应付款项总体所有项目的情形包括（　　）。

A. 应付款项账户数较少

B. 抽样结果表明误差很大，无法接受总体

C. 应付款项账户数较多

D. 抽样结果表明误差不大

E. 没有发现重大错误

8. 审计人员查找未列报或未入账的应付款项的审计程序通常包括（　　）。

A. 追踪决算日后若干天的购货发票，关注购货发票的日期，审查相应的收货记录，查明其入账时间是否正确，有无推后截止期的情况

B. 审核决算日后数周内应付款项账单及原始凭证，查明是否属于本期应计负债

C. 函证应付账款

D. 重新计算应付账款总账和明细账金额，核实金额的恰当性

E. 结合材料、物资和劳务费用业务进行审查，确定有无未入账负债

9. 根据内部控制不相容职务分离的要求，下列职责应相互独立的有（　　）。

A. 提出采购申请与批准采购申请

B. 批准采购申请与采购

C. 采购与验收

D. 验收与付款

E. 存货保管与发出

10. 审计人员为核实企业列示于资产负债表上的固定资产价值的真实性和正确性，应审查的内容包括（　　）。

A. 固定资产采购的审批手续

B. 固定资产的入账价值

C. 固定资产的增加与减少

D. 固定资产的盘盈与盘亏

E. 固定资产的预算制度

三、案例分析题

1. A注册会计师负责对甲公司2017年的财务报告进行审计。在审计工作底稿中记录了所了解的甲公司的内部控制，部分与采购相关的控制内容摘录如下：

(1) 每张请购单必须经过对这类支出预算负责的主管人员签字批准。

(2) 采购部门对订购单预先连续编号。

(3) 验收后，验收部门根据已收货的每张订购单编制验收单。

(4) 存放商品的仓储区相对独立，限制无关人员接近。

(5) 编制付款凭单前，确认供应商发票计算的正确性。

(6) 根据核对一致的订购单、验收单和卖方发票编制预先连续编号的付款凭单。

针对上述(1)～(6)项所列的控制，逐项指出是否与应付账款的完整性认定直接相关，如不直接相关，请简要说明理由。

2. ABC会计师事务所接受委托，对甲公司2014年财务报表进行审计。注册会计师在工作底稿中记录了所了解的甲公司的情况，部分内容摘录如下。

(1) 2014年12月，甲公司采购了总价为1000万元的原材料，并已验收入库。截至2014年12月31日因未收到销售方提供的销售发票，甲公司将该批存货单独摆放在独立区域，并在备查登记簿中进行了记录。

	2014年(未审数)	2013年(已审数)
存货——原材料	8400	7700
应付账款——发票已收	5000	4500
应付账款——发票未收	200	800

(2) 甲公司原租用的办公楼月租金为50万元。自2014年12月1日起，甲公司租用新办公楼，租期一年，月租金65万元，免租期2个月。

	2014年(未审数)	2013年(已审数)
管理费用——租赁费	—	600

(3) 2014年12月，甲公司决定淘汰一批账面价值为100万元的固定资产，并与受让方签订了转让协议，转让价格30万元。2015年1月，甲公司向受让方移交该项固定资产，并收讫转让款。

	2014年(未审数)	2013年(已审数)
固定资产原价	14200	13500
减：累计折旧	4175	4050
减：固定资产减值准备	50	30
固定资产账面价值	9975	9420

(4) 甲公司于2014年12月31日建造完成某大型设备并达到预定可使用状态。根据法律规定，甲公司应在该固定资产使用期满后将其拆除，并对造成的环境污染进行整治，预计发生弃置费用250万元。

项目	2014 年(未审数)	2013 年(已审数)
预计负债	0	0

(5) 2014 年 2 月起，甲公司将生产用机器设备的折旧方法由双倍余额递减法改变为年限平均法，管理层解释系因甲公司的控股股东要求甲公司的折旧方法与其保持一致。该项会计估计变更经董事会批准，并在财务报表附注中作了充分披露。

(6) 甲公司管理用的固定资产，与以前年度相比，2014 年度未发生大幅变动。与折旧相关的会计政策和会计估计也未发生变更。

项目	2014 年(未审数)	2013 年(已审数)
固定资产原值	2100	2080
减：累计折旧	200 (折旧率 9.52%)	300 (折旧率 14.42%)
固定资产账面价值	1900	1780

(7) 甲公司于 2013 年 3 月 1 日借入 1000 万元(年利率为 8%)的专门借款,用于已开工建设为期两年的一条新生产线。甲公司无其他带息债务。2014 年 3 月 31 日至 2014 年 8 月31 日，因甲公司与施工方对工程质量存在纠纷，该工程中断。

项目	2014 年(未审数)	2013 年(已审数)
在建工程——借款利息	80	0

要求：

假定各事项均为独立事项，逐项指出所列事项是否可能表明存在重大错报风险。如果认为存在重大错报风险，简要说明理由，并指出该风险主要与哪些财务报表项目的哪些认定直接相关。

拓展阅读

财神庙该怎么入账？审计和客户吵了起来！

审计人员跟福州客户的财务总监吵了一架：客户在厂区内造了一座财神庙，记入在固定资产中。客户坚持认为财神爷的保佑对生产起到重大帮助，折旧应该记入生产成本中；审计经理坚持认为财神庙只是为了满足员工日益增长的精神文化需求，所以要调整到管理费用。俩人争了一上午仍然没结果……

——中国会计视野

微博网友的观点如下：

★ 记入无形资产

约克牛_LightBringer：资本化研发费用形成使用寿命不确定的无形资产，然后每年对其减值测试。

地税茜飞：鉴于此举有新意，梦想前景潜力巨大，由董事会研究立项作为创新技术项目中的专用设备，相关折旧计入研发费用，或可争取加计扣除。

HO 仙猫：哈哈哈哈想起前前东家还把"风水师傅差旅费"记入预算。敬佛怎么能折旧，哈哈哈还应该记入无形资产保值增值。

法兰克 Wang：愚以为，财神庙应该作为无形资产——神灵入账，并作为使用寿命不确定的无形资产进行后续计量。财神庙的本质是其背后的神灵，而庙只是其所依托的载体，就像软件依托于光盘。税法上，根据马克思主义税法观，构建财神庙的费用与企业取得经营收入无关，不应摊销，与会计处理一致。

★ 记入在建工程

阳依一一：财神爷寿命没法估，折旧年限不好定啊。隔年换个香炉粉个外墙等，没个结算日期，加上供个香梨等放在业务招待也不合适，而且供品流动性大，一直放在建工程吧。

忧郁双子座：当然是记入在建工程啦！显灵前的香火钱归入在建工程，显灵当天的转入固定资产，而且要作为投资物业以公允价值计价，每年末测算下下一次显灵的可能性。

@坎普法：这东西根本就没有竣工决算和房产证，直接算作违章建筑。我们的一个客户，十几年了还放在在建工程，一直不让他转固定资产。什么，你说达到预定可使用状态？财神显灵了么？每年账上都有拜神费用……

@闪灵中二症末期：维修费用记制造费用还说得过去，房子只能是放在建工程吧，财神爷固定资产了以后谁敢给他折旧啊。

★ 记入营业外支出

博芳恣赏：遵从会计确认原则之一"实质重于形式原则"，记入"营业外支出"且在年末汇算清缴时不能税前扣除。

arco 杨永远：笑 cry 我觉得记入营业外支出实质重于形式，而且是与取得收入无关的其他支出，计算应纳税所得额时，不能扣除。一起来背诵税法吧。

幸福照亮生活：经理太 Low 了，很明显与生产经营无关，营业外支出，直接纳税调增。记到哪里？这么鸡肋的问题真是给 D 记丢人。

动次大次药药切克闹：我觉得造庙应该记营业外支出嘛，相当于捐赠吧。财神显灵应该记营业外收入，给财神供的贡品应该记管理费用——招待费，哈哈……

★ 记入外购商誉

海蜇大王：应该记为外购商誉吧？不得摊销折旧以及计提减值准备。企业清算时允许税前扣除。

★ 记入其他非流动资产

广东 laoyaoguai：审计经理肯定是不对的。财神爷所起的作用的都是持续性而非一次性的，不能"打完斋就唔要和尚"。因此要求列入管理费用，一次性进当期损益是错误的，而且财神庙的作用也不会减损，做固定资产并计提折旧也不妥。应作为其他非流动资产核算并每期进行减值测试。

★ 记入资本公积溢价

相在杭州：财神折旧貌似不妥，土建成本应计入资本公积溢价，以后转增由全体弱智股东承担，上供的桃子、梨、猪头等考虑计入业务招待费或经营性融资成本。

emma_luckysnake：我觉得还是冲其他资本公积吧，让弱智股东承担。

★ 记入长期待摊费用

Mr_Super_7：按照审计经理的意思就不该记入固定资产啊，不符合资产的定义，作为长期待摊费用吧。

wawa-Paris：同意你的说法，建财神庙仅仅是满足老板和管理层个人的精神需求，跟直接生产单位没关系，可以先将其列入长期待摊费用，后续再进行费用化！

★ 记入固定资产

@贺若惠儿：庙的房子应该算固定资产吧……至于财神爷，算个业绩好的销售人员吧，与其相关费用计入销售费用。

永远的柯南君：和部门同事讨论半天，应该进固定资产，但是折旧必须纳税调增，还要征收房产税。关于这个庙的费用，都不能进……

摸金校尉07：庙应该以固定资产计提折旧，财神爷可不能折旧，而应该作为寿命无限的无形资产处理，每年末进行减值测试。

Kiwi_珂：其实很好处理，跟石狮子一样，如果财神庙跟整个厂区的厂房是同时修建的，成本全部计入在建工程，最后统一转入固定资产计提折旧；如果是厂区建成转固定资产后修建的，企业会计处理做个长期待摊费用等也可以，只是不能在所得税税前扣除，如果扣除了则要在所得税汇算清缴时作纳税调增。

amisixiang：假定"满足员工精神文化需求"成立，又"对生产起到重大帮助"，则观察其功效是否持续，是否作用于多个会计期间，进而选择费用化或资本化。我以为还是资本化为好——实在不行将来还可以测试后计提减值准备补救

iazen：我想知道这个财神庙可以容纳多少位财神？如果空间足够大，可以遮风挡雨，除了初一和十五，经得财神同意的情况下，还可以做员工宿舍及仓库使用，那作为资本化支出也未尝不可。

不博了：招待费是指交际方面支出的相关款项。这应该是算固定资产的。我还得说，如果收费对外营业的话，他的地皮算"投资性房地产"吗？

拐-五洞：有规划审批和房产证的话，列入固定资产没啥问题吧，里边的财神像列到管理费用。

麻栗袋子：比较合理的是庙记入固定资产，财神爷记入无形资产，使用寿命不确定，根据工厂的效益状况对财神庙进行减值测试，每年发生的上香之类的费用进销售费用……

魏博客：这是一个有趣的问题。审计准则指出固定资产同时满足：① 与该固定资产有关的经济利益很可能流入企业；② 该固定资产的成本能够可靠计量，才能确认。财神庙能否增加企业经济利益？折旧年限？企业应当根据固定资产性质和使用情况，合理确定固定资产使用寿命和预计净残值。财神庙可不能倒，财神爷要永久保佑的啊！

★ 记入管理费用

@徽剑：我们公司给神仙埋单的费用不多，所以都记在日常办公文具经费里面！

蘑菇中的战斗菇：庙应按管理人员宿舍折旧计入管理费用，香火和供奉计入职工薪酬。

南济：财神庙应该记入管理费用吧。

蹭着二四大杠贴着道牙子咔咔漂移：折旧进生产成本是不靠谱的，记做资产也是不靠

谱的，费用全部算入管理费用。直接问他，useful life 过了还要再建一个吗？不建不怕没人保佑吗？算做固定资产有 impairment assessment 吗？算不出来直接 write off。

@开心大巴回复@乖姐爱道口：我朋友说了，建庙属于招聘财神发生的沉没成本，应该记入管理费用。以后每年的贡品才属于生产成本。

仙葫 cyy：我以前公司也在门前建了个风水球，是领导的一厢情愿，所以我们将折旧进入管理费用。

项目 7　生产与存货循环审计

职业能力目标

- 了解生产与存货循环涉及的主要业务、相关单据和记录；
- 理解生产与存货循环重大错报风险因素；
- 理解生产与存货循环的内部控制与控制测试；
- 掌握生产与存货具体账户的实质性程序。

工作任务与项目导图

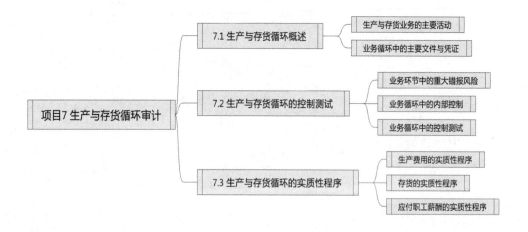

项目导入

"变质"的人参

吉林通化市有"中国人参之乡"的称号，这里曾经诞生了资本市场上的人参第一股紫鑫药业(002118，SZ)。然而，美誉之下难副其实。上市之后不久，紫鑫药业便被媒体爆出涉嫌财务造假，遭到证监会立案调查，震惊资本市场。紫鑫药业上市 4 年之后，A 股资本市场"人参概念股"迎来了新成员。2011 年，益盛药业(002566，SZ)正式登陆中小板块，IPO 募集资金 11.01 亿元。这家公司与紫鑫药业是"老乡"，同样地处吉林通化市。

益盛药业上市之初存货比较正常，但在两年之后开启疯狂买买买模式，存货价值已经超过了 IPO 募资额。结果就是，公司当时库存周转天数已经达 6 年之久，与其自身的经营情况严重不匹配、极其不正常，而存货正是紫鑫药业此前被质疑财务造假的重要手段之一。

更可怕的是，益盛药业是在人参价格高位时疯狂购进了这些存货，之后价格便一路向下，最大下跌幅度接近腰斩。然而，上市公司对这些存货计提的跌价准备却少得可怜，这对公司能否连续盈利具有致命影响；此外，以政府补助为主的营业外收入也扮演了同样的角色。

在益盛药业的总资产中，占比最大的是存货。截至 2017 年 9 月 30 日，公司存货有 16.82 亿元，占总资产的比例高达 62.5%。如此高的存货占比在上市公司中极其罕见。益盛药业 2011 年 3 月 18 日正式登陆中小板块，上市之初公司存货并不大，2011 和 2012 年年末账面价值分别为 1.34 亿元和 1.95 亿元。而在此之后的两年，公司存货开始出现大幅增长，2013 和 2014 年年末账面价值分别为 4.76 亿元和 12.12 亿元，同比增幅分别达到 144.1% 和 154.62%。再后，公司存货每年继续保持不断攀升态势，于 2017 年三季度末达到历史最高值。对于存货的大幅增加，益盛药业 2013 年和 2014 年年报解释称，公司扩大了非林地栽参项目的种植面积，并增加了鲜人参和红参等原材料的储备量。

从存货结构来看，截至 2017 年 6 月 30 日，原材料、在产品、消耗性生物资产和产成品的账面余额分别为 11.15 亿元、2484 万元、1.77 亿元和 2.97 亿元。由此可以看出，益盛药业过去几年存货大增主要是新增人参原材料储备所致。然而，这种疯狂行为并没有带来预期中的效益。财报显示，2013—2016 年，公司收入分别为 6.44 亿元、7.88 亿元、8.2 亿元和 9.39 亿元，净利润分别为 8732 万元、9641 万元、1091 万元和 1319 万元。过去这 4 年，公司收入增幅仅有 45.81%，净利润还出现大幅倒退，只剩下区区千万元，与暴增的存货严重不匹配。2017 年前三季度，益盛药业实现收入 7.47 亿元，同比增长 9.95%，相比往年仍未见明显好转。

事实已经证明，益盛药业当初疯狂购进存货的行为完全是错误的。按照当前的业务规模计算，公司目前的存货 6 年多才能够卖完。Wind 资讯显示，2015 年、2016 年及 2017 年前三季度，公司存货周转天数分别为 2203 天、2218 天和 2509 天。尽管年报一再声称人参可以保存 10 年，但并不代表采购来放那儿就不用加工了。因此，公司长达 6 年多的库存周转天数是极其不正常的。

在形形色色的利润操纵手法中，资产造假占据了主要地位，其中，资产计价舞弊是资产造假的惯用手法。而存货项目因其种类繁多并且具有流动性强、计价方法多样的特点，又导致存货高估构成资产计价舞弊的主要部分。更可怕的是，在过去几年，人参价格还出现大幅下跌。吉林省是中国人参的主要产区，当地人参价格从 2010 年开始大涨，在 2014 年达到历史高点之后，从 2015 年开始下跌，跌势延续至今。供需失衡是此轮价格下跌的导火索。吉林省从 2009 年开始连续 7 年将每年新增采伐迹地种植人参面积控制在 1000 公顷，吉林省内参农纷纷到其他省份种植人参。2015 年，这些参农种植的人参大量上市并以吉林人参的名义销售，人参生产规模急剧扩张，增加了市场的供应量。依据 Wind 资讯，商务部统计数据显示，2011—2016 年，人参市场均价分别为 315 元/公斤、358 元/公斤、671.1 元/公斤、774.3 元/公斤、583.1 元/公斤和 442 元/公斤，2014 年是近年来的价格高点，2016 年相比 2014 年的价格跌幅达到 42.92%。

益盛药业疯狂购进人参的年份是 2013 年和 2014 年，尤其在 2014 年购进的最多，而 2014 年恰恰是近年来人参价格的最高点。很显然，益盛药业高位购进的大量人参，目前已经被深度套牢。然而，益盛药业对存货计提的跌价准备却少得可怜，2015 和 2016 年计提的存货跌价准备分别为 1248 万元和 3069 万元，合计 4317 万元，占 2016 年存货账面余额的比例只有 2.66%。这两年人参价格跌幅最惨，相比 2014 年接近腰斩，对于 16 亿元的庞大存货，计提不到 3% 的存货跌价准备显然并不足以体现其真实情况。

益盛药业 1 月 31 日发布《关于 2017 年度计提资产减值准备的公告》称，2017 年要对存货计提减值准备 1690 万元。2015—2017 年，公司计提的存货跌价准备合计只有 6007 万元，占 2017 年上半年末存货账面余额的比例不足 3.53%，仍然是少得可怜。

——《证券市场周刊》

7.1　生产与存货循环概述

一、生产与存货业务的主要活动

(一) 计划和安排生产

生产计划部门的职责是根据客户订购单或者对销售预测和产品需求的分析来决定生产授权。如决定授权生产，即签发预先顺序编号的生产通知单。该部门通常应将发出的所有生产通知单顺序编号并加以记录控制。

(二) 发出原材料

仓库部门的责任是根据从生产部门收到的领料单发出原材料。领料单通常需一式三联。仓库发料后，将其中一联连同材料交给领料部门，一联留在仓库登记材料明细账，一联交会计部门进行材料收发核算和成本核算。

(三) 生产产品

生产部门在收到生产通知单及领取原材料后，据此执行生产任务。完成生产任务后，将完成的产品交生产部门查点，然后转交检验员验收并办理入库手续；或是将所完成的产品移交下一个部门，做进一步加工。

(四) 核算产品成本

为了正确核算并有效控制产品成本，一方面，生产过程中的各种记录、生产通知单、领料单、计工单和入库单等文件资料都要汇集到会计部门，由会计部门对其进行检查和核对，了解和控制生产过程中存货的实物流转；另一方面，会计部门要设置相应的会计账户，会同有关部门对生产过程中的成本进行核算和控制。

(五) 储存产成品

产成品入库，须由仓库部门先行点验和检查，然后签收。签收后，将实际入库数量通知会计部门。

(六) 发出产成品

产成品的发出须由独立的发运部门进行。装运产成品时必须持有经有关部门核准的发运通知单，并据此编制出库单。出库单一般为一式四联，一联交仓库部门；一联发运部门留存；一联送交顾客；一联作为给顾客开发票的依据。

二、业务循环中的主要文件与凭证

生产与存货循环是企业进行生产和创造价值的过程：也是整个生产活动与存货管理所组成的业务循环。就一个工业企业来说，其涉及的交易文件与凭证有：① 生产通知单；② 领料和发料凭证；③ 产量和工时记录；④ 工薪汇总表及工薪费用分配表；⑤ 材料费用分配表；⑥ 制造费用分配汇总表；⑦ 成本计算单；⑧ 存货明细账；⑨ 存货盘点报告表。

7.2　生产与存货循环的控制测试

一、业务环节中的重大错报风险

业务环节中的重大错报风险有：

(1) 在计算应付职工薪酬时，有关人员可能虚构员工名单，故意多计薪酬，然后将虚列职工薪酬据为己有或形成"小金库"；

(2) 在计算员工应交个人所得税时，蓄意或无意出现错误，少计算个人所得税；

(3) 故意多计提或少计职工教育经费、工会会费和社会保险费(如养老保险费、医疗保险费、生育保险费、待业保险费和工伤保险费)等，以虚减或虚增成本或费用，人为调节损益；

(4) 没有正确划清生产成本与非生产成本的界限，如将生产领用原材料成本计入在建工程成本，将车间生产耗用的水电费用计入管理费用或在建工程成本，或相反；

(5) 期末以假领料的方式大量虚增原材料成本，从而虚增产品成本，以达到调节损益的目的；

(6) 未对期末在产品进行盘点，按估计数计算期末在产品盘存数，虚估在产品完工程度，从而导致在产品成本计算不正确；

(7) 产品成本计算方法没有保持一贯性，产品成本计算不正确，多算或少算完工产品成本；

(8) 物资收发过程中没有严格准确的计量，造成多发或少发，没有定期或不定期进行存货盘点，使物资出现账实不符；

(9) 存货存在积压、毁损和变质的情况，但未按要求计提存货跌价准备；

(10) 发出存货计价方法未保持一贯性，发出存货金额的计算不正确，故意多结转或少结转发出存货成本，从而低估或高估期末存货金额和当期利润。

二、生产与存货业务循环中的内部控制

1. 职责分工

(1) 采购部门与验收和保管部门相互独立，防止购入不合格材料；

(2) 存储部门与生产或使用部门相互独立，防止多领材料或存货被盗；

(3) 生产计划的制定与审批相互独立，防止生产计划不合理；

(4) 产成品生产与检验相互独立，防止不合格产品入库和售出；

(5) 存货的保管与会计记录相互独立，防止篡改会计记录及财产流失；

(6) 存货盘点由独立于保管人员之外的其他部门人员定期进行，保证盘点真实性。

【项目演练 7-1　多选题】下列职责中，应当相互分离的职责有(　　)。

A. 原材料的采购与保管　　　　　　B. 原材料的保管与盘点

C. 产成品的生产与验收　　　　　　D. 生产计划的制定与审批

E. 原材料的保管与发出

2. 信息传递程序控制

(1) 授权程序：企业生产与存货管理业务都必须经过授权，各项业务要经过严格的批准手续方可办理。

(2) 成本控制：包括制订成本计划、费用预算或控制目标，严格审核原始凭证，设置生产与存货总账及明细账并进行核算，选择适当的成本计算方法科学计算产品成本，进行生产与存货成本分析，建立成本和费用的归口分级管理控制制度等。

(3) 永续盘存制。永续盘存记录由财会部门而不是仓储部门负责，以使管物与管账两个不相容职责分离。

【项目演练 7-2　单选题】在生产与存货业务循环中，下列各项中不属于生产成本控制措施的是(　　)。

A. 审核领料凭证　　　　　　　　　B. 控制厂部办公经费开支

C. 制定成本计划　　　　　　　　　D. 编制成本预算

3. 存货的管理

存货积压或短缺，可能导致流动资金占用过量，存货价值贬损或生产中断。

(1) 企业应当采用先进的存货管理技术和方法，规范存货管理流程，明确存货取得、验收入库、原料加工、仓储保管、领用发出和盘点处置等环节的管理要求，充分利用信息系统，强化会计和出入库等相关记录，确保存货管理全过程的风险得到有效控制。

(2) 企业应当重视存货验收工作，规范存货验收程序和方法，对入库存货的数量、质量和技术规格等方面进行查验，验收无误后方可入库。外购存货的验收，应当重点关注合同与发票等原始单据与存货的数量、质量和规格等核对一致。涉及技术含量较高的货物，必要时可委托具有检验资质的机构或聘请外部专家协助验收。自制存货的验收，应当重点关注产品质量，只有检验合格的半成品和产成品才能办理入库手续，不合格的应及时查明原因并落实责任、报告处理。其他方式取得存货的验收，应当重点关注存货来源、质量状况和实际价值是否符合有关合同或协议的约定。

(3) 企业应当建立存货保管制度，定期对存货进行检查，重点关注下列事项：

① 存货在不同仓库之间流动时应当办理出入库手续。

② 应当按仓储物资所要求的储存条件储存，并健全防火、防盗、防潮、防病虫害和防变质等管理制度。

③ 加强生产现场的材料、周转材料和半成品等物资的管理，防止浪费、被盗和流失。

④ 对代管、代销、暂存和受托加工的存货，应单独存放和记录，避免与本单位存货混淆。

⑤ 结合企业实际情况，加强存货的保险投保，保证存货安全，合理降低存货意外损失风险。

(4) 企业应当明确存货发出和领用的审批权限，大批存货、贵重商品或危险品的发出应当实行特别授权。仓储部门应当根据经审批的销售(出库)通知单发出货物。

(5) 企业仓储部门应当详细记录存货入库、出库及库存情况，做到存货记录与实际库存相符，并定期与财会部门和存货管理部门进行核对。

(6) 企业应当根据各种存货采购间隔期和当期存货，综合考虑企业经营计划和市场供求等因素，充分利用信息系统，合理确定存货采购日期和数量，确保存货处于最佳存货状态。

(7) 企业应当建立存货盘点清查制度，结合本企业实际情况确定盘点周期和盘点流程等相关内容，核查存货数量，及时发现存货减值迹象。企业至少应当于每年年终开展全面盘点清查，盘点清查结果应当形成书面报告。盘点清查中发现的存货盘盈、盘亏、毁损、闲置以及需要报废的存货，应当查明原因、落实并追究责任，按照规定权限批准后处置。

三、采购与付款业务循环中的控制测试

采购与付款业务循环中的控制测试包括以下内容：

(1) 调查了解生产与存货内部控制。

(2) 检查不相容职责的分离。观察并审查在生产与存货管理的各个环节中，采购与保管部门、计划部门与生产部门、存货保管与盘点、生产与验收、存货保管与记录和存储与销售是否独立。对企业控制环境和会计准则的应用进行评价。

(3) 抽查部分存货入库、出库业务，追踪其业务处理。

(4) 抽查盘点记录。审查盘点的范围、组织方式和盘点结果与账面金额是否一致，盘点是否由企业内部审计人员或仓库保管员以外的人员监督执行。

(5) 产品生产、成本管理制度执行情况的审查(预算控制、成本归口分级管理等)。

(6) 对成本核算和会计入账环节进行审查。

(7) 评价生产与存货业务内部控制。

有很多危险信号是生产和存货循环独有的，审计人员应当进行评价。这些危险的信号包括：存货的增长率高于销售增长率；生产费用明显高于或低于行业平均水平；各种"准备"明显减少；生产费用账户发生重大的贷方记录；对审计人员建议的必要内部控制缺乏后续措施。

【项目演练7-3　多选题】下列各项审计程序中，属于对生产与存货业务循环内部控制测评的有(　　)。

　　A. 实地观察仓库验收原材料的情况

　　B. 抽查领料凭证上反映的手续是否齐备

　　C. 编制存货跌价准备明细表，并与报表、总账和明细账核对

　　D. 计算毛利率并分析本期与上期有无明显变化

　　E. 抽查被审计单位若干月份盘点记录，检查盘点程序的合规性

7.3　生产与存货循环的实质性程序

一、生产费用的实质性程序

(一) 运用分析方法检查产品成本总体合理性

分析比较的内容主要有：

(1) 分析比较近期各年度和本年各个月份主要产品生产成本和存货余额及其构成的变动情况，以此评价生产成本和期末存货余额及其构成的总体合理性。

(2) 分析比较各月份材料和产品成本差异率，判断是否存在人为调节生产成本和存货余额的可能。

(3) 分析比较近期各年度和本年度各个月份产品生产成本总额及单位生产成本，以判断本期生产成本的总体合理性。

(4) 分析比较近期各年度待处理财产损溢，判断其总体合理性。

(5) 分析比较近期各年度和本年度各个月份制造费用总额及其构成，判断制造费用及其构成的总体合理性。

(6) 分析比较近期各年度和本年度各个月份直接材料费，判断直接材料费的总体合理性。

(7) 分析比较近期各年度和本年度各个月份直接人工费用，以判断本期直接人工费用的总体合理性。

(8) 分析比较近期各年度和本年度各个月份营业成本总额及单位成本，判断营业成本的总体合理性。

(9) 计算分析毛利率：

$$毛利率 = (销售收入 - 销售成本)/销售收入$$

分析其变动合理性。毛利率变动可能存在的原因有：售价变动、产品单位成本变动、产品总体结构变动和产品销售结构变动等。

(10) 对关联企业与非关联企业的产品成本、价格、交易量和结算方式进行比较分析，以此判断有无虚构业务的情况。

【项目演练 7-4　多选题】运用分析方法审查产品成本合理性时，应分析比较某些项目近期各年度和本年各个月份的总额、构成及其变动情况，这些项目包括(　　)。

A. 主要产品生产成本　　　　　　　B. 生产成本总额及单位生产成本
C. 制造费用　　　　　　　　　　　D. 管理费用
E. 直接材料费用

(二) 标准成本系统审查

询问了解被审计单位制定标准成本的方法，包括是否对产品使用和人工投入进行工艺研究；识别制造费用的构成和将制造费用分配到产品的方法。

(三) 成本项目的审查

存货的加工成本就是直接材料、直接人工以及按照一定方法分配的制造费用等。审查时关注混淆成本支出(不属于成本的支出)的现象，包括：

(1) 将购置固定资产、无形资产和其他资产的资本性支出列入成本支出；

(2) 将对外投资支出列入成本支出；

(3) 将由职工福利费开支的费用列入成本支出；

(4) 将由税后利润开支的各项税收滞纳金、罚款以及被没收财物损失列入成本支出；

(5) 将企业对外赞助、捐赠及各种非常损失、赔偿金和违约金等营业外支出列入成本支出；

(6) 将国家有关法律、法规规定以外的各种付费及不属于成本开支范围的开支列入成本支出。

1. 直接材料费的审查——真实性、正确性

(1) 对直接材料耗用量的审查。按规定，材料一经领出即作为消耗，车间已领未用的材料应于期末填写"退库单"办理退库，或者填写红色"领料单"办理假退库。审查中应注意领料单是否经授权批准、材料耗用量是否真实、是否存在多领未用材料及未办理上述手续而虚增本期材料耗用量的问题。

(2) 对直接材料计价的审查，包括：按实际成本计价——采用先进先出法、加权平均法或个别计价法；按计划成本计价。

(3) 对直接材料费分配的审查，包括：对直接材料费用分配依据的审查；对直接材料费分配方法的审查；对直接材料费分配结果的审查。

(4) 常见弊端如下：

① 领料单中"用途"一项不填或填写不明确，从而造成生产用料与非生产用料、各种产品生产用料界限不清；

② 不按材料消耗定额或实际需要领料，缺乏严格的审批手续，从而造成材料的浪费，甚至公料私用；

③ 期末已领未用材料不退库也不作"假退库"而留作下月使用，导致两个会计期间直接材料费失真；

④ 生产车间的边角料和废料不退库，或者退库后不作记录，造成直接材料费和产品成本虚增；

⑤ 在采用实际成本计价时，任意调整发出材料的计价方法，人为调节产品成本；

⑥ 在采用计划成本计价时，经常采用以下手法人为调节成本：不依照规定按材料类别或品种计算成本差异率，而采用综合成本差异率；不依照规定按本月成本差异率计算分配成本差异，而是根据调节成本的需要任意分配成本差异等；

⑦ 对不能直接计入某种产品成本的材料费未按规定的原则选用合理的分配方法进行分配，而是根据需要任意分配；

⑧ 分配方法选用不当，分配结果不正确；

⑨ 任意改变材料费的分配方法，造成前后期产品成本不可比或不真实等。

2. 直接人工费的审查

直接人工费的审查包括以下内容：

(1) 抽查产品成本计算单，审查直接人工费计算的正确性，查明人工费分配标准与计算方法的适当性，核对是否与工薪费用分配表中该产品分配的直接人工费一致。

(2) 分析比较各期人工费变动有无异常，如发现有异常波动须查明原因。

(3) 结合对工薪业务循环的审查，抽查直接人工费会计记录及处理的正确性。

(4) 采用定额成本或标准成本的企业，抽查直接人工费差异的计算、分配及账务处理的正确性，同时审查直接人工标准成本在年度内有无变更。

3. 制造费用的审查

制造费用的审查包括以下内容：

(1) 制造费用真实性的审查。

(2) 制造费用项目合规性的审查(列支范围)。

(3) 制造费用会计处理正确性及合理性的审查(归集与分配)。

(4) 制造费用分配账务处理正确性的审查。

4. 辅助生产费用的审查

辅助生产费用的审查包括以下内容：

(1) 辅助生产费用归集的审查。

(2) 辅助生产费用分配的审查。

此外，审查时还应注意是否存在将辅助生产车间为福利部门、基建部门提供的产品和劳务混入基本生产车间和管理部门，或者不参加分配，而直接冲减辅助生产费用的问题。

(四) 在产品和产成品成本的审查

在产品和产成品成本的审查包括以下内容：

(1) 对在产品结存数量的审查——结合存货监盘，由于审计期与在产品盘点期的不一致，在产品的数量已发生了变化。为了确认在产品盘存的数量是否真实，需调整计算：

盘存期在产品应存数量＝审计期在产品实存数量+盘存期至审计期产品完工数量

－盘存期至审计期产品投产数量

然后将计算出的盘存期在产品应存数量与期末计算在产品成本时的盘存记录进行比较。

(2) 对在产品计价方法的审查。审查的重点是计价方法的合理性。除审查在产品计价方法外，还应该审查计价方法在一定期间有无变化。

(3) 对产成品成本的审查：① 产成品数量的审查(存货监盘)，关注是否有下列现象存在：无视产品质量标准或产品质量检验不严格，将不合格产品混入合格产品；有意将废品充当合格产品虚报产量或隐产不报等；② 产品成本计算的审查，审查所选用计算方法的合理性；审查产品成本计算的正确性。

以上审查综合采用审阅、核对、复算和函证等方法进行。

【项目演练7-5　单选题】 下列各项中，属于生产成本实质性审查程序的是(　　)。

A. 查阅存货保管与领用制度　　　　B. 检查材料领用是否经授权批准

C. 检查成本开支的合法性　　　　　D. 检查不相容职责的分离

二、存货的实质性程序

(一) 运用分析方法检查存货总体合理性

1. 存货周转率

审计人员通常运用存货周转率来衡量销售能力和存货有无积压，分析存货余额存在错弊的可能性：

$$存货周转率 = \frac{销售成本}{平均存货}$$

2. 分析存货周转率的变动

将被审计单位不同会计期间存货周转率进行比较并与同行业其他企业相比较，分析存货周转率变动是否存在以下情况：① 存货成本项目发生变动；② 存货核算方法变动；③ 存货储备减少；④ 存货控制程序变动；⑤ 存货跌价准备计提基础变动；⑥ 销售变动。

(二) 存货监盘

注册会计师应当实施下列审计程序，对存货的存在和状况获取充分且适当的审计证据：① 账——对期末存货记录实施审计程序，以确定其是否准确反映实际的存货盘点结果。② 实——在存货盘点现场实施监盘(除非不可行)。

1. 存货监盘的目的

监盘存货的目的在于获取有关存货数量和状况的审计证据。

(1) 存货监盘针对的主要是存货的存在认定；

(2) 对存货的完整性认定及计价认定，也能提供部分审计证据；

(3) 还有可能在监盘过程中获取有关存货所有权的证据。(存货监盘本身并不足以供注册会计师确定存货的所有权，可能需要执行其他程序来确定所有权的归属。)

2. 存货监盘的责任

(1) 注册会计师的责任：获取有关期末存货数量和状况的充分且适当的审计证据。

(2) 管理层的责任：定期盘点存货，合理确定存货的数量和状况的责任。

管理层通常会制定程序，要求对存货每年至少进行一次实物盘点，以作为编制财务报表的基础。

3. 存货监盘的作用

存货监盘的作用包括：

(1) 检查存货以确定其是否存在，评价存货状况，并对存货盘点结果进行测试。

(2) 观察对管理层指令的执行情况，以及用于记录和控制存货盘点结果的程序的实施情况。

(3) 获取有关管理层存货盘点程序可靠性的审计证据。

4. 存货监盘计划

在编制存货监盘计划时，应考虑以下事项：① 与存货相关的重大错报风险；② 与存货相关的内部控制的性质；③ 被审计单位对存货盘点是否制定了适当的程序，并下达了正确的指令；④ 存货盘点的时间安排；⑤ 被审计单位盘存制度；⑥ 存货的存放地点(包括不同存放地点的存货的重要性和重大错报风险),以确定适当的监盘地点;⑦ 是否需要专家协助。

存货监盘计划的主要内容有:

(1) 存货监盘的目标、范围及时间安排;

(2) 存货监盘的要点及关注事项;

(3) 参加存货监盘人员的分工;

(4) 检查存货的范围。

5. 存货监盘程序

如果只有少数项目构成了存货的主要部分,注册会计师可选择将存货监盘作为实质性程序。

(1) 评价管理层用以记录和控制存货盘点结果的指令和程序。

注册会计师可以通过询问管理层以及阅读被审计单位的盘点计划等方式,了解被审计单位对存货移动所采取的控制程序和对存货收发截止影响的考虑。

① 对期末存货移动的控制(原则):

一般情况下,在盘点过程中应停止生产并关闭存货存放地点,以确保停止存货的移动,有利于保证盘点的准确性。

在特定情况下,被审计单位可能由于实际原因无法停止生产或收发货物,注册会计师可以根据被审计单位的具体情况考虑其无法停止存货移动的原因及其合理性。

② 对期末存货移动的控制(程序):

由于实际原因无法停止生产或收发货物。可以考虑在仓库内划分出独立的过渡区域,把预计将在盘点期间领用或入库的存货存放在过渡区域,对盘点期间办理入库手续的存货暂时存放在过渡区域,以此确保相关存货只被盘点一次。

在实施存货监盘程序时,注册会计师需要观察被审计单位有关存货移动的控制程序是否得到执行。注册会计师可以向管理层索取盘点期间存货移动相关的书面记录以及出、入库资料作为执行截止测试的资料,以为监盘结束的后续工作提供证据。

(2) 观察管理层制定的盘点程序的执行情况。

观察管理层制定的盘点程序(如对盘点时及其前后的存货移动的控制程序)的执行情况,有助于注册会计师获取有关管理层指令和程序是否得到适当设计和执行的审计证据。

如果在盘点过程中被审计单位的生产经营仍持续进行,注册会计师应通过实施必要的检查程序,确定被审计单位是否已经对此设置了相应的控制程序,确保在适当的期间内对存货作出了准确记录。

对期末存货进行截止测试:

① 所有在截止日以前入库的存货项目是否均已包括在盘点范围内,并已反映在截止日以前的会计记录中。任何在截止日期以后入库的存货项目是否均未包括在盘点范围内,也未反映在截止日以前的会计记录中。

② 所有在截止日以前装运出库的存货项目是否均未包括在盘点范围内,且未包括在截止日的存货账面余额中。任何在截止日期以后装运出库的存货项目是否均已包括在盘点范围内,并已包括在截止日的存货账面余额中。

③ 所有已确认为销售但尚未装运出库的商品是否均未包括在盘点范围内,且未包括

在截止日的存货账面余额中；所有已记录为购货但尚未入库的存货是否均已包括在盘点范围内，并已反映在会计记录中。

④ 在途存货和被审计单位直接向顾客发运的存货是否均已得到了适当的会计处理。

注册会计师通常可观察存货的验收入库地点和装运出库地点以执行截止测试。在存货入库和装运过程中采用连续编号的凭证时，注册会计师应当关注截止日期前的最后编号。

(3) 检查存货。在存货监盘过程中检查存货时，注册会计师应当把所有过时、毁损或陈旧存货的详细情况记录下来。

(4) 执行抽盘。注册会计师应尽可能避免让被审计单位事先了解将抽盘的存货项目。

抽盘流程：

流程一：从存货盘点记录中选取项目追查至存货实物，以获取有关盘点记录准确性的审计证据。

流程二：从存货实物中选取项目追查至盘点记录，以获取有关盘点记录完整性的审计证据。

实施抽盘发现差异时应该：① 查明原因，并及时提请被审计单位更正；② 考虑错误的可能范围和重大程度，在可能的情况下，扩大检查范围以减少错误的发生或要求被审计单位重新盘点。重新盘点的范围可限于某一特殊领域的存货或特定盘点小组。

(5) 需要特别关注的情况：

① 存货盘点范围。在被审计单位盘点存货前，注册会计师应当观察盘点现场，确定应纳入盘点范围的存货是否已经适当整理和排列，并附有盘点标识，防止遗漏或重复盘点。对未纳入盘点范围的存货，注册会计师应当查明未纳入的原因。对所有权不属于被审计单位的存货，注册会计师应当取得其规格、数量等有关资料，确定是否已单独存放与标明，且未被纳入盘点范围。

② 对特殊类型存货的监盘。注册会计师应当根据被审计单位所处行业的特点、存货的类别和特点以及内部控制等具体情况，在通用的存货监盘程序基础上，设计关于特殊类型存货监盘的具体审计程序。

❖ 【学习提示：特殊存货的审计程序】

存货类型	可供实施的审计程序
木材、钢筋盘条、管子	① 检查标记或标识 ② 利用专家或被审计单位内部有经验人员的工作
堆积型存货（如糖、煤、钢废料）	① 运用工程估测、几何计算和高空勘测 ② 依赖详细的存货记录 ③ 如果堆场中的存货堆不高，可进行实地监盘，或通过旋转存货堆加以估计
使用磅秤测量的存货	① 在监盘前和监盘过程中均应检验磅秤的精准度，并留意磅秤的位置移动与重新调校程序 ② 将检查和重新称量程序相结合 ③ 检查秤量尺度的换算问题

散装物品(如贮窖存货，使用桶、箱、罐和槽等容器储存的液体、气体、谷类粮食和流体存货等)	① 使用容器进行监盘 ② 通过预先编号的清单列表加以确定 ③ 使用浸蘸、测量棒、工程报告 ④ 依赖永续存货记录 ⑤ 选择样品进行化验与分析，或利用专家的工作
贵金属、石器、艺术品与收藏品	选择样品进行化验与分析，或利用专家的工作
生产纸浆用木材、牲畜	① 通过高空摄影以确定其存在性，对不同时点的数量进行比较 ② 依赖永续存货记录

③ 关注可能存在舞弊的迹象。如果管理层不允许注册会计师在同一时间对所有存放地点的存货实施监盘，可能存在管理层操纵转移不同地点的存货以虚增或虚减存货的风险。

注册会计师在监盘过程中注意到、但并未反映在被审计单位存货盘点表上的存货，如果管理层解释称这些存货为代第三方持有或保管的存货，注册会计师可以通过进一步的审计程序，包括查看与这些存货权属相关的证明文件、向第三方函证等，来评估管理层答复的真实性和合理性。

(6) 存货监盘结束时：

① 再次观察盘点现场，以确定所有应纳入盘点范围的存货是否均已盘点。

② 取得并检查已填用、作废及未使用盘点表单的号码记录，确定其是否连续编号，查明已发放的表单是否均已收回，并与存货盘点的汇总记录进行核对。

③ 如果存货盘点日不是资产负债表日，注册会计师应当实施适当的审计程序，确定盘点日与资产负债表日之间存货的变动是否已得到恰当地记录。

6. 特殊情况的处理

(1) 如果在存货盘点现场实施存货监盘不可行，注册会计师应当实施替代审计程序(如检查盘点日之后、出售盘点日之前取得或购买的特定存货的文件记录)，以获取有关存货存在和状况的充分且适当的审计证据。

构成不可行的情况：可能由存货性质和存放地点等因素造成的，如存货存放在对注册会计师的安全有威胁的地点。

不构成不可行的情况：对注册会计师带来不便的一般因素不足以支持注册会计师作出实施存货监盘不可行的决定。审计中的困难、时间或成本等事项本身，不能作为注册会计师省略不可替代的审计程序或满足于说服力不足的审计证据的正当理由。

(2) 因不可预见的情况导致无法在存货盘点现场实施监盘，注册会计师应当另择日期实施监盘，并对间隔期内发生的交易实施审计程序。

(3) 由第三方保管或控制的存货。

如果由第三方保管或控制的存货对财务报表是重要的，注册会计师应当：

① 向持有被审计单位存货的第三方函证存货的数量和状况；

② 实施检查或其他适合具体情况的审计程序，其他审计程序可以作为函证的替代程序，也可以作为追加的审计程序。

考虑到第三方仅在特定时点执行存货盘点工作,在实务中,注册会计师可以事先考虑实施函证的可行性。如果预期不能通过函证获取相关审计证据,可以事先计划和安排存货监盘等工作。

注册会计师可以考虑由第三方保管存货的商业理由的合理性,以进行存货相关风险(包括舞弊风险)的评估,并计划和实施适当的审计程序,例如检查被审计单位和第三方所签署的存货保管协议的相关条款、复核被审计单位调查及评价第三方工作的程序等。

其他审计程序的示例包括:

① 实施或安排其他注册会计师实施对第三方的存货监盘(如可行);

② 获取其他注册会计师或服务机构注册会计师针对用以保证存货得到恰当盘点和保管的内部控制的适当性而出具的报告;

③ 检查与第三方持有的存货相关的文件记录,如仓储单;

④ 当存货被作为抵押品时,要求其他机构或人员进行确认。

(三) 存货计价的审查

存货计价的审查包括材料采购的审查、存货发出的审查、存货截止期的审查。

1. 材料采购的审查

对材料采购,应进行以下审查:

(1) 材料计价的审查,包括实际成本和计价方法等。

(2) 材料采购成本的审查,包括:

① 材料采购成本的构成项目是否完整(材料采购成本包括买价和采购费用两部分)。

② 材料采购费用分配比例是否合理,是否可直接计入(按所购各种材料的买价或重量进行分摊)。

③ 材料采购成本是否合规、正确。

④ 材料采购成本的计算方法是否符合有关规定。

(3) 在途材料的审查。审计人员应通过有关账、证的核对,确定在途材料的真实性。对超过正常期限的在途材料,审计人员应加以审查,主要核实供货方是否已发货,超期限的原因是什么,有无丢失的可能,以便加强管理。

(4) 材料采购账务处理的审查。

2. 存货发出的审查

企业的存货出库主要是生产部门领用,有时也发生对外出售材料的情况。存货发出的审查有:

(1) 生产领用材料的审查。

(2) 核实产成品出库的成本结转。

(3) 材料销售的审查。

(4) 低值易耗品的审查。

3. 存货截止期的审查

检查截止到 12 月 31 日所购入并已包括在 12 月 31 日存货盘点范围内的存货。抽查存货盘点日前后的购货发票和验收单或入库单,凡是 12 月 31 日前附有验收单或入库单的发票,表明货物已收到,并包括在本期的实地盘点存货范围之内;检查验收部门的记录,凡是决算日或决算日前购进的货物，应检查其相应采购发票是否在同期入账，对于未收到采购发票的入库存货，应检查是否单独存放并暂估入账。查明材料有无提前入账或延期入账的问题。

(四) 存货跌价准备的审查

通过对存货跌价准备进行审查，查明存货跌价准备的真实性、转销的合理性、会计记录的完整性、期末跌价准备余额的正确性及披露的正确性。存货跌价准备的审查包括以下内容：

(1) 取得或编制存货跌价准备及跌价损失明细表，复核加计该明细表的正确性，并与报表、总账、明细账核对相符。

(2) 存货跌价准备计提合理性的审查，审计人员应予以重点关注以下内容(与跌价相关的迹象)：

① 存货的市价当期大幅度下跌，其跌幅明显高于因时间的推移或者正常使用而预计的下跌。

② 企业经营所处的经济、技术或者法律等环境以及资产所处的市场在当期或者将在近期发生重大变化，从而对企业产生不利影响。

③ 有证据表明存货已经陈旧过时或者其实体已经损坏。

④ 存货已经或者将被闲置、终止使用或者计划提前处置。

⑤ 其他表明存货可能已经发生减值的迹象。

(3) 期后售价的审查。

(4) 对存货跌价准备进行分析，审查前后各期存货跌价准备有无异常变动，是否存在利用跌价准备人为调节成本费用的情况。

(5) 核对相关会计科目。

(6) 审查存货在财务报表中披露的正确性。

【项目演练 7-6　案例分析题】　A 注册会计师负责审计甲公司 2017 年度财务报表。甲公司主要从事服装的制造和销售，2017 年末未审计财务报表存货余额约 10000 万元。存货存放在下属乙制造厂和全国 60 家直营店。审计项目组确定财务报表整体的重要性为 1000 万元。审计项目组实施存货监盘的部分事项如下：

(1) 审计工作底稿中记录，存货监盘目标为获取有关甲公司资产负债表日存货数量的审计证据。

(2) 审计项目组按 2017 年末各存放地点存货余额进行排序，选取存货余额最大的 20 个地点(合计占年末存货余额的 60%)实施监盘。审计项目组根据选取地点的监盘结果，认为甲公司年末存货盘点结果令人满意。

(3) 因天气原因，审计项目组成员未能按计划在 2017 年 12 月 31 日到达某直营店实施监盘。经与管理层协商，改在 2018 年 1 月 5 日实施监盘，并对 2017 年 12 月 31 日至 2018 年 1 月 5 日期间的存货变动情况实施审计程序。

(4) 乙制造厂存货品种繁多，存放拥挤。为保证监盘工作顺利进行，A 注册会计师提前两天将拟抽盘项目清单发给乙制造厂财务部人员，要求其做好准备工作。

针对上述第(1)~(4)项，假定不考虑其他条件，逐项指出审计项目组的处理是否恰当。

如不恰当，简要说明理由。

【项目演练7-7　多选题】某企业2017年12月30日采购一批货物并验收入库，2018年1月收到购货发票，2018年2月支付货款，企业在收到购货发票前未作账务处理。审计人员可以据此判断该企业(　　)。

A. 2017年末货币资金被高估　　　　　B. 2017年末存货被低估

C. 2017年末负债被低估　　　　　　　D. 2017年度营业收入被高估

E. 2017年度营业利润被低估

三、应付职工薪酬的实质性程序

(一) 应付职工薪酬的主要审计目标

应付职工薪酬的主要审计目标包括：

(1) 确定职工薪酬以及相关的社会保险费用的计提和支出是否合规；

(2) 确定相关会计记录是否完整正确；

(3) 确定应付职工薪酬的期末余额是否正确，并在财务报表中作出恰当披露。

(二) 实施的实质性程序

(1) 获取或编制职工薪酬及其相关费用明细表，进行必要的复核，以了解职工薪酬的总体情况；

(2) 对本期职工薪酬费用发生情况执行分析程序，以验证其总体合理性；

(3) 检查职工薪酬与相关费用的计提，以验证其相关账务处理的合规性和正确性；

(4) 检查代扣代缴员工个人所得税的计算，查明其合规性和缴纳的及时性；

(5) 检查与职工薪酬相关的费用的计提与使用，验证其合规性或足额缴纳的及时性；

(6) 审查应付职工薪酬在财务报表中的列报与披露，验证其恰当性与充分性。

项 目 练 习

一、单项选择题

1. 通常在下列财务报表项目中，(　　)的重大错报对于财务状况和经营成果产生直接的影响。

A. 货币资金　　　B. 应收票据　　　　　C. 销售费用　　　　　D. 存货

2. 签发预先顺序编号的生产通知单的部门是(　　)。

A. 人事部门　　　B. 销售部门　　　　　C. 会计部门　　　　　D. 生产计划部门

3. 下列关于发出产成品的说法中，不正确的是(　　)。

A. 发运部门是一个独立的部门

B. 装运产成品时必须持有经有关部门批准的发运通知单

C. 出库单一般为一式三联

D. 出库单一般为一式四联

4. 下列内部控制中，存在设计缺陷的是(　　)。

　　A. 请购部门填制请购单　　　　　　B. 仓库部门编制发运凭证

　　C. 销售部门编制销售发票　　　　　　D. 会计部门填写生产成本明细账

　　5. 如果被审计单位在接触存货时没有设置授权审批的内部控制措施，将导致存货(　　)认定出现重大错报风险。

　　A. 存在　　　　　B. 完整性　　　　　C. 计价和分摊　　　　D. 权利和义务

　　6. 注册会计师检查有关成本的记账凭证是否附有生产通知单、领发料凭证、产量和工时记录、工薪费用分配表、材料费用分配表、制造费用分配表，针对的认定是(　　)。

　　A. 生产成本的存在　　　　　　　　B. 生产成本的完整性

　　C. 生产成本的计价和分摊　　　　　　D. 存货的存在

　　7. 被审计单位在内外部经营环境没有改变的情形下，如果营业成本异常增多，则会导致存货项目的(　　)认定存在重大错报。

　　A. 存在　　　　　B. 完整性　　　　　C. 计价和分摊　　　　D. 权利和义务

　　8. 如果被审计单位以养殖牲畜为主营业务，那么注册会计师针对该类存货可以实施的监盘程序中效果最好的是(　　)。

　　A. 实施分析程序

　　B. 利用被审计单位内部审计的工作

　　C. 向供应商函证

　　D. 通过高空摄影以确定其存在，对不同时点的数量进行比较，并依赖永续存货记录

　　9. 甲注册会计师正在对 A 上市公司 2014 年度的存货进行计价测试，被审计单位期末对存货采用成本与可变现净值孰低计价。2014 年 12 月 31 日 W 材料的实际成本为 100 万元，市场售价为 80 万元，该原材料是专为生产甲产品而持有的，市场上甲产品的销售价格由 200 万元降为 180 万元。将 W 材料加工成甲产品预计进一步加工所需费用为 40 万元，预计销售费用及税金为 20 万元。假定 A 公司 2014 年年初"存货跌价准备"科目贷方余额为 10 万元(全部为 W 材料)，那么 2014 年 12 月 31 日该项存货应计提的存货跌价准备应设为(　　)。

　　A. 0 元　　　　　B. 20 万元　　　　　C. 10 万元　　　　D. 15 万元

　　10. 下列关于存货监盘的说法中，正确的是(　　)。

　　A. 存货监盘的目标是获取关于存货数量的证据

　　B. 存货监盘的范围是存放在被审计单位经营场所的所有存货

　　C. 存货监盘可以在被审计单位盘点后进行

　　D. 对于特殊类型的存货，注册会计师可以考虑利用专家的工作

二、多项选择题

　　1. 工业企业生产业务中应当实施审批的原始凭证有(　　)。

　　A. 生产指令　　　B. 制造费用分配汇总表　　C. 领料单　　　D. 工薪汇总表

　　2. 如果存货盘点日不是资产负债表日，为了获取盘点日与资产负债表日之间存货的变动是否得到恰当地记录，注册会计师可以实施的实质性程序包括(　　)。

　　A. 比较盘点日和财务报表日之间的存货信息以识别异常项目，并对其执行适当的审计程序

B. 对盘点日至财务报表日之间的存货采购和存货销售分别实施双向检查

C. 考虑存货内部控制运行的有效性

D. 测试存货销售和采购在盘点日和财务报表日的截止是否正确

3. 领料单通常一式三联，分别用于(   )。

A. 连同材料交给领料部门

B. 留在仓库登记材料明细账

C. 交会计部门进行材料收发核算和成本核算

D. 交验收部门用于检验材料是否合格

4. 生产计划部门根据(   )来决定生产授权。

A. 客户订购单
B. 管理费用预算

C. 财务费用预算
D. 销售预测和产品需求的分析

5. 对于成本的完整性认定，注册会计师可以采取的控制测试程序有(   )。

A. 检查生产通知单的顺序编号是否完整

B. 对成本实施分析程序

C. 将制造费用分配汇总表与成本明细账相核对

D. 检查领料单的顺序编号是否完整

6. 注册会计师为了测试被审计单位生产业务是否真实发生，以下实施的控制测试程序恰当的有(   )。

A. 检查生产指令是否经过审批
B. 检查领料单是否经过审批

C. 检查工薪分配表是否经过审批
D. 检查存货明细账是否经过审批

7. 注册会计师通过对成本实施分析程序，能够发现(   )内部控制目标是否实现。

A. 成本以正确的金额，在恰当的会计期间及时记录于适当的账户

B. 对存货实施保护措施，保管人员与记录和批准人员相互独立

C. 生产业务是根据管理层一般或特定的授权进行的

D. 记录的成本为实际发生的而非虚构的

8. 甲注册会计师正在制定 A 上市公司 2014 年度财务报表审计业务中的存货监盘计划，以下是存货监盘计划的内容，其中存在缺陷的有(   )。

A. 在开始盘点存货前，监盘人员在拟检查的存货项目上作出标识

B. 在存货监盘过程中，监盘人员除关注存货的数量外，还需要特别关注存货是否出现毁损、陈旧、过时及残次等情况

C. 在存货监盘结束时，监盘人员将除作废的盘点表单以外的所有盘点表单的号码记录于监盘工作底稿

D. 与被审计单位管理层讨论存货盘点计划

9. 注册会计师针对存货余额的细节测试，通常采用的程序有(   )。

A. 观察
B. 检查
C. 重新计算
D. 函证

10. 以下审计程序中属于存货的实质性分析程序的有(   )。

A. 判断各类产品的销售毛利率是否符合期望值

B. 计算存货周转率是否随着重要存货项目的变化而变化

C. 按区域分析被审计单位各月存货变动情况，并考虑存货变动情况是否与季节性变

　　动和经济因素变动一致

　　D. 对周转缓慢或者长时间没有周转以及出现负余额的存货项目单独摘录并列表

三、案例分析题

　　1. W 公司是一家医疗设备生产企业,日常核算高度自动化。2019 年 1 月 5 日委托 ABC 会计师事务所对其 2017 年度财务报表进行审计。注册会计师在实施风险评估程序后,对 W 公司储存产成品和发出产成品的业务流程做了如下记录:

　　(1) 产成品入库时,仓库保管员检查并签发预先顺序编号的产成品验收单,并清点产成品数量,填写预先顺序编号的产成品入库单,经质检经理、生产经理和仓储经理签字确认后,由仓库管理员将产成品入库单信息输入计算机系统,计算机系统自动更新产成品明细台账并与采购订购单编号核对。

　　(2) 产成品出库时,由仓库管理员填写预先顺序编号的出库单,并将产成品出库单信息输入计算机系统,经销售经理复核并以电子签名方式确认后,计算机系统自动更新产成品明细台账并与发运通知单编号核对。

　　(3) 产成品装运发出前,由运输经理独立检查出库单和发运通知单。

　　(4) 每月末,生产成本记账员根据计算机系统内状态为"已处理"的订购单数量,编制销售成本结转凭证,结转相应的销售成本,经核对无误后进行账务处理。

　　(5) 产成品仓库管理员分别于每月、每季和年终,对产成品存货进行盘点,由会计部门对盘点结果进行复盘。仓库管理员应编写产成品存货盘点明细表,发现差异及时处理,经仓储经理和生产经理复核后调整入账。

　　针对上述(1)～(5)项内部控制,逐项指出是否存在缺陷。如果存在缺陷,简要说明理由。

　　2. ABC 会计师事务所接受委托,对 W 公司 2017 年度财务报表进行审计。审计项目组计划在 2018 年 2 月 15 日对 W 公司的存货实施监盘,以下是注册会计师制定的存货监盘计划的部分内容:

　　(1) 在 2018 年 2 月 14 日,由王林负责与 W 公司仓库人员进行沟通拟抽盘的范围,以保证第二天的监盘工作顺利实施。

　　(2) 在对存货实施监盘程序时,采用观察以及检查的方法,以确定存货的数量和状况。

　　(3) 对于存放在外地分公司的存货,通过审阅其盘点记录及账面记录确定存货的数量。

　　(4) 在存货监盘结束时,监盘人员需要取得并检查已使用的盘点表单,以确定其是否连续编号。

　　(5) 盘点结束后,对出现盘盈或盘亏的存货,要求 W 公司财务人员及时将存货实物数量和仓库存货记录调节相符。

　　针对上述(1)～(5)项,逐项指出存货监盘计划是否存在缺陷。如果存在缺陷,简要说明理由。

　　3. A 注册会计师是甲公司 2017 年度财务报表审计业务的项目合伙人。甲公司是一家时装加工企业,存货占其资产总额的比例很大,主营业务为来料加工。A 注册会计师计划于 2017 年 12 月 31 日实施存货监盘程序。他编制的存货监盘计划部分内容摘录如下:

　　(1) 在到达存货盘点现场后,监盘人员观察来料加工业务的原材料是否已经单独存放并予以标示,确定其未被纳入存货盘点范围。

(2) 对盘点过程中收到的存货，纳入盘点和监盘范围。

(3) 在和被审计单位沟通存货盘点程序时，对于盘点程序的缺陷，不予指明。

(4) 甲公司的存货存放在多个仓库，A 注册会计师要求甲公司提供一份完整的包含所有存在余额的存货存放地点清单。

要求：

<1> 根据以上注册会计师对被审计单位的了解，请评估甲公司与存货相关的经营风险。

<2> 针对上述(1)~(4)项，逐项指出存货监盘计划是否存在不当之处。如果存在不当之处，简要说明理由。

拓展阅读

用作业成本法提升企业成本管理水平

标准成本系统源于 20 世纪初的"泰罗制"，直到现在仍被广泛应用于制造业企业。

按照目前成本核算的国际通行惯例，产品成本由直接材料、直接人工(或直接工资)和制造费用三项构成。相应地，产品标准成本的构成也是直接材料标准成本、直接人工标准成本和制造费用标准成本三部分。将产品标准成本分摊到每一件产品上面，就是单位产品标准成本。

20 世纪 90 年代，随着以计算机技术为代表的各项新技术的发展和广泛应用，制造业的成本结构开始发生变化，制造费用的数量和比重在上升。一方面，当制造费用的比重上升到较高程度时，需要对制造费用的分配更加细致和准确，否则成本信息就会失真；另一方面，出于精益生产以及对价值链分析和管理的需要，必须对各项主要作业进行划分和归集成本；因此作业成本法应运而生。

作业成本法是根据费用的驱动因素——"各种作业"来归集成本并向受益对象分配费用的一种融成本计算、分析和控制为一体的方法。这种方法相对于传统制造费用分配方法的特点是制造费用的分配标准多样化。

运用作业成本法来分配和管理制造费用，对于正在应用标准成本系统的企业来说，面临着如何使二者有机结合的现实问题。

从成本核算角度，作业成本法只是通过建立多个作业成本库、分别归集分配制造费用的方法，并不复杂。因此对于产品标准成本的制定，仅涉及产品标准制造费用，并不涉及产品直接材料标准成本和直接人工标准成本。后两者可以仍然按照原来的办法处理。

在作业成本法下，制造费用的分配要根据成本对象消耗作业的数量来进行。产品或成本对象对某项作业消耗的数量越多，承担该项作业的成本就越多。反之亦然。

制定单位产品制造费用标准成本，首先就要确定单位产品对作业耗用数量的标准。单位产品对作业耗用数量标准的制定，可以通过采用统计平均或技术测定的方法来进行。其次，还要确定单位产品对作业成本分担的标准。制定单位产品对作业的分担标准，通过计算作业成本分配率来完成。最后，制定出单位产品或成本对象的制造费用标准成本。

利用标准成本系统进行成本核算与管理的企业，如果采用作业成本法对制造费用进行归集和分配，需要对制造费用标准成本制定、费用归集和分配、差异计算与分析、账务处理等环节进行改造，改造后的制造费用标准成本子系统通过与原有的直接材料标准成本子系统、直接人工标准成本子系统对接，就可形成企业作业成本法下的标准成本系统。

经过嵌入作业成本法、改造标准成本系统之后，企业成本管理水平将会有一个大的提升。

——《中国会计报》

项目 8 筹资与投资循环审计

职业能力目标

- 了解筹资与投资循环涉及的主要业务、相关单据和记录；
- 理解筹资与投资循环重大错报风险因素；
- 理解筹资与投资循环的内部控制与控制测试；
- 掌握筹资与投资具体账户的实质性程序。

工作任务与项目导图

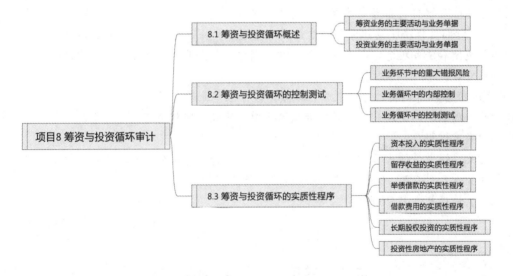

项目导入

120 亿萝卜章罚光广发银行 1 个月的利润

12 月 8 日，银监会官网公告，依法查处广发银行违规担保案件，罚没金额高达 7.22 亿元，基本上是史上最大罚单，震动金融行业。

7.22 亿元是什么概念？仔细翻阅了广发银行近几年的年度报告，发现广发银行 2014 年净利润高达 120.37 亿元，2015 年净利润为 90.64 亿元，2016 年为 95.04 亿元，此次罚款金额大约相当于广发银行一个月的净利润！

事情缘起 2016 年底的 "侨兴债" 事件。当时侨兴集团下属的 2 家公司在 "招财宝" 平台发行 10 亿元私募债到期无法兑付，浙商财险公司提供保证保险，但称广发银行惠州分行为其出具了兜底保函。之后，10 多家金融机构先后向广发银行询问并主张债权。由此暴露出广发银行惠州分行员工与侨兴集团人员内外勾结、私刻公章及违规担保案件，涉案金额约 120 亿元。

银监会表示，这是一起银行内部员工与外部不法分子相互勾结、跨机构跨行业跨市场的重大案件，涉案金额巨大，牵涉机构众多，情节严重，性质恶劣，社会影响极坏，为近几年罕见。

监管指出，案发时该行公司治理薄弱，存在着多方面问题：

(1) 内控制度不健全，对分支机构既存在多头管理，又存在管理真空。特别是印章、合同、授权文件、营业场所、办公场所等方面管理混乱，为不法分子从事违法犯罪活动提供了可乘之机。

(2) 对于监管部门三令五申、设定红线的同业、理财等方面的监管禁令，涉案机构置若罔闻，违规"兜底"，承诺保本保收益，严重违反法律法规，严重扰乱同业市场秩序，严重破坏金融生态。

(3) 涉案机构采取多种方式，违法套取其他金融同业的信用，为已出现严重风险的企业巨额融资，掩盖风险状况，致使风险扩大并在一部分同业机构之间传染，资金面临损失，削弱了这些金融机构服务实体经济的能力。

(4) 内部员工法纪意识、合规意识、风险意识和底线意识薄弱，有的甚至丧失了基本的职业道德和法制观念，形成跨部门作案小团体，与企业人员和不法中介串通作案，收取巨额好处费，中饱私囊。

(5) 经营理念偏差，考核激励不审慎，过分注重业绩和排名，对员工行为疏于管理。在"两个加强、两个遏制"等多次专项治理中，均未发现相关违法违规问题，行为排查和内部检查走过场。

为此，银监会开出了四张罚单，对广发银行总行、惠州分行及其他分支机构的违法违规行为罚没合计 7.22 亿元，其中，没收违法所得 17 553.79 万元，并处以 3 倍罚款 52 661.37 万元，其他违规罚款 2000 万元。

——《中国基金报》

8.1　筹资与投资循环概述

一、筹资业务的主要活动与业务单据

(1) 获得负债交易，主要包括借款的取得、债券的发行与收到现金等，形成的文件与记录包括借款合同、债券发行的相关审批文件(包括内部审批文件和监管部门审批文件、债券承销合同等)、银行进账单、筹资费用(如债券发行手续费等)支付单等；

(2) 偿还负债交易，主要包括偿还借款和证券的本金与利息等，形成的文件与记录包括支付借款本金与利息的审批文件和银行付款单等；

(3) 计提利息费用事项，即按期计提利息费用，并将其记入在建工程成本或财务费用；

(4) 所有者权益交易，主要是投入资本(实收资本或股本、资本公积)的取得等，形成的

文件与记录包括股权筹资的相关文件(如增资扩股协议、相关的内部审批文件与监管部门审批文件);

(5) 利润分配事项,主要是盈利的分配或亏损的弥补等,形成的文件与记录包括利润分配方案及其决议等。

二、投资业务的主要活动与业务单据

投资业务主要是与有价证券投资和其他股权投资的取得与转让,形成的文件与记录有证券登记公司出具的或证券公司开设的有价证券投资记录、授权投资文件、股权投资协议、股权证书、相关货币资金或其他资产转移凭证等。

8.2 筹资与投资循环的控制测试

一、业务环节中的重大错报风险

(1) 在筹资计划环节预算失误,造成资金流量短缺或冗余,不能满足生产需要或者增加了筹资成本;

(2) 在筹资作业环节存在不经授权或批准的非法筹资;

(3) 投资者抽逃已作为实收资本(股本)的投资;

(4) 被审计单位有账外筹资行为;

(5) 借款费用的会计处理不恰当,将应费用化的借款费用资本化,虚减当期费用,虚增资产;

(6) 所筹集的资金未按规定用途使用,借款的抵押与担保情况未充分披露;

(7) 上市公司募集资金未按规定实施三方监管,未按规定用途使用,或者变更用途未经批准和披露,募集资金的管理、使用与结存情况未充分披露;

(8) 利润(股利)的分配不符合国家法律的规定,超额分配利润(股利)。

(9) 投资方案未进行可行性研究或可行性研究不充分,可能造成重大损失浪费;

(10) 重大投资项目未按照规定的权限或程序实行集体决策或联签,可能导致投资决策失误;

(11) 投资项目实施后未进行跟踪管理,可能导致投资合同履行不畅,投资收益受损。

二、业务循环中的内部控制

(一) 筹资业务环节的内部控制

企业应当根据自身发展战略,科学确定融资目标和规划,完善严格的资金授权、批准和审验等相关管理制度,加强资金活动的集中归口管理,明确筹资、投资和营运等环节的职责权限和岗位分离要求,定期或不定期检查和评价资金活动情况,落实责任追究制度,确保资金安全和有效运行。企业财会部门负责资金活动的日常管理,参与投融资方案等可行性研究。总会计师或分管会计工作的负责人应当参与投融资决策过程。企业有子公司的,应当采取合法有效措施，强化对子公司资金业务的统一监控。有条件的企业集团，应当探索财务公司、资金结算中心等资金集中管控模式。

(1) 企业应当根据筹资目标和规划，结合年度全面预算，拟定筹资方案，明确筹资用途、规模、结构和方式等相关内容，对筹资成本和潜在风险作出充分估计。境外筹资还应考虑所在地的政治、经济、法律和市场等因素。

(2) 企业应当对筹资方案进行科学论证，不得依据未经论证的方案开展筹资活动。重大筹资方案应当形成可行性研究报告，全面反映风险评估情况。企业可以根据实际需要，聘请具有相应资质的专业机构进行可行性研究。

(3) 企业应当对筹资方案进行严格审批，重点关注筹资用途的可行性和相应的偿债能力。重大筹资方案，应当按照规定的权限和程序实行集体决策或者联签制度。筹资方案需经有关部门批准的，应当履行相应的报批程序。筹资方案发生重大变更的，应当重新进行可行性研究并履行相应审批程序。

(4) 企业应当根据批准的筹资方案，严格按照固定权限和程序筹集资金。银行借款或发行债券，应当重点关注利率风险、筹资成本、偿还能力以及流动性风险等；发行股票应当重点关注发行风险、市场风险、政策风险以及公司控制权风险等。

企业通过银行借款方式筹资的，应当与有关金融机构进行洽谈，明确借款规模、利率、期限、担保、还款安排、相关的权利义务和违约责任等内容。双方达成一致意见后签署借款合同，据此办理相关借款业务。企业通过发行债券方式筹资的，应当合理选择债券种类，对还本付息方案做出系统安排，确保按期、足额偿还到期本金和利息；企业通过发行股票方式筹资的，应当依照《中华人民共和国证券法》等有关法律法规和证券监管部门的规定，优化企业组织架构，进行业务整合，并选择具备相应资质的中介机构协助企业做好相关工作，确保符合股票发行条件和要求。

(5) 企业应当严格按照筹资方案确定的用途使用资金。由于市场环境变化等原因确需改变资金用途的，应当履行相应的审批程序。严禁擅自改变资金用途。

(6) 企业应当加强债务偿还和股利支付的管理，对偿还本息和支付股利等做出适当安排。企业应当按照筹资方案或合同约定的本金、利率、期限、汇率及币种，准确计算应付利息，与债权人核对无误后按期支付。企业应当选择合理的股利分配政策，兼顾投资者近期和长远利益，避免分配过渡或不足。股利分配方案应当经过股东(大)会批准，并按规定履行披露义务。

(7) 企业应当加强筹资业务的会计系统控制，建立筹资业务的记录、凭证和账簿，按照国家统一会计准则制度，正确核算和监督资金筹集、本息偿还和股利支付等相关业务，妥善保管筹资合同或协议、收款凭证和入库凭证等资料，定期与资金提供方进行账务核对，确保筹资活动符合筹资方案的要求。

(二) 投资业务环节的内部控制

(1) 企业应当根据投资目标和规划，合理安排资金投放结构，科学确定投资项目，拟定投资方案，重点关注投资项目的收益和风险。企业选择投资项目应当突出主业，谨慎从事股票投资或衍生金融产品等高风险投资。境外投资还应考虑政治、经济、法律和市场等因素的影响。企业采用并购方式进行投资的，应当严格控制并购风险，重点关注并购对象的隐形债务、承诺事项、可持续发展能力、员工状况及其与本企业治理层及管理层的关联关系，合理确定支付对价，确保实现并购目标。

(2) 企业应当加强对投资方案的可行性研究，重点对投资目标、规模、方式、资金来源、风险与收益等做出客观评价。企业根据实际需要，可以委托具备相应资质的专业机构进行可行性研究，提供独立的可行性研究报告。

(3) 企业应当按照规定的权限和程序对投资项目进行决策审批，重点审查投资方案是否可行，投资项目是否符合国家产业政策及相关法律法规的规定，是否符合企业投资战略目标和规划，是否具有相应的资金能力，投资资金能否按时收回，其收益是否实现，以及投资和并购风险是否可控等。重大投资项目应当按照规定的权限和程序实行集团决策或者联签制度。投资方案需经有关管理部门批准的，应当履行相应的报批程序。投资方案发生重大变更的，应当重新进行可行性研究并履行相应审批程序。

(4) 企业应当根据批准的投资方案，与被投资方签订投资合同或协议，明确出资时间、金额、方式、双方权利义务和违约责任等内容，按规定的权限和程序审批后履行投资合同或协议。企业应当指定专门机构或人员对投资项目进行跟踪管理，及时收集被投资方经过审计的财务报告等相关资料，定期组织投资效益分析，关注被投资方的财务状况、经营成果、现金流量以及投资合同履行情况，出现风险异常情况，应当及时报告并妥善处理。

(5) 企业应当加强对投资项目的会计系统控制。根据对被投资方的影响程度，合理确定投资会计政策，建立投资管理台账，详细记录投资对象、金额、持股比例、期限、收益等事项，妥善保管投资合同或协议、出资证明等资料。企业财会部门对于被投资方出现财务状况恶化、市价当期大幅下跌等情形的，应当根据国家统一的会计准则规定，合理计提减值准备、确认减值损失。

(6) 企业应当加强投资收回和处置环节的控制，对投资收回、转让、核销等决策和审批程序做出明确规定。企业应当重视投资到期本金的回收。转让投资应当由相关机构或人员合理确定转让价格，报授权批准部门批准，必要时可委托具有相应资质的专门机构进行评估。核销投资应当取得不能收回投资的法律文书和相关证明文件。企业对于到期无法收回的投资，应当建立责任追究制度。

三、业务循环中的控制测试

(一) 股权资本投入的控制测试
(1) 了解与描述资本投入业务的内部控制。

(2) 查阅董事会颁布的有关章程、制度(合规性、不相容职务的划分)。

(3) 查阅股票发行的有关文件(公司章程、股东大会或董事会决议、工商行政管理部门的审批文件、股票发行记录以及政府有关法令)。

(4) 分析并核实股本账户。

(5) 评价资本投入的内部控制。

(二) 举债筹资业务的控制测试
(1) 了解、描述举债业务的内部控制。

(2) 查阅制度，实地观察，抽查有关文件资料。查看举债程序是否符合规定；是否按计划举债并签订举债合同或契约，是否按计划使用资金；审批手续是否齐全；职责分工是否明确。

(3) 抽查并核对负债形成和偿还的有关记录和文件，以验证发生日期与其记录日期是否接近或一致，金额是否正确，确定记录控制的有效性。

(4) 询问财会部门人员，了解债务资金取得以后是否与债权人或受托人定期对账，出现差异是否采取处理措施。

(5) 评价举债业务内部控制。

【项目演练 8-1　单选题】 审计人员审查被审计单位实收资本账户有无虚构资本业务的情况，主要是为了证实(　　)。

A. 投入资本的完整性　　　　　　　B. 投入资本分类的合理性

C. 投入资本的真实性　　　　　　　D. 投入资本总账与明细账的一致性

(三) 投资业务的控制测试

1. 进行抽查

注册会计师应抽查投资业务的会计记录。例如，可从各类投资业务的明细账中抽取部分会计分录，按原始凭证到明细账、总账的顺序核对有关数据和情况，判断其会计处理过程是否合规完整。

2. 审阅内部盘核报告

注册会计师应审阅内部审计人员或其他授权人员对投资者进行定期盘核的报告。应审阅其盘点方法是否恰当，盘点结果与会计记录相核对情况以及出现差异的处理是否合规。如果各期盘核报告的结果未发现账实之间存在差异(或差异不大)，说明投资资产的内部控制得到了有效的执行。

3. 分析企业投资业务管理报告

对于企业的长期投资，注册会计师应对照有关投资方面的文件和凭据，分析被投资方的管理报告。在作出长期投资决策之前，企业最高管理层(如董事会)需要对投资进行可行性研究和论证，并形成纪要，投资业务一经执行，还会形成一系列的投资凭据或文件，如证券投资中的各类证券，联营投资中的投资协议、合同及章程等。负责投资业务的财务经理须定期向企业最高管理层报告有关投资业务的开展情况(包括投资业务内容和投资收益实现情况及未来发展预测)，即提交投资业务管理报告书，供最高管理层投资决策和控制。注册会计师应认真分析这些投资管理报告的具体内容，并对照前述的有关文件和凭据资料来判断企业长期投资业务的管理情况。

8.3　筹资与投资循环的实质性程序

一、资本投入的实质性程序

资本投入的审计内容包括实收资本和资本公积两部分。

(一) 实收资本的实质性程序

1. 编制或取得实收资本明细表

2. 审查实收资本的真实性

将实收资本明细表与财务报表有关项目及记账凭证和原始凭证相互核对，检查其是否一致。以下就投入资本的不同形式说明审计要点：

(1) 投入货币资金时，① 查明投入货币资金的所有权。审查开户银行或货币资金汇出银行的相关凭证，查明投资者有无以接受投资企业的名义或者以接受投资企业为担保人，向银行或其他机构借款，并以该项借款投资。② 以外币出资时，无论是否有合同约定汇率，均不采用合同约定汇率折算，而是采用交易日即期汇率折算。这样，外币投入资本与相应的货币性项目的记账本位币金额相等，不产生外币资本折算差额。

(2) 投入实物资产(审查真实存在性与所有权)时，审查证明文件。必要时，根据实物投资清单的内容深入现场，实地确定房屋及建筑物的存在性。

(3) 投入无形资产(审查真实存在性与所有权)时，应审查是否办理了法律手续，有无合法的证明文件。

3. 审查实收资本记录的完整性

4. 审查是否对实收资本业务作了充分揭示

5. 审查实收资本业务的合法性

(1) 检查账册和凭证等，查明企业的注册资金数额是否符合国家有关规定，借入资金与资本有无混淆，有无以借入资金顶替资本的情况；有无抽取、侵占国家资本的情况。企业注册资金是否与其经营范围与经营规模相符，是否符合《公司法》等法律的要求。

(2) 审查各投资者是否根据规定投足资金，投入资本是否按时全部到位，有无违约情况。

(3) 审查出资形式的合法性，验算资本投入额，查明有形资产与无形资产投入比例是否符合规定。

(4) 审查资产估价的合法性。根据规定，非货币性资产投入时应进行资产评估。

(5) 有外商投资时，应索取国家商检部门出具的商检报告，以确定有关投资业务的合法性。

(6) 审查减少实收资本的合法性。

6. 审查实收资本业务账务处理的正确性

(1) 审查股票发行时账务处理的完整性。审查实收资本账户及其他有关账户及凭证等，查明溢价发行的溢价收入扣除发行费用的余额是否全部记入资本公积账户。

(2) 审查实物资产投资业务处理的正确性。审计人员应注意审查，企业是否按照投资双方确认的价值确认有关资产账户和实收资本的入账价值。

(3) 审查转增资本账务处理的正确性。将资本公积金、盈余公积金转作资本金的账务处理，所有者权益总额不变，但各投资者明细账的资本数额应按其原有投资的比例增加，审计人员应注意其处理的正确性。

(4) 审查实收资本明细账与总账余额及财务报表的一致性。

【项目演练8-2　多选题】对实收资本业务合法性的审查,下列提法中正确的有(　　)。

A. 需要查明企业的注册资本数额是否符合国家有关规定

B. 需要审查投资者的投资是否足额且按时到位

C. 投资者以非货币资产投资时,需要审查资产估价的合法性

D. 外商以固定资产投资时,应当索取国家商检部门出具的商检报告

E. 应审阅实收资本备查簿与实收资本明细账记录是否一致

(二) 资本公积的实质性程序

1. 编制或取得资本公积明细表

2. 资本溢价或股本溢价的审查

(1) 资本溢价审查投资合同、协议、公司章程及账簿记录、凭证,确定资本溢价的真实性、计价和账务处理的正确性等。

(2) 审查溢价发行股票。

3. 拨款转入的审查

检查政府批文、拨款凭证及项目完成记录和项目决算书等,查明其真实性和完整性。

4. 其他资本公积的范围

(1) 长期股权投资采用权益法核算。

(2) 以权益结算的股份支付。

(3) 同一控制下企业合并。

(4) 对于在资产负债表日,满足运用套期会计方法条件的现金流量套期和境外经营净投资套期产生的利得和损失,是否进行了正确的会计处理。

5. 资本公积使用合法性的审查

(1) 资本公积转增资本(决议、批准文件)。

(2) 审查有无挪用资本公积的情况。

6. 非其他资本公积的事项

其他资本公积就是除了资本溢价(或股本溢价)以外的资本公积项目。公司发行的可转换公司债券按此规定转为股本时,审查被审计单位是否按照该项可转换公司债券的权益成分的金额,计入“其他权益工具”科目,并进行了正确的业务处理。

【项目演练8-3　单选题】为了证实被审计单位按照原出资比例将资本公积500万元转增资本的合法性,审计人员应实施的审计程序是(　　)。

A. 审阅批准文件,检查经办手续是否完备

B. 审查资本公积总账与明细账的一致性

C. 观察公司账务处理的流程

D. 询问财务人员是否存在其他转增资本的情况

二、留存收益的实质性程序

留存收益的审计内容包括盈余公积和未分配利润两部分。

(一) 盈余公积的实质性程序

(1) 编制或取得盈余公积有关账户明细表。

(2) 审查法定盈余公积。根据国家有关规定，企业的法定盈余公积必须从税后利润中提取。① 审查法定盈余公积从利润中提取的顺序是否符合国家规定。企业缴纳所得税后的利润分配顺序为：首先，抵补被没收的财物损失，支付各项税收的滞纳金和罚款；其次，用于弥补企业以前年度亏损(超过税前补亏期限的)；最后，提取法定盈余公积。查明法定盈余公积金的提取顺序有无违反规定，有无税前列支和减少应交所得税的情况。② 审查提取比例是否符合规定。③ 审查法定盈余公积使用是否合法。

(3) 审查任意盈余公积。

(4) 审查盈余公积账务处理的正确性。

【项目演练 8-4　多选题】 下列有关法定盈余公积金提取和使用的提法中，审计人员认为正确的有(　　　)。

A. 必须按国家规定的比例及时足额提取

B. 余额累计达到注册资本 50%以上时可以不再提取

C. 以当年利润总额为提取基数

D. 可以按规定条件转增资本

E. 可以用来向投资者分配利润

(二) 未分配利润的实质性程序

1. 上年度和本年度结转未分配利润实有额的审查

2. 未分配利润合规性、合法性和正确性的审查

3. 未分配利润账务处理正确性的审查

4. 未分配利润在财务报表中披露恰当性的审查

三、举债借款的实质性程序

举债借款的审计内容包括对短期借款和长期借款两部分的审查。

(一) 短期借款的实质性程序

1. 确定短期借款期末余额的真实性

(1) 审查有关借款的账簿记录、借款凭证及有关文件，确定借款业务的真实性；将短期借款总账余额与其明细账核对，确定其一致性，如有不符应查明原因。

(2) 利用银行借款对账单与短期借款余额核对，并编制调节表进行核对。

(3) 短期借款期末余额较大或有关业务的内部控制存在薄弱环节时，向有关债权人进行函证。债权单位在外地的可采用函证的方法；债权单位在当地、负债数额较大的可直接向债权单位调查核实。

2. 短期借款偿还的真实性、及时性和合规性的审查

借款转期时，旧借款和新借款是否同时在账上反映，转期手续是否齐备。

3. 审查短期借款入账的完整性

(1) 审查各项借款的日期、利率、还款期限及其他条件，确定有无低计短期借款或将短期借款记入长期负债账户的问题。

(2) 向被审计单位开户银行或其他债权人函证，确定有无未登记的短期借款。

(3) 分析利息费用账户，了解利息支出、利率及利息支付期限等，验证利息支出是否合理。如果利息实际支出大于账面反映的应付利息，应进一步审查利息支出凭证，证实有无隐瞒借款的情况。

4. 验证利息计算及账务处理的正确性

根据短期借款的有关资料，验算应付利息费用，将计算结果与期初应付、预付及期末应付、预付核对，并查明相关的会计记录是否正确。

通过对借款合同进行审查，确定借款合同规定的利率水平与同期金融市场利率水平是否接近。如果发现合同规定利率明显偏离市场利率，则应进一步审核，以便确定借款业务中发生各种舞弊和违法行为的可能性。

(二) 长期借款的实质性程序

1. 函证长期借款

如果长期借款期末金额较大，或有关业务内部控制存在薄弱环节，应向贷款银行或其他有关债权人函证借款额，借款利率、已偿还金额及利息支付情况等。

2. 审查长期借款抵押和担保情况

审查借款合同，调查了解抵押资产是否确实存在，其所有权是否确为企业所有，资产及实际状况是否与借款合同规定一致。

企业以收入作担保借款时，充作担保的收入是否可靠。借款有担保人时，查明担保人是否符合法定要求。审查企业是否披露了作为担保物的金融资产有关的信息。

3. 对未入账负债的审查

(1) 查阅企业管理当局的会议记录。了解企业决定筹集的全部债务资金的来源。

(2) 向被审计单位索取债务说明书。

(3) 向债权人函证负债金额。

(4) 分析利息费用账户，已审查有无付款利息来自于未入账的长期负债。

(5) 询问取得资产的融资方式、复核货币资金的收入来源等。

4. 审查长期借款合同履行情况

借款单位对借款的使用和归还是否符合借款合同的规定，借款的用途和使用是否合理、合法，是否达到预期使用目标，企业有无违约行为。

5. 审查长期借款分类和记账的正确性

(1) 审核账务处理。审核账务处理的有关凭证，入账、归还是否正确；复核年末是否正确计提了利息费用；实际支付利息利率与合同规定的利率是否一致。

(2) 取得外币借款凭证。

(3) 账表核对，查明长期借款在财务报表中的分类和反映是否恰当。审查一年内到期的长期借款是否列为流动负债。如果以前年度已对企业长期借款进行了审查，可以对本年度内发生变动的长期借款进行重点审查。

【项目演练 8-5 单选题】审计人员在对被审计单位长期借款实施函证程序时，其函证对象为( )。

    A. 借款银行的上级单位   B. 当地的银行监管部门

    C. 借款银行和其他债权人   D. 当地的工商行政管理部门

四、借款费用的实质性程序

1. 借款费用资本化的审查

借款费用同时满足下列条件的，才能开始资本化：① 资产支出已经发生；② 借款费用已经发生；③ 为使资产达到预定可使用或者可销售状态所必要的购建或者生产活动已经开始。

在资本化期间内，每一会计期间的利息(包括折价或溢价的摊销)资本化金额，是否按照下列规定处理：

(1) 为购建或者生产符合资本化条件的资产而借入专门借款时，以专门借款当期实际发生的利息费用，减去将尚未动用的借款资金存入银行取得的利息收入或进行暂时性投资取得的投资收益后的金额确定。

(2) 为购建或者生产符合资本化条件的资产而占用了一般借款时，企业应当根据累计资产支出超过专门借款部分的资产支出加权平均数乘以所占用一般借款的资本化率，计算确定一般借款应予以资本化的利息金额。资本化率应当根据一般借款加权平均利率计算确定。

(3) 借款存在折价或者溢价时，按照实际利率法确定每一会计期间应摊销的折价或者溢价金额，调整每期利息金额。

(4) 在资本化期间内，每一会计期间的利息资本化金额，不应当超过当期相关借款实际发生的利息金额。

(5) 在资本化期间内，外币专门借款本金及利息的汇兑差额，应当予以资本化，计入符合资本化条件的资产的价值。

(6) 专门借款发生的辅助费用，在所购建或者生产的符合资本化条件的资产达到预定可使用或者可销售状态之前发生的，应当在发生时根据其发生额予以资本化，计入符合资本化条件的资产的价值；在所购建或者生产的符合资本化条件的资产达到预定可使用或者可销售状态之后发生的，应当在发生时根据其发生额确认为费用，计入当期损益。

(7) 符合资本化条件的资产在购建或者生产过程中发生非正常中断，且中断时间连续超过 3 个月的，应当暂停借款费用的资本化(确认为费用)。如果中断是所购建或者生产的符合资本化条件的资产达到预定可使用或者可销售状态必要的程序，借款费用的资本化应当继续进行。

(8) 购建或者生产的符合资本化条件的资产的各部分分别完工，且每部分在其他部分继续建造过程中可供使用或者可对外销售，并为使该部分资产达到预定可使用或可销售状态所必要的购建或者生产活动实质上已经完成的，应当停止与该部分资产相关的借款费用的资本化。

如果购建或者生产的某项资产各部分将分别完工的，则应当等到整体完工后可使用或者可对外销售时，停止该项借款费用的资本化。

2. 财务费用的审查

(1) 财务费用确认正确性的审查

财务费用的确认首先应符合财务费用性质的规定，还应检查确认的时间是否符合权责发生制原则和划分资本性支出与收益性支出的原则。

(2) 财务费用发生额真实性的审查(计算的正确性)。

(3) 财务费用结转合规性的审查(期末应无余额)。

3. 其他项目的审查

4. 审查企业在附注中披露借款费用的正确性

审查企业是否在附注中披露与借款费用有关的下列信息，包括当期资本化的借款费用金额，当期用于计算确定借款费用资本化金额的资本化率等。

【项目演练8-6　多选题】下列审计程序中，可以用于审查长期借款入账完整性的有（　　　）。

A. 向债权人函证负债金额

B. 查阅被审计单位管理部门的会议记录和文件资料

C. 审阅账簿记录并与原始凭证核对

D. 分析利息费用账户，验证利息支出的合理性

E. 审核银行存款余额调节表的未达账项

五、长期股权投资的实质性程序

1. 编制或取得投资明细表

2. 核查投资计价的正确性

核查投资入账计价是否符合会计准则：

(1) 同一控制下，企业合并形成的长期股权投资是否在合并日按照被合并方所有者权益，在最终控制方合并财务报表中的账面价值的份额作为长期股权投资的初始成本。

(2) 非同一控制下，企业合并形成的长期股权投资是否按照购买日企业合并成本作为初始投资成本。

(3) 非企业合并取得的长期股权投资，是否按照会计准则的规定，区分支付现金、发行权益性证券、非货币性交易和债务重组等不同取得方式，正确确定长期股权投资的初始投资成本。

3. 验证投资收益

4. 投资收回、出售和转让的审查

5. 审查长期股权投资减值准备

6. 确定长期股权投资业务在财务报表中披露的正确性

六、投资性房地产的实质性程序

1. 检查投资性房地产计价的正确性

外购投资性房地产的成本包含购买价款、相关税费和可直接归属于该资产的其他支出；自行建造投资性房地产的成本包含建造该项资产达到预定可使用状态前所发生的必要支出。

2. 审查投资性房地产的账务处理的正确性

(1) 采用成本模式计量的建筑物，是否按照企业会计准则的规定计提折旧；采用成本模式计量的土地使用权，是否按照企业会计准则的规定进行摊销。

(2) 审查投资性房地产采用公允价值模式计量时，不对投资性房地产计提折旧或进行摊销，应当以资产负债表日投资性房地产的公允价值为基础调整其账面价值，公允价值与原账面价值之间的差额计入当期损益，审查企业相关业务处理是否按照以上规定处理。

3. 房地产用途转换的业务处理的审查

企业对投资性房地产的计量模式一经确定，不得随意变更。成本模式转为公允模式的，是否作为会计政策变更，按照企业会计准则的规定处理；已采用公允价值模式计量的投资性房地产，不得从公允价值模式转为成本模式。

4. 投资性房地产信息披露的正确性

审查企业是否在附注中披露：

(1) 投资性房地产的种类、金额和计量模式；

(2) 采用成本模式的，投资性房地产的折旧或摊销，以及减值准备的计提情况；

(3) 采用公允价值模式的，公允价值的确定依据和方法，以及公允价值变动对损益的影响；

(4) 房地产转换情况、理由以及对损益或所有者权益的影响；

(5) 当期处置的投资性房地产及其对损益的影响。

项 目 练 习

一、单项选择题

1. 甲公司与筹资和投资活动有关的内部控制中，存在缺陷的是(   )。

A. 专门设立债务管理部，分析和控制债务风险

B. 由投资管理部业务骨干张某负责保管股票、债券等实物资产，并由其根据授权具体执行对外投资事项

C. 财会部门内部对资金的收付和记录安排不同的人员完成

D. 盈余公积核算、复核由不同人员完成。有关明细账与总账记录分开

2. 下列程序中不属于与借款活动相关的内部控制测试程序的是(   )。

A. 索取借款的授权批准文件，检查批准的权限是否恰当和手续是否齐全

B. 观察借款业务的职责分工，并将职责分工的有关情况记录于审计工作底稿中

C. 抽取借款明细账的部分会计记录，按原始凭证到明细账再到总账的顺序核对有关会计处理过程，以判断其是否合规

D. 计算短期借款、长期借款在各个月份的平均余额，选取适用的利率匡算利息支出总额，并与财务费用等项目的相关记录核对

3. 审计人员为了证实对外投资的真实性与所有权，应实施的审计程序是( )。

A. 查阅长期投资和短期投资明细账

B. 查阅投资收益的入账凭证

C. 查阅对外投资的实物证明，如股权登记证、债券或出资证明

D. 查阅关于对外投资决策的会议记录

4. 审计人员在审查托管证券是否真实存在时，应采取的主要审计程序是( )。

A. 审阅投资明细账　　　　　　　　B. 向代管机构函证

C. 检查被审计单位股票和债券登记簿　D. 询问被审计单位管理部门

5. 下列各项中，债券的发行每次均要由其授权的是( )。

A. 监事会　　　　　　B. 董事会　　　　　　C. 股东大会　　　　　　D. 理事会

6. 对未入账的负债进行审查，无效的审计程序是( )。

A. 向债权人函证负债金额　　　　　B. 询问取得资产的融资方式

C. 分析利息费用账户　　　　　　　D. 编制长期借款明细表并与总账核对

7. 盈余公积金的提取和使用需按国家有关规定，同时做出决定办理的是( )。

A. 股东大会或董事会　　　B. 管理层　　　C. 监管部门　　　D. 财务部门

8. 下列有关本循环内部控制的相关表述中，错误的是( )。

A. 筹资、投资决策和执行相互独立，防止舞弊发生

B. 筹资、投资业务执行和记录相互独立，以相互牵制

C. 筹资、投资业务执行与财会部门监督相互独立，防止资金管理失控

D. 盈余公积金比较特殊，其核算与复核可以由一人完成

9. 下列有关所有者权益审计的相关表述中，错误的是( )。

A. 针对实收资本账户，通常采用抽样方法进行审计

B. 实收资本应在资产负债表和所有者权益变动表中单项列示，应核对被审计单位的资产负债表和所有者权益变动表中实收资本项目数字是否与审定数相符，并检查是否在财务报表附注中披露与实收资本有关的重要事项

C. 资本公积主要包括投资者实际缴付的出资额超过其资本份额的差额(如股本溢价、资本溢价)、拨款转入、接受现金捐赠、外币资本折算差额和其他资本公积等

D. 如果盈余公积明细表由被审计单位自行编制，审计人员应对明细表总额进行验算，将该表与盈余公积总账核对，查明其一致性。如果两者金额不符，应要求编制部门查明原因

二、多项选择题

1. 为审查被审计单位是否存在未入账的长期负债业务，可选用的测试有( )。

A. 函证银行存款余额的同时函证银行借款业务

B. 分析财务费用账户，确定有无付款利息源自未入账的长期负债

C. 向被审计单位索取债务说明书

D. 审查一年内到期的长期负债是否列示在流动负债项目下

E. 由明细账入手追查至相关原始凭证

2. 短期借款入账完整性审查的程序包括(　　)。

A. 还款日期与借款合同内容核对,确定还款的及时性

B. 审查各项借款的日期、利率、还款期限及其他条件,确定有无低记短期借款或将短期借款计入长期负债账户的问题

C. 向开户银行或债权人询证

D. 分析利息费用账户

E. 以明细账为起点检查至相关原始凭证

3. 投资审计目标包括(　　)。

A. 证实投资的完整性

B. 确认投资的合法性

C. 证实投资及投资收益的真实性与所有权

D. 审查结账日前后的现金收支

E. 确认企业投资计价及收益过账和汇总的正确性

4. 下列审计程序中,可以用于审查长期借款入账完整性的有(　　)。

A. 向债权人询证负债金额

B. 查阅被审计单位管理部门的会议记录和文件资料

C. 审阅账簿记录并与原始凭证核对

D. 分析利息费用账户,验证利息支出的合理性

E. 审核银行存款余额调节表的未达账项

5. 吸收直接投资的,由财会部门与投资方协商(　　)。

A. 由企业法人代表签订"联营协议"　　B. 与债权人签订"借款合同"

C. 由股东会制定"公司章程"　　D. 由企业法人代表签订"租赁合同"

E. 以"招股说明书"代替筹资协议

6. 有关投资的文件和记录包括(　　)。

A. 经纪人通知书　　B. 交易性金融资产明细账与总账

C. 投资协议　　D. 长期应付款明细账与总账

E. 债券折价溢价摊销表

拓展阅读

天　使　投　资

天使投资一词起源于纽约百老汇的演出捐助。"天使"这个词是由百老汇的内部人员创造出来的,被用来形容百老汇演出的富有资助者,他们为了创作演出进行了高风险的投资。

天使投资是风险投资的一种,也是一种非组织化的创业投资形式。

天使投资是风险投资的先锋。当创业的设想还停留在创业者的笔记本上或脑海中时,

风险投资很难眷顾他们。此时，一些个体投资人如同双肩插上翅膀的天使，飞来飞去为这些企业"接生"。投资专家有个比喻，就像对一个学生投资，风险投资公司着眼大学生，机构投资商青睐中学生，而天使投资者则培育萌芽阶段的小学生。

天使投资(Angel Investment)最早起源于19世纪的美国，通常指自由投资者或非正式风险投资机构对原创项目或小型初创企业进行的一次性的前期投资，他们和机构风险投资一起构成了美国的风险投资产业。自2000年以来，中国的风险投资快速发展，但绝大多数投资公司喜欢选择短、频、快的项目，因此比较成熟的大型项目(如接近上市的公司)融资相对容易。而风险系数相对高且更需要全方位的扶持的创业型企业，则较难获得支持。

2015年，在国内的创业投资机构新设立的创投基金有721个，新增可投资资本量是2200亿元，增长接近80%。天使投资发生案例数2075起，增长超过了170%。

2015年8月至2016年8月，中国有2293起天使投资案例，投资金额109.22亿元，平均单笔投资规模476万元。投资地区仍然以北京、上海、深圳为主，北京较2015年微降，上海较2015年微升。投资领域仍然集中在软件互联网相关、商业服务、医疗健康领域。

截至2016年8月，国内共成立512个政府引导基金，目标设立规模约14万亿元。根据投中研究院整理的国内天使投资机构倾向的LP(有限合伙人)类型数据表明，市场化母基金将成为天使投资的重要LP。

——中国证券

项目 9　货币资金审计

职业能力目标

- 理解货币资金的内部控制；
- 掌握库存现金的盘点；
- 掌握银行存款余额调节表的检查；
- 理解银行存款函证等实质性程序。

工作任务与项目导图

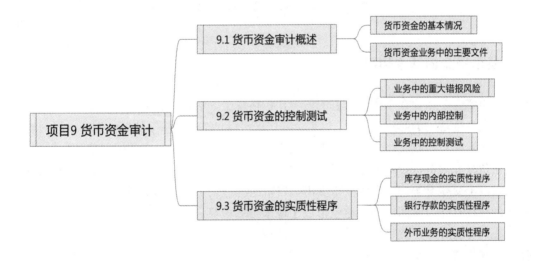

项目导入

出纳挪用公款买彩票

11 月 9 日上午，西安市新城区人民法院公开审理一起挪用公款案。今年 60 岁的闫某曾经是陕西省水利厅核算中心的出纳。从 2005 年至 2016 年间，他借担任水利厅出纳的便利，先后挪用单位公款 2500 多万元，并用这些钱炒期货、投资农家乐。后来他发现款项亏空巨大，还陆续花费巨额资金购买彩票，幻想通过中奖弥补亏空。在此期间，闫某伪造银行对公对账单、公章以及单位领导签字，做假账交给会计对账。

2016 年 5 月 25 日，因挪用公款的行为无法继续隐瞒，闵某向单位主动交代其挪用公款的行为。随后，单位让其到派出所自首，后转交检察机关负责侦办此案。5 月 26 日，闵某被警方刑拘。新城区法院公开审理了此案。

庭审中闵某称，因为他是单位的出纳，有动用现金的机会，就想用这些钱给自己挣钱，用完再给单位还上。挪用这些公款他都是自己在现金支票上盖上单位的财务专用章和财务负责人印章后到银行提款。单位的印章是他和会计轮流管理的，支票归他管。当他管印章的时候，就直接在支票上盖章；会计管理印章的时候他就会提前多盖几张空白支票，每次提取金额不等，有几万元的也有十几万元的。这些钱不会入账，每个月要和会计对账的时候，他都会用假银行对账单，这样就不会被发现。

闵某称，他每次购买彩票的花费都在几千元，最多的时候达 3 万多元，但一直都没有中奖，光买彩票估计就有 300 多万元。另外，他还用公款买了房子、车、高档烟茶、烧香拜佛并在高档场所消费，其中用于洗浴中心和酒店的各种花费，就有 80 多万元。

——《三秦都市报》

9.1　货币资金审计概述

一、货币资金的基本情况

货币资金是指存在于货币形态的资金，包括现金、银行存款和其他货币资金。货币资金是企业资金运动的起点和终点，也是企业生产经营的先决条件。随着再生产过程的进行，会出现频繁的货币收支。企业在取得现金投资、接受现金捐赠、取得银行借款、销售产品后取得货款收入等，会形成货币资金的收入；在购买材料、支付工资支付其他费用、归还借款以及上交税金等，会形成货币支出。日常经济往来中，货币资金的应收应付与实收实付之间往往存在着时间间隔，这就形成了往来结算核算。

在财务会计中的货币资金是指可以立即投入流通，用以购买商品或劳务，或用以偿还债务的交换媒介，是资产负债表的一个流动资产项目，填列报表项目时包括库存现金、银行存款和其他货币资金三个总账账户的期末余额，具有专门用途的货币资金不包括在内。而其他货币资金包括外埠存款、银行汇票存款、银行本票存款、信用证保证金存款、信用卡存款、存出投资款等。

二、货币资金业务中的主要文件

货币资金业务主要凭证和记录包括：现金盘点表、银行对账单、银行存款余额调节表、销售合同、付款结算凭证和票据、现金日记账、银行存款日记账、现金总账和银行存款总账等。

9.2　货币资金的控制测试

一、业务活动中的重大错报风险

(1) 违反现金管理规定，超限额保管现金，坐支现金，扩大现金开支范围；

(2) 现金收入不入账，形成"小金库"；

(3) 贪污、挪用库存现金；

(4) 从银行提取的现金用途不合法、不合理；

(5) 出租、出借银行账户以收取好处费；

(6) 开立"黑户"，截留收入；

(7) 混淆销售费用、管理费用和营业外支出的界限；

(8) 混淆资本性支出与收益性支出的界限。

二、业务活动中的内部控制

货币资金是企业资产的重要组成部分，是企业资产中流动性最强的一种资产。任何企业进行生产经营活动都必须拥有一定数额的货币资金，持有货币资金是企业生产经营活动的基本条件，可能关乎企业的命脉。货币资金主要来源于资本的投入和营业收入，主要用于资产的取得和费用的结付。

尽管由于每个企业的性质、所处行业、规模以及内部控制健全程度等不同，使得其货币资金相关的内部控制内容有所不同，但通常以下要求是应当共同遵循的。

1. 岗位分工及授权批准

(1) 企业应当建立货币资金业务的岗位责任制，明确相关部门和岗位的职责权限，确保办理货币资金业务的不相容岗位相互分离、制约和监督。出纳人员不得兼任稽核、会计档案保管和收入、支出、费用、债权债务账目的登记工作。企业不得由一人办理货币资金业务的全过程。

(2) 企业应当对货币资金业务建立严格的授权批准制度，明确审批人对货币资金业务的授权批准方式、权限、程序、责任和相关控制措施，规定经办人办理货币资金业务的职责范围和工作要求。审批人应当根据货币资金授权批准制度的规定，在授权范围内进行审批，不得超越审批权限。经办人应当在责任范围内，按照审批人的批准意见办理货币资金业务。对于审批人超越授权范围审批的货币资金业务，经办人员有权拒绝办理，并及时向审批人上级授权部门报告。

(3) 企业应当按照规定的程序办理货币资金支付业务。

① 支付申请。企业有关部门或个人用款时，应当提前向审批人提交货币资金支付申请，注明款项的用途、金额、预算和支付方式等内容，并附有效经济合同或相关证明。

② 支付审批。审批人根据其职责、权限和相应程序对支付申请进行审批。对不符合

规定的货币资金支付申请，审批人应当拒绝批准。

③ 支付复核。复核人应当对批准后的货币资金支付申请进行复核，复核货币资金支付申请的批准范围、权限和程序是否正确，手续及相关单证是否齐备，金额计算是否准确，支付方式和支付企业是否妥当等。复核无误后，应由出纳人员办理支付手续。

④ 办理支付。出纳人员应当根据复核无误的支付申请，按规定办理货币资金支付手续，及时登记库存现金和银行存货日记账。

(4) 企业对于重要货币资金支付业务，应当实行集体决策和审批，并建立责任追究制度，防范贪污、侵占和挪用货币资金等行为。

(5) 严禁未经授权的机构或人员办理货币资金业务或直接接触货币资金。

2. 现金和银行存款的管理

(1) 企业应当加强现金库存限额的管理，超过库存限额的现金应及时存入银行。

(2) 企业必须根据《现金管理暂行条例》的规定，结合本企业的实际情况，确定本企业现金的开支范围。不属于现金开支范围的业务应当通过银行办理转账结算。

(3) 企业现金收入应当及时存入银行，不得用于直接支付企业自身的支出。因特殊情况需坐支现金的，应事先报经开户银行审查批准。

企业借出款项必须执行严格的授权批准程序，严禁擅自挪用、借出货币资金。

(4) 企业取得的货币资金收入必须及时入账，不得私设"小金库"，不得账外设账，严禁收款不入账。

(5) 企业应当严格按照《支付结算办法》等国家有关规定，加强银行账户的管理，严格按照规定开立账户，办理存款、取款和结算。

企业应当定期检查、清理银行账户的开立及使用情况，发现问题应及时处理。企业应当加强对银行结算凭证的填制、传递及保管等环节的管理与控制。

(6) 企业应当严格遵守银行结算纪律，不准签发没有资金保证的票据或远期支票，套取银行信用；不准签发、取得和转让没有真实交易和债权债务的票据，套取银行的他人资金；不准无理拒绝付款，任意占用他人资金；不准违反规定开立和使用银行账户。

(7) 企业应当指定专人定期核对银行账户(每月至少核对一次)，编制银行存款余额调节表，使银行存款账面余额与银行对账单调节相符。如调节不符，应查明原因，及时处理。

(8) 企业应当定期和不定期地进行现金盘点，确保现金账面余额与实际库存相符。发现不符，及时查明原因并作出处理。

3. 票据及有关印章的管理

(1) 企业应当加强与货币资金相关的票据的管理，明确各种票据的购买、保管、领用、背书转让、注销等环节的职责权限的程序，并专设登记簿进行记录，防止空白票据的遗失和被盗用。

(2) 企业应当加强银行预留印鉴的管理。财务专用章应由专人保管，个人名章必须由本人或其授权人员保管。严禁一个人保管支付款项所需的全部印章。按规定需要有关负责人签字或盖章的经济业务，必须严格履行签字或盖章手续。

4. 监督检查

(1) 企业应当建立对货币资金业务的监督检查制度，明确监督检查机构或人员的职责权限，定期和不定期地进行检查。

(2) 货币资金监督检查的内容主要包括：

① 货币资金业务相关岗位及人员的设置情况。重点检查是否存在货币资金业务不相容职责混岗的现象。

② 货币资金授权批准制度的执行情况。重点检查货币资金支出的授权批准手续是否健全，是否存在越权审批行为。

③ 支付款项印章的保管情况。重点检查是否存在办理付款业务所需的全部印章交由一人保管的现象。

④ 票据的保管情况。重点检查票据的购买、领用、保管手续是否健全，票据保管是否存在漏洞。

(3) 对监督检查过程中发现的货币资金内部控制中的薄弱环节，应当及时采取措施，加以纠正和完善。

【项目演练9-1　多选题】某注册会计师审计甲公司年度财务报表时，针对以下与货币资金相关的内部控制，应提出改进建议的有(　　)。

A. 现金收入必须及时存入银行，不得直接用于公司的支出

B. 在办理费用报销的付款手续后，出纳人员应及时登记现金、银行存款日记账和相关费用明细账

C. 指定负责成本核算的会计人员每月核对一次银行存款账户

D. 期末应当核对银行存款日记账余额和银行对账单余额，对余额核对相符的银行存款账户，无需编制银行存款余额调节表

三、业务活动中的控制测试

1. 调查了解货币资金内部控制
2. 抽查收款凭证(核对原始凭证与记账凭证是否相符)
3. 抽验付款凭证(审批、授权与审核)
4. 抽查一定期间现金、银行存款日记账并与总账核对
5. 抽查银行存款余额调节表与库存现金盘点表

审计人员应该抽查企业是否定期编制银行存款余额调节表，至少抽查两个月的银行存款收支记录，逐笔核对银行对账单，验证企业银行存款余额调节表编制的正确性。

银行存款余额调节表是否由独立人员及时编制、企业是否及时调节差异。同时注意是否存在出租、出借银行账户的情况，以及存在与本单位无关的收付款业务。

抽查库存现金盘点表，与相应月份的现金日记账核对，验证一致性，并核实溢缺现金的处理是否符合规定。

6. 查阅制度

实地观察、检查账簿凭证，检查不相容职务的划分。查阅的主要方法有：

(1) 抽查银行存款余额调节表，了解编制人签章是否为出纳员以外的人员。

(2) 抽查日记账记录与相应的会计凭证，查看凭证上是否有会计人员的审核签章。

(3) 支票保管、登记与印章的保管是否分别由不同人员负责。

(4) 各项货币资金的收、付程序有无明确的制度规定，如差旅费报销手续、借支现金手续等。

7. 检查货币资金收付凭证的管理情况

8. 评价货币资金业务的内部控制情况

9.3　货币资金的实质性程序

一、库存现金的实质性程序

1. 监盘库存现金

监盘库存现金是证实资产负债表中所列现金是否存在的一项重要程序。

(1) 盘点的范围。企业盘点库存现金，通常包括对已收到但未存入银行的现金、零用金、找换金等的盘点。盘点的范围一般包括企业各部门经管的现金。

(2) 盘点的主体。盘点库存现金的时间和人员应视被审计单位的具体情况而定，但必须有出纳员和被审计单位会计主管人员参加，并由注册会计师进行监盘。

(3) 盘点的方式。对库存现金的监盘实施突击性的检查。

(4) 盘点的时间。对库存现金的监盘时间最好选择在上午上班前或下午下班时进行。

(5) 监盘过程。在进行现金盘点前，应由出纳员将现金集中起来存入保险柜。必要时可加以封存，然后由出纳员把已办妥现金收付手续的收付款凭证登入库存现金日记账。如被审计单位库存现金存放部门有两处或两处以上的，应同时进行盘点。

审阅库存现金日记账并同时与现金收付凭证相核对。一方面检查库存现金日记账的记录与凭证的内容和金额是否相符；另一方面了解凭证日期与库存现金日记账日期是否相符或接近。

由出纳员根据库存现金日记账加计累计数额，结出现金结余额。

(6) 盘点保险柜的现金实存数，同时由注册会计师编制"库存现金监盘表"，分币种、面值列示盘点金额。

将盘点金额与库存现金日记账余额进行核对。如有差异，应要求被审计单位查明原因，必要时应提请被审计单位作出调整；如无法查明原因，应要求被审计单位按管理权限批准后做出调整。

若有冲抵库存现金的借条、未提现支票和未作报销的原始凭证，应在"库存现金监盘表"中注明或作出必要的调整。

(7) 在非资产负债表日(通常在资产负债表日后)进行盘点和监盘时，应调整至资产负债表日的金额。

$$资产负债表的实有数 = 盘点日的实有数 - 资产负债表日至盘点日收入数$$
$$+ 资产负债表日至盘点日支出数$$

2. 抽查大额库存现金收支

注册会计师应抽查大额现金收支的原始凭证内容是否齐全、原始凭证内容是否完整、有无授权批准、记账凭证与原始凭证是否相符、账务处理是否正确、是否记录于恰当的会计期间等项内容。

3. 检查现金收支的正确截止

被审计单位资产负债表的货币资金项目中的库存现金数额，应以结账日实有数额为准。因此，注册会计师必须验证现金收支的截止日期。通常，注册会计师可考虑对结账日前后一段时期内现金收支凭证进行审计，以确定是否存在跨期事项，是否应考虑提出调整建议。

【**项目演练 9-2　单选题**】 2015 年 3 月 5 日对 N 公司全部现金进行监盘后，确认实有现金数额为 1000 元。N 公司 3 月 4 日账面库存现金余额为 2000 元。3 月 5 日发生的现金收支全部未登记入账，其中收入金额为 3000 元，支出金额为 4000 元。2015 年 1 月 1 日至 3 月 4 日现金收入总额为 16.52 万元，现金支出总额为 16.55 万元，则推断 2014 年 12 月 31 日库存现金余额应为(　　　)元。

　　A. 1300　　　　　B. 2300　　　　　C. 700　　　　　D. 2700

二、银行存款的实质性程序

在进行银行存款的实质性程序时，特别需要考虑定期存款占银行存款的比例与存放在非银行金融机构的存款占银行存款的比例，判断有无非法集资问题及存款的安全性。

1. 审核银行存款日记账记录

审计人员必须抽取部分银行存款日记账记录加以审核，审核内容为：

(1) 核对银行存款日记账与总账余额是否相符，如果不符，应查明原因。

(2) 依次验算其加总额的正确性。如果验算结果出现较大差错，就要核对每笔收支记录的凭证，同时要考虑扩大抽查的范围，并对差错做适当调整。

(3) 抽查银行存款重要业务，验证其合法性(是否存在出借银行账户和有无套取现金的情况)。

(4) 抽查与银行存款有关的往来账户。有无利用往来账户搞非法活动和进行贪污的情况。

2. 分析银行存款中定期存款占全部存款的比例

通过分析，判断被审计单位存在拆借、拆出资金的可能性以及拆出资金的安全性。审查长期定期存款或限定用途的存款，查明其所有权。

3. 检查银行存款的账面余额及银行存款余额调节表

检查银行存款余额调节表是证实银行存款账面余额是否存在的重要程序。

审计人员一般应重点抽查收支业务较为频繁的银行账户，选择其 12 月和 1～11 月中的任何一至两个月的银行存款余额调节表进行检查。审查中可采取编制银行存款余额调节表或复核被审计单位自行编制的余额调节表的方法。如果企业的货币资金内部控制可以信赖，审计人员可采取复核企业自编的银行存款调节表的方法。

(1) 复核企业自编的银行存款余额调节表的步骤与要点：

① 取得被审计单位保存的银行对账单的副本，确定其数字的正确性；

② 将调节表上账面余额与银行存款日记账余额加以核对，确定是否一致。

(2) 自行独立编制银行存款调节表的步骤与要点：

① 要求会计人员将银行存款收付凭证全部登记入账，并结出余额；

② 向所有在审计年度内存过款的银行或非银行金融机构函证期末银行存款余额，索取银行对账单；

③ 将银行对账单与银行存款日记账和总分类账上的余额加以核对。

调节未达账项并检查企业编制的银行存款余额调节表。不仅要调节未达账项，而且要注意，有无账务处理上的差错。出纳员可能将这样的一收一付业务不登记入银行存款日记账，而贪污公款或出借账户。

审计人员在上述审查基础上，自编银行存款余额调节表，证实银行存款日记账与对账单是否一致，同时对有关收付业务合法性作进一步审查。

4. 检查、函证银行存款余额

在审计过程中向有关开户银行函证，以验证被审计单位的银行存款余额是否真实、合法和完整。

(1) 验证函证目的：验证函证银行存款的真实存在和欠银行的债务，以及未入账的银行借款。

(2) 函证范围：被审计单位在本年存过款(含外埠存款、银行汇票存款、银行本票存款、信用卡存款和信用保证金存款)的所有银行。其中包括存款账户已注销的银行，因为有可能存款账户已注销，但仍有银行借款或其他负债存在。同时，对于审计人员已直接从某一银行获得了银行对账单和所有已付支票的，仍应向这一银行进行函证。

(3) 询证函包括两个部分：第一部分搜集银行账户信息；第二部分搜集贷款信息，如到期日、利率、开始支付利息的日期和贷款担保等。

(4) 检查一年以上的定期存款或限定用途存款。一年以上的定期或限定用途的银行存款，不属于流动资产，应列入其他资产项下。

【项目演练9-3　多选题】注册会计师拟对货币资金实施的以下审计程序中，不属于实质性程序的有(　　)。

A. 检查银行预留印鉴的保管情况

B. 检查银行存款余额调节表中未达账项在资产负债表日后的进账情况

C. 检查现金交易中是否存在应通过银行办理转账支付的项目

D. 检查外币银行存款年末余额是否按年末汇率折合为记账本位币金额，有无错报

【项目演练9-4　单选题】被审计单位银行账户的银行对账单余额与银行存款日记账余额不符，A注册会计师应当执行的最有效的审计程序是(　　)。

A. 重新测试相关的内部控制

B. 审查银行对账单中记录的该账户资产负债表日前后的收付情况

C. 审查银行存款日记账中记录的该账户资产负债表日前后的收付情况

D. 审查该账户的银行存款余额调节表

三、外币业务的实质性程序

(一) 核实记账本位币

根据有关规定，企业以人民币为记账本位币。业务收支以外币为主的企业，也可以外

币为记账本位币,但企业选定的记账本位币不是人民币的,应当按照企业会计准则的规定将其财务报表折算为人民币报表。

(二) 抽查验证外币金额折合为记账本位币金额的正确性

按规定,企业发生外币业务时,应当将有关外币金额折合为记账本位币金额。折合汇率采用外币业务发生时的市场汇价或业务发生当期期初的市场汇价。

月末,企业应当将外币现金、外币银行存款、债权和债务等各种外币账户的余额,按照月末的市场外汇汇率折合为记账本位币金额。

(三) 汇兑损益账务处理正确性的审查

审计人员应首先审查汇兑损益的计算是否正确,其次要审查其账务处理是否正确。审查企业发生的以下汇兑损益是否处理正确:

(1) 筹建期间发生的,直接计入长期待摊费用,并在开始生产经营的当月起,一次计入开始经营当月的损益。

(2) 生产经营期间发生的,应计入财务费用。

(3) 清算期间发生的,计入清算收益。其中与购进固定资产直接有关的汇兑损益,在资产尚未达到预定可使用状态之前,计入资产的价值。

项 目 练 习

一、单项选择题

1. 注册会计师实施的下列程序中,属于控制测试程序的是( )。

A. 取得银行存款余额调节表并检查未达账项的真实性

B. 检查银行存款收支的正确截止

C. 核对银行存款付款凭证与银行对账单是否相符

D. 函证银行存款余额

2. 如果被审计单位某银行账户的银行对账单余额与银行存款日记账余额不符,最有效的审计程序是( )。

A. 重新测试相关的内部控制

B. 检查银行对账单中记录的资产负债表日前后的收付情况

C. 检查银行存款日记账中记录的资产负债表日前后的收付情况

D. 检查该银行账户的银行存款余额调节表

3. X 公司某银行账户的银行对账单余额为 57.5 万元。X 公司已收而银行尚未入账的某公司销货款 9 万元;X 公司已付而银行尚未入账的预付某公司材料款 4 万元;银行已收而 X 公司尚未入账的某公司退回的押金 3.5 万元;银行代扣而 X 公司尚未入账的水电费 2.5 万元。注册会计师审计后确认该账户的银行存款日记账余额应是( )。

A. 56.5 万元　　　　　　　　　B. 62.5 万元

C. 57.5 万元　　　　　　　　　D. 58.5 万元

二、多项选择题

1. 下列与货币资金相关的内部控制中，不存在缺陷的有(　　)。

A. 现金收入当日存入银行，未经开户银行批准不得坐支

B. 出纳员每月编制银行存款余额调节表

C. 现金保管与现金日记账的记录未分离

D. 由独立人员于每季度末核对一次银行账户

2. 针对库存现金监盘的做法中，以下不正确的有(　　)。

A. 监盘时间最好是上班后或下班前

B. 提前将监盘时间告知被审计单位，以便得到对方充分配合

C. 盘点范围为财务部门保管的各种用途的现金

D. 被审计单位的会计主管、出纳员以及监盘的注册会计师均应在监盘表上签字

3. 在货币资金的审计过程中，注册会计师以下做法中不正确的有(　　)。

A. 当被审计的现金交易比例较高，并与所在行业常用的结算模式不同时，注册会计师需要根据财务经理的答复作出结论

B. 对于长期或大量银行未达账项，检查坏账准备的计提是否充分

C. 当货币资金收支金额与现金流量表不匹配时，要求管理层按照现金流量表调整差异

D. 当企业资金存放于管理层或员工个人账户时，检查相关账户的期末余额是否准确

4. 为应对管理层或员工非法侵占货币资金等舞弊风险,注册会计师可以针对银行存款账户发生额实施的程序有(　　)。

A. 获取相关账户全部银行对账单

B. 全程关注银行对账单的打印过程

C. 选取银行对账单中大额异常交易，检查银行存款日记账上有无记录

D. 从银行存款日记账中选取样本，核对至银行对账单

5. 为获取银行定期存款真实存在的审计证据,注册会计师可以考虑实施的审计程序有(　　)。

A. 监盘定期存款凭据

B. 对未质押的定期存款，检查开户证实书复印件

C. 对已质押的定期存款，检查定期存单复印件

D. 向银行发函询证

三、案例分析题

A 注册会计师负责对甲公司 2017 年度财务报表进行审计，确定的财务报表整体的重要性水平为 50 万元。项目组成员在实施银行函证程序时，遇到下列事项：

银行名称	银行账户	银行对账单余额	账户性质	说明
银行 1	账户 a	15 万元	基本户	(1)
银行 2	账户 b	1500 万元	结算户	(2)
银行 3	账户 c	0 万元	结算户	(3)
银行 4	账户 d	280 万元	结算户	(4)
银行 5	账户 e	100 万元	纳税户	(5)

说明:

(1) 由于银行对账单余额很小,为提高审计效率,A 注册会计师决定采用消极的方式向该银行函证。

(2) 银行存款日记账表明,甲公司 2014 年 12 月 30 日存入的一笔 500 万元存款于 2015 年 1 月 3 日取出。A 注册会计师将该笔银行存款的账簿记录与银行对账单核对,核对结果一致,认为没有必要实施其他审计程序。

(3) 由于该结算户年末银行存款余额为零,A 注册会计师未将该银行纳入函证范围。

(4) A 注册会计师不仅要求该银行回函证实甲公司银行存款余额,而且要求证实银行借款等其他事项。

(5) A 注册会计师认为,纳税账户的重大错报风险较低,未对该账户实施函证程序。

针对说明第(1)～(5)项,逐项指出 A 注册会计师的做法是否恰当。如不恰当,简要说明理由。

拓展阅读

个人人民币银行结算账户发生变革

自 2016 年 12 月 1 日起,同一个人在同一家银行只能开立一个 I 类银行结算账户,同一家银行已经开立 I 类账户的,只能开立 II、III 类账户。2016 年 12 月 1 日前已经开立的 I 类账户不受此次影响,仍然保持正常使用。

I 类账户是全功能账户,可以办理存款、转账、消费缴费和购买投资理财产品等,使用范围和金额不受限制。个人的工资收入、大额转账、银证转账以及缴纳和支付医疗保险、社会保险、养老金、公积金等业务应当通过 I 类户办理。I 类账户网银转账等非柜面转账单日累计金额超过 5 万元的,应当采用数字证书或者电子签名等安全可靠的支付指令验证方式,以保障账户资金安全。

II 类账户需与 I 类账户绑定使用,资金来源于 I 类账户,可以办理存款、购买银行投资理财产品和消费缴费等。

III 类账户主要用于网络支付、线下手机支付等小额支付。

I 类银行账户与 II、III 类银行账户的关系就像是"钱箱"与"钱包"的关系。个人大额资金可以存储在 I 类账户中并通过 I 类账户办理业务,而个人日常网上支付、移动支付以及其他小额、高频支付,则尽量通过 II、III 类账户办理。

总体来说,I 类账户的特点是安全性要求高,资金量大,适用于大额支付;II、III 类账户的特点是便捷性突出,资金量相对小,适用于小额支付;III 类账户尤其适用于移动支付等新兴的支付方式。公众可以根据需要,主动管理自己的账户,把资金量较大的账户设定为 I 类账户,把经常用于网络支付、移动支付的账户降级,或者新增开设 II、III 类账户用于这些支付。这样既能有效保障账户资金安全,又能体验各种便捷、创新的支付方式,达到支付安全性和便捷性的统一。

为什么要全面推进个人账户分类管理制度?

一是有效遏制买卖账户和假冒开户的行为。根据公安机关反映,在当前电信网络新型违法犯罪活动中,犯罪分子用于转移诈骗资金的银行账户和支付账户主要来源于两个途径：① 不法分子直接购买个人开立的银行账户和支付账户。不法分子诱骗一些群众出售本人的银行账户和支付账户，有的甚至直接组织个人到银行批量开户后出售。② 不法分子收购居民身份证后冒名或者虚构代理关系开户。不法分子利用买到的居民身份证，伪装成开户者本人或者以亲戚朋友的名义虚构代理关系，到银行开户或者在网上开立支付账户。

二是强化个人对本人账户的管理。由于我国一人数折、一折一卡现象普遍，有些银行也以发卡数量作为经营业绩的考核指标。同时，个人缴纳和支付医疗保险、社会保险、养老金、公积金等公用事业费用，往往开立多个银行账户，导致个人有大量闲置不用的账户。截至 2016 年 6 月末，我国个人银行结算账户 77.86 亿户，人均 5.69 户。个人开户数量过多既造成个人对账户及其资产的管理不善和对账户重视不够，为买卖账户、冒名开户和虚构代理关系开户埋下了隐患，也造成银行管理资源浪费，长期不动的账户还成为了银行内部风险点。

三是建立个人账户保护机制。在金融领域中广泛运用互联网和现代通信技术的背景下，银行和支付机构依托互联网等电子渠道，可以为个人远程开立账户，使账户的开立越来越方便。但另一方面，当前我国个人信息包括银行卡信息泄露问题突出，因银行卡信息泄露导致的账户资金被窃事件频发。在这种情况下，亟需建立个人账户的保护机制，保护个人账户信息和资金安全。

——云南网

项目 10 完成审计工作、出具审计报告

职业能力目标

- 掌握评价审计过程中发现的错报;
- 理解期后事项的含义和种类;
- 理解获取书面声明;
- 掌握审计报告的基本内容;
- 掌握注册会计师财务报表审计报告的四种意见类型、出具条件和相应的结构和措辞;
- 掌握注册会计师财务报表审计报告的强调事项段和其他事项段的出具条件及其表述方法。

工作任务与项目导图

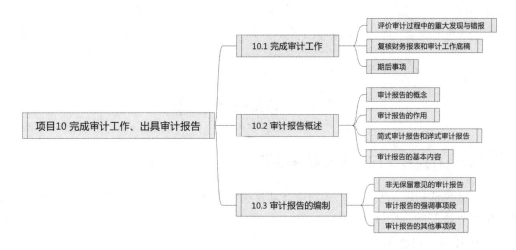

项目导入

山东注协曝审计人员出具虚假报告被判刑

山东省注册会计师协会网站发布《关于一起出具虚假报告被追究刑事责任案件的警示》,曝光某会计所的两位审计工作人员因出具虚假审计报告被追究刑事责任,其中一位是注册会计师。该公告中未透露事务所名称。

公告称,2010 年至 2014 年,山东省 XX 事务所承接 R 公司年度审计业务,每年收费 2 万元。由 R 公司的梁某与 XX 所的樊某、刘某进行业务联系。XX 所每年向 R 公司出具

年度审计报告后,因年度审计报告均为亏损,樊某(负责 2010~2012 年度)、刘某(负责 2013 年度)按照梁某要求,将 R 公司编造出的虚假财务报表(资产负债表、损益表和现金流量表等)盖上"已审会计报表 XX 事务所"印章后附在真实审计报告正文的后面,形成另外一份虚假盈利的审计报告,R 公司利用虚假的审计报告向多家银行申请了贷款。

樊某、刘某作为会计事务所的审计工作人员,明知 R 公司实际为亏损状态,却利用虚假的财务报表出具了虚假的盈利审计报告,且盈利数额与实际差别巨大,扰乱了国家对中介组织的管理秩序,损害了中介组织的公信力,对注册会计师行业形象产生极坏影响。其行为触犯刑法,被公诉机关以提供虚假证明文件罪追究刑事责任。XX 人民法院经审理查明的事实与公诉机关指控的事实一致,2015 年 10 月 15 日依据《中华人民共和国刑法》第二百二十九条第一款、第七十二条、第七十三条、第五十二条、第五十三条的规定,作出如下判决:(一) 被告人樊某犯提供虚假证明文件罪,判处有期徒刑二年,缓刑三年,并处罚金人民币二万元(罚金已缴纳)。(二) 被告人刘某犯提供虚假证明文件罪,判处有期徒刑一年,缓刑二年,并处罚金人民币一万元(罚金已缴纳)。(缓刑考验期限,从判决确定之日起计算。)

对此,山东注协高度重视,派专人赴当地了解情况。鉴于该会计师事务所出具了真实的审计报告,其工作人员伙同被审计单位作假,偷换了审计报告所附会计报表,协会不再追究事务所责任,责令事务所进行整改;樊某系注册会计师,已于 2015 年 10 月撤销注册,并不准转非执业和新注册,刘某不是注册会计师,该所对其进行了内部处理。各事务所要提高警惕,进一步规范内部管理制度,在执业过程中严格遵守注册会计师执业准则,控制风险,提高执业质量,避免出现此类事项,共同维护行业的社会形象,推动行业健康发展。

——中国会计视野

10.1　完成审计工作

一、评价审计过程中的重大发现与错报

在审计完成阶段,项目合伙人和审计项目组应当考虑在审计中的重大发现和事项并对实施的审计程序的结果进行评价。

(一) 错报的沟通和更正

除非法律法规禁止,注册会计师应当及时将审计过程中累积的所有错报与适当层级的管理层进行沟通。注册会计师还应当要求管理层更正这些错报。

如果管理层拒绝更正沟通的部分或全部错报,注册会计师应当了解管理层不更正错报的理由,并在评价财务报表整体是否不存在重大错报时考虑该理由。

(二) 评价未更正错报的影响

1. 重评重要性

在评价未更正错报的影响之前,注册会计师可能有必要依据实际的财务结果对重要性做出修改。

如果注册会计师对重要性或重要性水平(如适用)进行的重新评价导致需要确定较低的金额，则应重新考虑实际执行的重要性和进一步审计程序的性质、时间安排和范围的适当性，以获取充分、适当的审计证据，作为发表审计意见的基础。

2. 评价未更正错报

(1) 累积错报：

$$错报的汇总数 = 已识别的具体错报 + 推断错报$$
$$= 事实错报 + 判断错报 + 抽样推断错报$$

(2) 单项错报。如果注册会计师认为某一单项错报是重大的，则该项错报不太可能被其他错报抵销。

对于同一账户余额或同一类别的交易内部的错报，这种抵销可能是适当的。

(3) 分类错报。确定一项分类错报是否重大，需要进行定性评估：

① 即使分类错报超过了在评价其他错报时运用的重要性水平，注册会计师可能仍然认为该分类错报对财务报表整体不产生重大影响。

② 即使某些错报低于财务报表整体的重要性，但因与这些错报相关的某些情况，在将其单独或连同在审计过程中累积的其他错报一并考虑时，注册会计师也可能将这些错报评价为重大错报。

(三) 书面声明

未更正错报，是指注册会计师在审计过程中累积的且被审计单位未予更正的错报。注册会计师应当要求管理层和治理层(如适用)提供书面声明，说明其是否认为未更正错报单独或汇总起来对财务报表整体的影响不重大。但即使获取了这一声明，注册会计师仍需要对未更正错报的影响形成结论。

【项目演练 10-1　单选题】 下列有关注册会计师对错报进行沟通的表述中，错误的是(　　)。

A. 除非法律法规禁止，注册会计师应当及时将审计过程中发现的所有错报与适当层级的管理层进行沟通

B. 注册会计师应当要求管理层更正审计过程中发现的超过明显微小错报临界值的错报

C. 注册会计师应当与治理层沟通与以前期间相关的未更正错报对相关类别的交易、账户余额或披露以及财务报表整体的影响

D. 除非法律法规禁止，注册会计师应当与治理层沟通未更正错报

【项目演练 10-2　单选题】对于审计过程中累积的错报，下列做法中正确的是(　　)。

A. 如果错报单独或汇总起来未超过财务报表整体的重要性，注册会计师可以不要求管理层更正

B. 如果错报单独或汇总起来未超过实际执行的重要性，注册会计师可以不要求管理层更正

C. 如果错报不影响确定财务报表整体的重要性时选定的基准，注册会计师可以不要求管理层更正

D. 注册会计师应当要求管理层更正审计过程中累积的所有错报

二、复核财务报表和审计工作底稿

(一) 对财务报表总体合理性实施分析程序

在审计结束或临近结束时，注册会计师运用分析程序的目的是确定经审计调整后的财务报表整体是否与对被审计单位的了解一致，是否具有合理性。

在运用分析程序进行总体复核时，如果识别出以前未识别的重大错报风险，注册会计师应当重新考虑对全部或部分各类交易、账户余额和披露评估的风险是否恰当，并在此基础上重新评价之前计划的审计程序是否充分，是否有必要追加审计程序。

(二) 复核审计工作底稿

审计工作底稿复核的两个层次：项目组内部复核和独立的项目质量控制复核。

1. 项目组内部复核

(1) 复核人员：应由项目组内部经验较丰富的人员复核经验较少人员的工作。

(2) 复核范围：所有的审计工作底稿至少要经过一级复核。

(3) 复核时间：审计项目复核贯穿审计全过程。它包括：① 在审计计划阶段，复核记录审计策略和审计计划的工作底稿；② 在审计执行阶段，复核记录控制测试和实质性程序的工作底稿；③ 在审计完成阶段，复核记录重大事项、审计调整及未更正错报的工作底稿等。

(4) 项目合伙人的复核。项目合伙人应当对会计师事务所分派的每项审计业务的总体质量负责。项目合伙人复核的内容包括：① 对关键领域所作的判断，尤其是执行业务过程中识别出的疑难问题或争议事项；② 特别风险；③ 项目合伙人认为重要的其他领域。

2. 独立的项目质量控制复核(项目组外部复核)

(1) 质量控制复核人员。会计师事务所应当制定政策和程序，解决项目质量控制复核人员的委派问题，明确项目质量控制复核人员的资格要求：① 履行职责需要的技术资格，包括必要的经验和权限；② 在不损害其客观性的前提下，能够提供业务咨询的程度，例如有一定执业经验的合伙人或专门负责质量控制复核的注册会计师等。

(2) 质量控制复核范围。项目质量控制复核人员应当客观地评价项目组作出的重大判断以及在编制审计报告时得出的结论，包括：① 与项目合伙人讨论重大事项；② 复核财务报表和拟出具的审计报告；③ 复核选取的与项目组作出的重大判断和得出的结论相关的审计工作底稿；④ 评价在编制审计报告时得出的结论，并考虑拟出具审计报告的恰当性。

(3) 质量控制复核的时间。复核人员只有完成了项目质量控制复核，才能签署审计报告。项目质量控制复核人员应在业务过程中的适当阶段及时实施项目质量控制复核，而非在出具审计报告前才实施复核。

独立的项目质量控制复核不能减轻项目组内部复核的责任。

三、期后事项

期后事项是指财务报表日至审计报告日之间发生的事项，以及注册会计师在审计报告日后知悉的事实。在这里需要注意的是：

第一，出具审计报告的日期不应早于注册会计师获取充分、适当的审计证据(包括管理层认可对财务报表的责任且已批准财务报表的证据)，并在此基础上对财务报表形成审计意见的日期。

注册会计师在确定审计报告日期时，应当确信已获取下列审计证据：① 构成整套财务报表的所有报表已编制完成；② 被审计单位的董事会、管理层或类似机构已经认可其对财务报表负责。

第二，财务报告批准报出以后、实际报出之前又发生与财务报表日后事项有关的事项，并由此影响财务报告对外公布日期的，应以董事会或类似机构再次批准财务报告对外公布的日期为截止日期。

为了确定期后事项对被审计单位财务报表的影响，有两类期后事项需要被审计单位管理层考虑，并需要注册会计师审计：

(1) 财务报表日后调整事项，即对财务报表日已经存在的情况提供了新的或进一步证据的事项。如果这类事项的金额重大，应提请被审计单位对本期财务报表及相关的账户金额进行调整。诸如：

① 财务报表日后诉讼案件结案，法院判决证实了企业在财务报表日已经存在现时义务，需要调整原先确认的与该诉讼案件相关的预计负债，或确认一项新负债。

② 财务报表日后取得确凿证据，表明某项资产在财务报表日发生了减值或者需要调整该项资产原先确认的减值金额。

③ 财务报表日后进一步确定了财务报表日前购入资产的成本或售出资产的收入。

④ 财务报表日后发现了财务报表舞弊或差错。

(2) 财务报表日后非调整事项，即表明财务报表日后发生的情况的事项。这类事项因不影响财务报表日财务状况，而不需要调整被审计单位的本期财务报表。但如果被审计单位的财务报表因此可能受到误解，就应在财务报表中以附注的形式予以适当的披露。

按注册会计师对不同时段发生的期后事项的责任不同，期后事项可以按时段划分为三个时段： 第一个时段是财务报表日至审计报告日，我们可以把在这一期间发生的事实称为"第一时段期后事项"； 第二个时段是审计报告日后至财务报表报出日，我们可以把这一期间发现的事实称为"第二时段期后事项"； 第三个时段是财务报表报出日后，我们可以把这一期间发现的事实称为"第三时段期后事项"。

通常情况下，针对期后事项的专门审计程序，其实施时间越接近审计报告日越好。在确定审计程序的性质和范围时，注册会计师应考虑风险评估的结果。期后事项的审计程序通常包括：

(1) 了解管理层为确保识别期后事项而建立的程序；

(2) 询问管理层和治理层(如适用)，确定是否已发生可能影响财务报表的期后事项；

(3) 查阅被审计单位的所有者、管理层和治理层在财务报表日后举行会议的纪要，在不能获取会议纪要的情况下，询问此类会议讨论的事项；

(4) 查阅被审计单位最近的中期财务报表(如有)。

除这些审计程序外，注册会计师可能认为实施下列一项或多项审计程序是必要和适当的：

(1) 查阅被审计单位在财务报表日后最近期间内的预算、现金流量预测和其他相关的

管理报告;

(2) 就诉讼和索赔事项询问被审计单位的法律顾问,或扩大之前口头或书面查询的范围;

(3) 考虑是否有必要获取涵盖特定期后事项的书面声明书以支持其他审计证据,从而获取充分、适当的审计证据。

【项目演练10-3　单选题】 下列有关期后事项审计的说法中,错误的是(　　)。

A. 在财务报表报出后,如果被审计单位管理层修改了财务报表,且注册会计师提供了新的审计报告或修改了原审计报告,注册会计师应当在新的或经修改的审计报告中增加强调事项段或其他事项段予以说明

B. 如果组成部分注册会计师对某组成部分实施审阅,集团项目组可以不要求该组成部分注册会计师实施审计程序以识别可能需要在集团财务报表中调整或披露的期后事项

C. 在设计用以识别期后事项的审计程序时,注册会计师应当考虑风险评估的结果,但无需考虑对之前已实施审计程序并已得出满意结论的事项执行追加的审计程序

D. 注册会计师应当设计和实施审计程序,以确定所有在财务报表日至审计报告日之间发生的事项均已得到识别

10.2　审计报告概述

一、审计报告的概念

审计报告是指具体承办审计事项的审计人员或审计组织在实施审计后,就审计工作的结果向其委托人、授权人或其他法定报告对象提交的书面文件。它是体现审计成果的主要形式。

二、审计报告的作用

审计报告的作用如下:

(1) 审计报告是审计人员评价被审计人承担和履行经济责任情况,发表审计意见和提出审计建议的载体。

(2) 国家审计的审计报告是国家审计机关向被审计单位做出审计决定的依据。

(3) 审计报告是审计机关编制审计信息,为国家宏观经济决策服务的重要信息来源。

(4) 注册会计师签发的审计报告是具有法律效力的证明文件,可以起到经济鉴证作用。

(5) 审计报告是总结审计过程和结果,也是评价审计人员工作和控制审计质量的重要依据。

三、简式审计报告和详式审计报告

根据详略程度,审计报告可以分为简式审计报告和详式审计报告。

1. 简式审计报告

简式审计报告又称短式审计报告。它是指审计人员用简练的语言扼要地说明审计过程和审计结果，并简略地表达审计意见的审计报告。例如：注册会计师对财务报表出具的审计报告(本项目介绍的为此类报告)。

2. 详式审计报告

详式审计报告又称长式审计报告。它是指审计人员详细地叙述审计项目基本情况、审计评价意见、审计发现的主要问题及处理处罚意见、审计建议等的审计报告。在我国，国家审计机关和内部审计机构在实施审计后，通常都要撰写详式审计报告。

【项目演练 10-4 多选题】 下列有关审计报告的表述中，正确的有( )。

A. 内部审计机构在实施审计后通常撰写简式审计报告

B. 我国国家审计机关在实施审计后撰写的是简式审计报告

C. 审计报告复核是审计质量控制措施之一

D. 国家审计报告是国家审计机关向被审计单位做出审计决定的依据

E. 注册会计师签发的审计报告是具有法律效力的证明文件

【项目演练 10-5 多选题】 下列有关审计报告的表述中，正确的有( )。

A. 审计报告是对审计过程和结果的总结，是体现审计成果的主要形式

B. 国家审计报告是审计机关对被审计单位的财政收支、财务收支的真实、合法、效益发表审计意见的书面文件

C. 国家审计机关和内部审计机构在实施审计后，通常要撰写简式审计报告

D. 社会审计报告可分为标准审计报告和非标准审计报告

E. 国家审计报告具有法律效力，社会审计报告和内部审计报告不具有法律效力

四、审计报告的基本内容

审计报告应当包括下列要素：① 标题；② 收件人；③ 引言段；④ 管理层对财务报表的责任段；⑤ 注册会计师的责任段；⑥ 审计意见段；⑦ 注册会计师的签名和盖章；⑧ 会计师事务所的名称、地址及盖章；⑨ 报告日期。下面分别介绍。

(一) 标题

审计报告的标题应当统一规范为"审计报告"。

(二) 收件人

审计报告的收件人是指注册会计师按照业务约定书的要求致送审计报告的对象，一般是指审计业务的委托人。审计报告应当载明收件人的全称。审计报告的收件人如果是股份有限公司就应是"⋯⋯全体股东"，如果是有限责任公司就应是"⋯⋯董事会"。

(三) 引言段

审计报告的引言段应当包括下列内容：

(1) 指出被审计单位的名称。

(2) 说明财务报表已经审计。

(3) 指出构成整套财务报表的每一财务报表的名称。

(4) 提及财务报表附注(包括重要会计政策概要和其他解释性信息)。

(5) 指明构成整套财务报表的每一财务报表的日期或涵盖的期间。

(四) 管理层对财务报表的责任段

审计报告应当包含标题为"管理层对财务报表的责任"的段落，用以描述被审计单位中负责编制财务报表的人员的责任。管理层对财务报表的责任段应当说明编制财务报表是管理层的责任，这种责任包括：

(1) 按照适用的财务报告编制基础编制财务报表，并使其实现公允反映。

(2) 设计、执行和维护必要的内部控制，以使财务报表不存在由于舞弊或错误导致的重大错报。

(五) 注册会计师的责任段

审计报告应当包含标题为"注册会计师的责任"的段落。注册会计师的责任段应当说明下列内容：

(1) 注册会计师的责任是在执行审计工作的基础上对财务报表发表审计意见。

(2) 注册会计师按照中国注册会计师审计准则的规定执行了审计工作。

(3) 审计工作涉及实施审计程序，以获取有关财务报表金额和披露的审计证据。选择的审计程序取决于注册会计师的判断，包括对由于舞弊或错误导致的财务报表重大错报风险的评估。在进行风险评估时，注册会计师考虑与财务报表编制和公允列报相关的内部控制，以设计恰当的审计程序，但目的并非对内部控制的有效性发表意见。审计工作还包括评价管理层选用会计政策的恰当性和作出会计估计的合理性，以及评价财务报表的总体列报。

(4) 注册会计师相信获取的审计证据是充分且适当的，为其发表审计意见提供了基础。

注意：如果结合财务报表审计对内部控制的有效性发表意见，注册会计师应当删除上述第(3)项中"但目的并非对内部控制的有效性发表意见"的措辞。

(六) 审计意见段

审计报告应当包含标题为"审计意见"的段落。如果对财务报表发表无保留意见，除非法律法规另有规定，审计意见应当使用"财务报表在所有重大方面按照适用的财务报告编制基础(如企业会计准则等)编制，公允反映了……"的措辞。

注意：

第一，财务报表可能按照两个财务报告编制基础编制，在这种情况下，这两个编制基础都是适用的财务报告编制基础。在对财务报表形成审计意见时，需要分别考虑每个编制基础，并在审计意见中提及这两个编制基础。

第二，财务报表可能声称符合某一财务报告编制基础的所有要求，并补充披露财务报表符合另一财务报告编制基础的程度。由于这种补充信息不能同财务报表清楚地分开，因此涵盖在审计意见中。如果有关财务报表符合另一财务报告编制基础的程度的披露不具有误导性，但注册会计师认为该披露对财务报表使用者理解财务报表至关重要，注册会计师应当在审计报告中增加强调事项段，以提醒财务报表使用者关注。

第三，其他报告责任。除审计准则规定的注册会计师对财务报表出具审计报告的责任外，相关法律法规可能对注册会计师设定了其他报告责任。如果注册会计师在对财务报表出具的审计报告中履行其他报告责任，应当在审计报告中将其单独作为一部分。

(七) 注册会计师的签名和盖章

审计报告应当由注册会计师签名并盖章。它可分为下列两种情况：

(1) 合伙会计师事务所出具的审计报告，应当由一名对审计项目负最终复核责任的合伙人和一名负责该项目的注册会计师签名盖章。

(2) 有限责任会计师事务所出具的审计报告，应当由会计师事务所主任会计师或其授权的副主任会计师和一名负责该项目的注册会计师签名盖章。

(八) 会计师事务所的名称、地址和盖章

审计报告应当载明会计师事务所的名称和地址，并加盖会计师事务所公章。

(九) 报告日期

审计报告应当注明报告日期。审计报告的日期不应早于注册会计师获取充分且适当的审计证据(包括管理层认可对财务报表的责任且已批准财务报表的证据)，并在此基础上对财务报表形成审计意见的日期。

注册会计师在确定审计报告日期时，应当确信已获取下列两方面的审计证据：

(1) 构成整套财务报表的所有报表(包括相关附注)已编制完成；

(2) 被审计单位的董事会、管理层或类似机构已经认可其对财务报表负责。

注意：

第一，如果出具非无保留意见的审计报告，还应在审计意见段之前增加导致非无保留意见的说明段，用于描述注册会计师对财务报表发表保留意见、否定意见或无法表示意见的理由。

当出具非无保留意见的审计报告时，注册会计师应当在注册会计师的责任段之后、审计意见段之前增加导致非无保留意见事项段(简称说明段)，清楚地说明导致所发表意见或无法发表意见的原因，并在可能情况下，指出其对财务报表的影响程度。

第二，在符合出具强调事项段、其他事项段的情况下，应在审计报告的审计意见段之后增加强调事项段、其他事项段。

❖ **【学习提示：标准审计报告】**

审 计 报 告

金阳实业股份有限公司全体股东：

一、对财务报表出具的审计报告

我们审计了后附的金阳实业股份有限公司(以下简称金阳公司)财务报表，包括 2017 年 12 月 31 日的资产负债表，2017 年度的利润表、股东权益变动表和现金流量表以及财务报表附注。

(一) 管理层对财务报表的责任

编制和公允列报财务报表是金阳公司管理层的责任，这种责任包括：(1) 按照企业会计准则的规定编制财务报表，并使其实现公允反映；(2) 设计、执行和维护必要的内部控制，以使财务报表不存在由于舞弊或错误导致的重大错报。

　　(二) 注册会计师的责任

　　我们的责任是在实施审计工作的基础上对财务报表发表审计意见。我们按照中国注册会计师审计准则的规定执行了审计工作。中国注册会计师审计准则要求我们遵守职业道德规范，计划和实施审计工作以对财务报表是否不存在重大错报获取合理保证。

　　审计工作涉及实施审计程序，以获取有关财务报表金额和披露的审计证据。选择的审计程序取决于注册会计师的判断，包括对由于舞弊或错误导致的财务报表重大错报风险的评估。在进行风险评估时，我们考虑与财务报表编制相关的内部控制，以设计恰当的审计程序，但目的并非对内部控制的有效性发表意见。审计工作还包括评价管理层选用会计政策的恰当性和作出会计估计的合理性，以及评价财务报表的总体列报。

　　我们相信，我们获取的审计证据是充分、适当的，为发表审计意见提供了基础。

　　(三) 审计意见

　　我们认为，金阳公司财务报表在所有重大方面按照企业会计准则的规定编制，公允反映了金阳公司 2017 年 12 月 31 日的财务状况以及 2017 年度的经营成果和现金流量。

　　二、按照相关法律法规的要求报告的事项

　　(本部分报告的格式和内容，取决于相关法律法规对其他报告责任的规定。)

　　××会计师事务所　　　　　　　中国注册会计师：×××(签名并盖章)

　　(盖章)　　　　　　　　　　　　中国注册会计师：×××(签名并盖章)

　　中国·××市

　　　　　　　　　　　　　　　　　　　　　　　　二〇一八年三月五日

10.3　审计报告的编制

　　审计报告是指注册会计师根据审计准则的规定，在执行审计工作的基础上，对财务报表发表审计意见的书面文件。注册会计师应当将已审计的财务报表附于审计报告之后，以便于财务报表使用者正确理解和使用审计报告，并防止被审计单位替换或更改已审计的财务报表。

　　标准审计报告是指不含有说明段、强调事项段、其他事项段或其他任何修饰性用语的无保留意见的审计报告。

　　非标准审计报告，是指带强调事项段或其他事项段的无保留意见的审计报告和非无保留意见的审计报告。

　　非无保留意见的审计报告包括保留意见的审计报告、否定意见的审计报告和无法表示意见的审计报告。

一、非无保留意见的审计报告

(一) 非无保留意见的含义

　　非无保留意见是指保留意见、否定意见或无法表示意见。当存在下列情形之一时，注册会计师应当在审计报告中发表非无保留意见：

(1) 根据获取的审计证据，得出财务报表整体存在重大错报的结论。

(2) 无法获取充分且适当的审计证据，也不能得出财务报表整体不存在重大错报的结论。

如果注册会计师能够通过实施替代程序获取充分且适当的审计证据，则无法实施特定的程序并不构成对审计范围的限制。

下列情形可能导致注册会计师无法获取充分且适当的审计证据(也称为审计范围受到限制)：① 超出被审计单位控制的情形；② 与注册会计师工作的性质或时间安排相关的情形；③ 管理层施加限制的情形。

(二) 确定非无保留意见的类型

注册会计师确定恰当的非无保留意见类型，取决于下列事项：

① 导致非无保留意见的事项性质，是财务报表存在重大错报，还是在无法获取充分且适当的审计证据的情况下，财务报表可能存在重大错报。

② 注册会计师就导致非无保留意见的事项对财务报表产生或可能产生影响的广泛性作出的判断。

需要特别注意的是：

第一，在承接审计业务后，如果注意到管理层对审计范围施加了限制，且认为这些限制可能导致对财务报表发表保留意见或无法表示意见，注册会计师应当要求管理层消除这些限制。如果管理层拒绝消除限制，除非治理层全部成员参与管理被审计单位，注册会计师应当就此事项与治理层沟通，并确定能否实施替代程序以获取充分、适当的审计证据。

第二，如果受到的限制产生的影响重大且具有广泛性，应当在可行时解除业务约定；如果在出具审计报告之前解除业务约定被禁止或不可行，应当发表无法表示意见。注册会计师可能认为需要在审计报告中增加其他事项段(解释不能解约的原因)。

第三，如果认为有必要对财务报表整体发表否定意见或无法表示意见，注册会计师不应在同一审计报告中，对按照相同财务报告编制基础编制的单一财务报表或者财务报表特定要素、账户或项目发表无保留意见。

二、审计报告的强调事项段

(一) 强调事项段的含义

审计报告的强调事项段是指审计报告中含有的一个段落，该段落提及已在财务报表中恰当列报或披露的事项。根据注册会计师的职业判断，该事项对财务报表使用者理解财务报表至关重要。

(二) 增加强调事项段的情形

如果认为有必要提醒财务报表使用者关注已在财务报表中列报或披露，且根据职业判断认为对财务报表使用者理解财务报表至关重要的事项，注册会计师在已获取充分、适当的审计证据证明该事项在财务报表中不存在重大错报的条件下，应当在审计报告中增加强调事项段。

注册会计师可能认为需要加强调事项段的情形举例如下：

(1) 异常诉讼或监管行动的未来结果存在不确定性。

(2) 提前应用(在允许的情况下)对财务报表有广泛影响的新会计准则。

(3) 存在已经或持续对被审计单位财务状况产生重大影响的特大灾难。

强调事项段的过多使用会降低注册会计师沟通所强调事项的有效性。强调事项段应当仅提及已在财务报表中列报或披露的信息。

(三) 在审计报告中增加强调事项段时注册会计师采取的措施

如果在审计报告中增加强调事项段，注册会计师应当：

(1) 将强调事项段紧接在审计意见段之后。

(2) 使用"强调事项"或其他适当的标题。

(3) 明确提及被强调事项以及相关披露的位置，以便能够在财务报表中找到对该事项的详细描述。

(4) 指出审计意见没有因该强调事项而改变。

三、审计报告的其他事项段

(一) 其他事项段的含义

其他事项段是指审计报告中含有的一个段落，该段落提及未在财务报表中列报或披露的事项。根据注册会计师的职业判断，该事项与财务报表使用者理解审计工作、注册会计师责任或审计报告相关。

(二) 需要增加其他事项段的情形

对于未在财务报表中列报或披露，但根据职业判断认为与财务报表使用者理解审计工作、注册会计师的责任或审计报告相关且未被法律法规禁止的事项，如果认为有必要沟通，注册会计师应当在审计报告中增加其他事项段，并使用"其他事项"或其他适当的标题。注册会计师应当将其他事项段紧接在审计意见段和强调事项段(如有)之后。需要在审计报告中增加其他事项段的情形包括：

(1) 与使用者理解审计工作相关的情形。

(2) 与使用者理解注册会计师的责任或审计报告相关的情形。

(3) 对两套以上财务报表出具审计报告的情形。

(4) 限制审计报告分发和使用的情形。

如果拟在审计报告中增加强调事项段或其他事项段，注册会计师应当就该事项和拟使用的措辞与治理层沟通。

【项目演练 10-6　多选题】 在对财务报表审计时，如果认为其他信息中存在对事实的重大错报，但管理层拒绝作出修改，注册会计师可能采取的措施有(　　　)。

A. 审计报告中增加其他事项段说明对该事实的重大错报

B. 发表保留或否定意见的审计报告

C. 拒绝出具审计报告

D. 解除业务约定

【项目演练 10-7　单选题】 下列事项中，不会导致注册会计师在审计报告中增加其他事项段的是(　　　)。

A. 注册会计师决定在审计报告中提及前任注册会计师对对应数据出具的审计报告

B. 当财务报表列报对应数据时，上期财务报表未经审计

C. 对审计报告使用和分发的限制

D. 含有已审计财务报表的文件中的其他信息与财务报表存在重大不一致，并且需要对财务报表作出修改，但管理层拒绝修改

项 目 练 习

一、单项选择题

1. ABC 会计师事务所针对甲公司 2014 年度财务报表实施审计，确定财务报表层次的重要性水平为 100 万元，汇总的管理层未更正错报为高估资产 120 万元，高估负债 150 万元。针对该种情况，注册会计师应当出具审计报告意见的类型是(　　)。

A. 标准无保留意见　　B. 保留意见　　　C. 否定意见　　　D. 无法表示意见

2. ABC 会计师事务所针对甲公司 2014 年度财务报表实施审计，确定财务报表层次的重要性水平为 100 万元，汇总的管理层未更正错报为高估资产 55 万元，低估负债 50 万元。针对该种情况，注册会计师应当出具审计报告意见的类型是(　　)。

A. 标准无保留意见　　B. 保留意见　　　C. 否定意见　　　D. 无法表示意见

3. 下列关于导致非无保留意见的事项段的说法中，不正确的是(　　)。

A. 对财务报表中存在与具体金额相关的重大错报，注册会计师应当在导致非无保留意见的事项段中说明并量化该错报的财务影响

B. 如果财务报表中存在与叙述性披露相关的重大错报，注册会计师应当在导致非无保留意见的事项段中解释该错报错在何处

C. 如果因无法获取充分且适当的审计证据而导致发表非无保留意见，注册会计师应当在导致非无保留意见的事项段中说明无法获取审计证据的原因

D. 如果导致注册会计师对财务报表发表否定意见的事项有多个，注册会计师可以仅在事项段中说明其中一项，来支持其审计意见，而不必说明所有事项

4. 下列关于审计报告收件人的说法中，不正确的是(　　)。

A. 审计报告的收件人是指注册会计师按照业务约定书的要求致送审计报告的对象

B. 审计报告应当按照审计业务的约定载明收件人的全称

C. 针对整套通用目的财务报表出具的审计报告，审计报告的致送对象通常为被审计单位的管理层

D. 针对整套通用目的财务报表出具的审计报告，审计报告的致送对象通常为被审计单位的股东或治理层

5. 如果注册会计师在出具审计报告前发现被审计单位对外报送的财务报表中与其他信息存在重大不一致，需要修改财务报表，而被审计单位管理层拒绝修改，注册会计师以下做法正确的是(　　)。

A. 要求管理层修改其他信息与财务报表保持一致

B. 在审计报告中增加强调事项段

C. 在审计报告中增加其他事项段

D. 在审计报告中发表非无保留意见

6. 以下关于强调事项段的说法中，不正确的是(　　)。

A. 增加强调事项段不影响已发表的审计意见

B. 强调事项段可以提及在财务报表中披露和未披露的信息

C. 增加强调事项段的事项对财务报表使用者理解财务报表很重要

D. 强调事项段应该紧接在审计意见段之后

7. 在审计对事实的重大错报时，下列说法中不正确的是(　　)。

A. 对事实的错报，是指在其他信息中，对与已审计财务报表所反映事项相关的信息作出的不正确陈述或列报

B. 对事实的重大错报，是注册会计师在为发现重大不一致而阅读其他信息的过程中可能注意到的

C. 注册会计师只需要关注明显的对事实的重大错报

D. 如果注意到其他信息存在明显的对事实的重大错报，注册会计师应首先与管理层讨论

8. 上期财务报表存在重大错报，而前任注册会计师以前发表了无保留意见，如果上期财务报表已经更正，且前任注册会计师同意对更正后的上期财务报表出具新的审计报告，注册会计师正确的做法是(　　)。

A. 仅对本期财务报表出具审计报告

B. 对本期和上期财务报表出具审计报告

C. 在审计报告中增加强调事项段描述该事项

D. 在审计报告中增加其他事项段描述该事项

9. 下列关于会计师事务所出具审计报告的说法中，不正确的是(　　)。

A. 需要两名注册会计师签名或盖章

B. 要载明会计师事务所的名称和地址

C. 要加盖会计师事务所的公章

D. 要标明会计师事务所所在的城市

10. 如果前任注册会计师针对被审计单位上期财务报表发表了保留意见，导致保留意见的事项延续至本期，本期注册会计师经过审计未发现本期财务报表存在重大错报，未解决事项对本期影响也不重大，则应当在审计意见段中(　　)。

A. 说明由于未解决事项对本期数据和对应数据之间可比性的影响

B. 在导致非无保留意见事项段中同时提及本期数据和对应数据

C. 在导致非无保留意见事项段中只提及对应数据的影响

D. 在导致非无保留意见事项段中只提及对本期数据的影响

二、多项选择题

1. 在比较信息与上期财务报表列报的金额和相关披露不一致时，注册会计师检查的内容通常包括(　　)。

A. 出现不一致是否因会计准则和会计制度变化引起，或是否符合法律法规的规定

B. 金额是否作出适当调整，包括报表项目的重新分类和归集，以及附注中前期对应数的调整等

C. 是否已在附注中充分披露对比较信息作出调整的原因和性质，以及比较信息中受影响的项目名称和更正金额

D. 如果发现对比较信息的调整缺乏合理依据，应当提请管理层对比较信息做出更正，并视更正情况出具恰当意见类型的审计报告

2. 财务报表的重大错报可能源于(　　)。

A. 选择的会计政策与适用的财务报告编制基础不一致

B. 管理层没有按照适用的财务报告编制基础的要求一贯运用所选择的会计政策

C. 财务报表没有作出必要的披露以实现公允反映

D. 由于管理层的限制，无法获取充分适当的审计证据

3. 其他信息通常不包括(　　)。

A. 新闻稿或发送备忘页　　　　B. 计划的资本性支出

C. 分析师报告中包含的信息　　D. 被审计单位网站含有的信息

4. 下列关于审计报告的说法中，不正确的有(　　)。

A. 注册会计师必须在获取充分适当审计证据的基础上，才能出具审计报告

B. 注册会计师通过签署审计报告，表明对其出具的审计报告负责

C. 审计报告是对注册会计师审计任务完成情况及其结果所作的总结。它可以表明审计工作的质量并明确注册会计师的审计责任

D. 在审计报告的后面可以不附已审计的财务报表，财务报表使用者能正确理解和使用审计报告

5. 下列选项中，具有审计报告特征的是(　　)。

A. 注册会计师应当按照审计准则的规定执行审计工作

B. 注册会计师在实施审计工作的基础上才能出具审计报告

C. 注册会计师通过对财务报表发表意见履行业务约定书约定的责任

D. 注册会计师可以以口头形式出具审计报告

6. 如果注册会计师已经出具了无保留意见审计报告，在审计报告日后却又识别出其他信息与财务报表存在重大不一致，下列关于此事应采取的措施的说法中，正确的有(　　)。

A. 如果是财务报表存在重大错报，且与错报相关的事项在审计报告日前就已经存在，但注册会计师在财务报表报出后才知悉，那么注册会计师应该与管理层和治理层(如适用)讨论该事项，提请其修改财务报表

B. 如果是其他信息存在重大错误，注册会计师应要求管理层进行修改，在管理层同意修改的情况下，注册会计师可能需要评价管理层采取的措施

C. 如果是其他信息存在重大错误而管理层不同意修改，除非治理层的所有成员参与管理被审计单位，注册会计师应当与治理层沟通，并采取适当的进一步措施

D. 必要时注册会计师可以征询法律意见

7. 以下各种情形中，需要增加其他事项段的有(　　)。

A. 对两套以上财务报表出具审计报告，如果注册会计师已确定两个财务报告编制基础在各自情形下是可接受的，他可以在审计报告中增加其他事项段，说明该被审计单位根

据另一个通用目的编制基础编制了另一套财务报表以及注册会计师对这些财务报表出具了审计报告

　　B. 审计报告旨在提供给特定使用者，在这种情况下需要增加其他事项段，说明审计报告只是提供给财务报表预期使用者，不应被分发给其他机构(人员)或者被其他机构(人员)使用

　　C. 存在已经或持续对被审计单位财务状况产生重大影响的特大灾难

　　D. 由于管理层对审计范围施加限制，无法获取充分适当审计证据，注册会计师在审计报告中增加其他事项段解释为何不能解除业务约定

　　8. 下列选项中，属于注册会计师得出审计结论时应当考虑的方面有(　　)。

　　A. 是否已获取充分且适当的审计证据

　　B. 未更正错报单独或汇总起来是否构成重大错报

　　C. 评价财务报表是否在所有重大方面按照适用的财务报告编制基础编制

　　D. 评价财务报表是否实现公允反映

　　9. 在财务报表审计时，下列关于注册会计师对含有已审计财务报表的文件内其他信息的审计责任的说法中，正确的有(　　)。

　　A. 注册会计师没有专门责任确定其他信息是否得到适当陈述

　　B. 无论是在出具审计报告前，还是在出具审计报告后，注册会计师都应当关注含有已审计财务报表的文件中的其他信息，以识别其他信息与已审计财务报表之间存在的重大不一致或其他信息的重大错报

　　C. 如果注册会计师没有与被审计单位约定对其他信息出具鉴证报告，注册会计师就没有必要考虑其他信息

　　D. 如果在审计报告日前无法获取所有其他信息，会影响注册会计师在出具审计报告时对审计证据充分性的考虑

　　10. 注册会计师负责 A 上市公司 2014 年度财务报表审计工作，2015 年 1 月 31 日完成审计外勤工作，2015 年 2 月 10 日 A 公司签署了已审计的财务报表，那么审计报告日可以为(　　)。

　　A. 2014 年 12 月 31 日　　　　　　　B. 2015 年 1 月 31 日

　　C. 2015 年 2 月 10 日　　　　　　　D. 2015 年 2 月 15 日

　　三、案例分析题

　　ABC 会计师事务所承接了甲上市公司(以下简称甲公司)2014 年度财务报表审计业务，并委派 A 注册会计师担任项目合伙人。确定的财务报表层次的重要性水平是 100 万元，营业收入及利润总额分别为 3000 万元和 400 万元。审计报告日为 2015 年 3 月 2 日，其他相关情况如下：

　　(1) 甲公司 2014 年资产负债表中列示的存货项目金额为 200 万元，管理层是按照成本对存货进行计量，如果按照成本与可变现净值孰低原则计量，存货金额将减少 50 万元。

　　(2) 甲公司 2014 年购买一项可供出售金融资产，价值 700 万元，在 2014 年 12 月 31 日该项可供出售金融资产的公允价值为 820 万元，甲公司在账簿记录中做了如下处理：借：可供出售金融资产——公允价值变动 120，贷：公允价值变动损益 120。

(3)2014 年 11 月丙公司起诉甲公司违约，要求赔偿损失金额 50 万元。注册会计师通过咨询律师，认为甲公司很可能败诉，截至 2014 年 12 月 31 日尚未判决，甲公司拒绝在附注中披露该事项。

(4) 2014 年 9 月甲公司融资租入一台管理使用的设备，管理层解释因为是租入的固定资产，不予计提折旧。如果计提折旧，折旧金额为 420 万元。

(5) 2014 年度甲公司与某国客户赊销业务频繁，赊销总额重大。注册会计师向该客户发放积极式询证函，但一直未得到回复。注册会计师也无法实施替代程序获取有关该应收账款的审计证据。

请单独考虑上述每个事项，不考虑其他情况，确定 A 注册会计师应该发表的审计意见类型，并简要说明理由。

拓展阅读

前前后后话审计报告

自从查尔斯·斯内尔用鹅毛笔签发了那份著名的"南海公司"查账意见书，注册会计师便开始与审计报告如影随形了。

从 19 世纪下半叶到上世纪 20 年代末，审计报告模式处于放任自流的阶段。"正确地表达""特此证明"等绝对语汇不时闪现，这既表明注册会计师对审计结果的过分自信，也反映了注册会计师对审计作用的过高估计。

发生在 1931 年的"厄特马斯"事件改变了审计报告的历史进程——注册会计师必须在报告中将发表的审计意见与审计范围分清，两者不能混淆，因此审计报告标准化的崭新一页悄然翻开。

今天的社会公众似乎更加关心审计报告是否具有相关性，或者说，是否有用；审计报告的措辞能否通俗易懂以减少使用者的误读。职业界最早认为标准审计报告只需证实财务报表已经合理与谨慎的审计即可，甚至可以有极端标志的写法："无意见"。后来，出于弥合期望差距的考虑，业内进行了把审计报告披露内容引入内部控制信息的研究。人们相信，在不久的将来，传统的三段式审计报告可能"长胖"，与年报的"管理当局的讨论与分析"相对应，意见段之后将增加注册会计师的讨论与分析，称为"事实段"。

一系列调查结果显示：公众需要注册会计师能提供比现有审计报告保证程度更高的服务产品。一篇叫做"为什么审计报告不能更像影评？"(Why aren't audit reports more like movie reviews?)的文章颇有趣：影评通常用星级制区分影片的水平——奥斯卡级影片(四星)、优秀影片(三星)、普通影片(二星)和差劲的影片(一星)，最后还会给出一个简短的叙述性评论，指出影片的优点和不足。试想，如果不对影片划分星级，也不作叙述性评论，而仅仅是对任何一部只要达到电影摄制最低标准的影片给一个合格，那么影评还有什么价值？然而，这种合格与否的简单二分法正是当前的审计报告所采用的，注册会计师以此来评价客户的财务报表。只要符合一般公认会计准则(GAAP)的最低标准，注册会计师就出具肯定意见的审计报告。几乎所有最近发生的假账丑闻中，注册会计师对有问题的会计处理乃至明显违背 GAAP 之处并非一无所知，正如情节虚假与演技拙劣的电影，却被认为达到了摄制的最低标准一样，注册会计师确信这些"问题账目"是非实质性的，因而仍然出具了肯定意见的审计报告。职业界需要建立一个类似四星等级制的模式：反映交易的经济实质并充分披露信息的公司应评为"三星"；操纵交易并拒绝调整非实质性错弊的公司为"二星"，只有大大超过 GAAP 最低要求并自愿披露额外信息的公司才能评为"四星"。同时，审计报告还应有两三页的分析与说明，就客户的内部控制、风险管理机制及潜在的问题陈述注册会计师的观点。

公众想要的东西的确比注册会计师所给的东西多。审计报告毕竟是大众信息，如果注册会计师拥有适当的报告自由度，将精妙的判断、不确定性以及争议点全面深入地阐述出来，那意味着注册会计师提供了增值性服务，而社会公众得到了更实用的审计报告。当然，审计报告内容的扩展是公众理性需求与注册会计师有效供给互动的结果，不会导致措辞的混乱而回归早先的放任自流阶段。

表面上看，过去审计报告不过是一张 A4 纸，但其背后却附着沉重的道德含量，你可以花 1 块钱买一张纸，但花 100 万元也买不来"四星级"的审计报告！做为社会公众的守夜人，注册会计师在出具审计报告时，恪尽应有的职业谨慎不仅是专业胜任能力的概念，更是如临似履、念兹在兹的道德概念。何谓应有的职业谨慎呢？假定一名注册会计师可以并且应当：确知社会上存在着利用其服务的人；具备同业所必备的技能；像同业一样能够合理运用所具备的技能；掌握同业所具备的知识(达到同业人员平均水平)；具有运用其知识、经验和技能辩识风险及其后果的能力；认识到自身在知识、经验与技能方面的不足，并采取预防与改进措施；所做出的判断与同样条件下拥有相同信息的人所做的判断一样。

"谨慎人"并不是永不犯错的人。注册会计师在签署审计报告的一刹那，等于向社会承诺：其所具备的道德与能力达到了社会公认的水准，准备对因自身工作疏忽而受损人的人负责。不过，注册会计师只承担与其过失相称的责任，超道德与泛道德的期望未必能带来正面效用，过犹不及是也。

审计报告在"报告"客户财务状况、经营成果和现金流量的同时，也在"报告"着相关注册会计师的能力与道德。通常，我们遇到的最大麻烦不是未能发现影响财务报表的重大错报与舞弊，而是捞出这些"干货"后如何在审计报告中进行反映。千万别以为，良好的服务与赢得客户的标志便是满怀委屈地迁就，试想，奴仆型的注册会计师怎会让人产生尊敬？我们迫切需要沟通的本领与坚持的艺术，冷酷地说"不"与微笑地摇头、大义凛然地拒绝与入情入理地说明，这是蹩脚注册会计师与高蹈注册会计师的分野。

"我们认为，我们的报告在所有重大方面符合审计技术规范与职业道德的规定，公允地反映了我们在审计期间的职业判断、道德水准与履责情况，对诚信的坚持遵循了一贯性原则。"——假如出具一份自我审计报告，惟愿"意见段"如是说。

——《中国会计报》

附录 A 中华人民共和国审计法

第一章 总 则

第一条 为了加强国家的审计监督，维护国家财政经济秩序，提高财政资金使用效益，促进廉政建设，保障国民经济和社会健康发展，根据宪法，制定本法。

第二条 国家实行审计监督制度。国务院和县级以上地方人民政府设立审计机关。

国务院各部门和地方各级人民政府及其各部门的财政收支，国有的金融机构和企业事业组织的财务收支，以及其他依照本法规定应当接受审计的财政收支、财务收支，依照本法规定接受审计监督。

审计机关对前款所列财政收支或者财务收支的真实、合法和效益，依法进行审计监督。

第三条 审计机关依照法律规定的职权和程序，进行审计监督。

审计机关依据有关财政收支、财务收支的法律、法规和国家其他有关规定进行审计评价，在法定职权范围内作出审计决定。

第四条 国务院和县级以上地方人民政府应当每年向本级人民代表大会常务委员会提出审计机关对预算执行和其他财政收支的审计工作报告。审计工作报告应当重点报告对预算执行的审计情况。必要时，人民代表大会常务委员会可以对审计工作报告作出决议。

国务院和县级以上地方人民政府应当将审计工作报告中指出的问题的纠正情况和处理结果向本级人民代表大会常务委员会报告。

第五条 审计机关依照法律规定独立行使审计监督权，不受其他行政机关、社会团体和个人的干涉。

第六条 审计机关和审计人员办理审计事项，应当客观公正，实事求是，廉洁奉公，保守秘密。

第二章 审计机关和审计人员

第七条 国务院设立审计署，在国务院总理领导下，主管全国的审计工作。审计长是审计署的行政首长。

第八条 省、自治区、直辖市、设区的市、自治州、县、自治县、不设区的市、市辖区的人民政府的审计机关，分别在省长、自治区主席、市长、州长、县长、区长和上一级审计机关的领导下，负责本行政区域内的审计工作。

第九条 地方各级审计机关对本级人民政府和上一级审计机关负责并报告工作，审计业务以上级审计机关领导为主。

第十条　审计机关根据工作需要，经本级人民政府批准，可以在其审计管辖范围内设立派出机构。

派出机构根据审计机关的授权，依法进行审计工作。

第十一条　审计机关履行职责所必需的经费，应当列入财政预算，由本级人民政府予以保证。

第十二条　审计人员应当具备与其从事的审计工作相适应的专业知识和业务能力。

第十三条　审计人员办理审计事项，与被审计单位或者审计事项有利害关系的，应当回避。

第十四条　审计人员对其在执行职务中知悉的国家秘密和被审计单位的商业秘密，负有保密的义务。

第十五条　审计人员依法执行职务，受法律保护。

任何组织和个人不得拒绝、阻碍审计人员依法执行职务，不得打击报复审计人员。

审计机关负责人依照法定程序任免。审计机关负责人没有违法失职或者其他不符合任职条件的情况的，不得随意撤换。地方各级审计机关负责人的任免，应当事先征求上一级审计机关的意见。

第三章　审计机关职责

第十六条　审计机关对本级各部门(含直属单位)和下级政府预算的执行情况和决算以及其他财政收支情况，进行审计监督。

第十七条　审计署在国务院总理领导下，对中央预算执行情况和其他财政收支情况进行审计监督，向国务院总理提出审计结果报告。

地方各级审计机关分别在省长、自治区主席、市长、州长、县长、区长和上一级审计机关的领导下，对本级预算执行情况和其他财政收支情况进行审计监督，向本级人民政府和上一级审计机关提出审计结果报告。

第十八条　审计署对中央银行的财务收支，进行审计监督。审计机关对国有金融机构的资产、负债、损益，进行审计监督。

第十九条　审计机关对国家的事业组织和使用财政资金的其他事业组织的财务收支，进行审计监督。

第二十条　审计机关对国有企业的资产、负债、损益，进行审计监督。

第二十一条　对国有资本占控股地位或者主导地位的企业、金融机构的审计监督，由国务院规定。

第二十二条　审计机关对政府投资和以政府投资为主的建设项目的预算执行情况和决算，进行审计监督。

第二十三条　审计机关对政府部门管理的和其他单位受政府委托管理的社会保障基金、社会捐赠资金以及其他有关基金、资金的财务收支，进行审计监督。

第二十四条　审计机关对国际组织和外国政府援助、贷款项目的财务收支，进行审计监督。

第二十五条　审计机关按照国家有关规定，对国家机关和依法属于审计机关审计监督对象的其他单位的主要负责人，在任职期间对本地区、本部门或者本单位的财政收支、财务收支以及有关经济活动应负经济责任的履行情况，进行审计监督。

第二十六条　除本法规定的审计事项外，审计机关对其他法律、行政法规规定应当由审计机关进行审计的事项，依照本法和有关法律、行政法规的规定进行审计监督。

第二十七条　审计机关有权对与国家财政收支有关的特定事项，向有关地方、部门、单位进行专项审计调查，并向本级人民政府和上一级审计机关报告审计调查结果。

第二十八条　审计机关根据被审计单位的财政、财务隶属关系或者国有资产监督管理关系，确定审计管辖范围。

审计机关之间对审计管辖范围有争议的，由其共同的上级审计机关确定。

上级审计机关可以将其审计管辖范围内的本法第十八条第二款至第二十五条规定的审计事项，授权下级审计机关进行审计；上级审计机关对下级审计机关审计管辖范围内的重大审计事项，可以直接进行审计，但是应当防止不必要的重复审计。

第二十九条　依法属于审计机关审计监督对象的单位，应当按照国家有关规定建立健全内部审计制度；其内部审计工作应当接受审计机关的业务指导和监督。

第三十条　社会审计机构审计的单位依法属于审计机关审计监督对象的，审计机关按照国务院的规定，有权对该社会审计机构出具的相关审计报告进行核查。

第四章　审计机关权限

第三十一条　审计机关有权要求被审计单位按照审计机关的规定提供预算或者财务收支计划、预算执行情况、决算、财务会计报告，运用电子计算机储存、处理的财政收支、财务收支电子数据和必要的电子计算机技术文档，在金融机构开立账户的情况，社会审计机构出具的审计报告，以及其他与财政收支或者财务收支有关的资料，被审计单位不得拒绝、拖延、谎报。

被审计单位负责人对本单位提供的财务会计资料的真实性和完整性负责。

第三十二条　审计机关进行审计时，有权检查被审计单位的会计凭证、会计账簿、财务会计报告和运用电子计算机管理财政收支、财务收支电子数据的系统，以及其他与财政收支、财务收支有关的资料和资产，被审计单位不得拒绝。

第三十三条　审计机关进行审计时，有权就审计事项的有关问题向有关单位和个人进行调查，并取得有关证明材料。有关单位和个人应当支持、协助审计机关工作，如实向审计机关反映情况，提供有关证明材料。

审计机关经县级以上人民政府审计机关负责人批准，有权查询被审计单位在金融机构的账户。

审计机关有证据证明被审计单位以个人名义存储公款的，经县级以上人民政府审计机关主要负责人批准，有权查询被审计单位以个人名义在金融机构的存款。

第三十四条　审计机关进行审计时，被审计单位不得转移、隐匿、篡改、毁弃会计凭证、会计账簿、财务会计报告以及其他与财政收支或者财务收支有关的资料，不得转移、隐匿所持有的违反国家规定取得的资产。

审计机关对被审计单位违反前款规定的行为，有权予以制止；必要时，经县级以上人民政府审计机关负责人批准,有权封存有关资料和违反国家规定取得的资产;对其中在金融机构的有关存款需要予以冻结的,应当向人民法院提出申请。

　　审计机关对被审计单位正在进行的违反国家规定的财政收支、财务收支行为,有权予以制止;制止无效的,经县级以上人民政府审计机关负责人批准,通知财政部门和有关主管部门暂停拨付与违反国家规定的财政收支、财务收支行为直接有关的款项,已经拨付的,暂停使用。

　　审计机关采取前两款规定的措施不得影响被审计单位合法的业务活动和生产经营活动。

　　第三十五条　审计机关认为被审计单位所执行的上级主管部门有关财政收支、财务收支的规定与法律、行政法规相抵触的,应当建议有关主管部门纠正;有关主管部门不予纠正的,审计机关应当提请有权处理的机关依法处理。

　　第三十六条　审计机关可以向政府有关部门通报或者向社会公布审计结果。

　　审计机关通报或者公布审计结果,应当依法保守国家秘密和被审计单位的商业秘密,遵守国务院的有关规定。

　　第三十七条　审计机关履行审计监督职责,可以提请公安、监察、财政、税务、海关、价格、工商行政管理等机关予以协助。

第五章　审　计　程　序

　　第三十八条　审计机关根据审计项目计划确定的审计事项组成审计组,并应当在实施审计三日前,向被审计单位送达审计通知书;遇有特殊情况,经本级人民政府批准,审计机关可以直接持审计通知书实施审计。

　　被审计单位应当配合审计机关的工作,并提供必要的工作条件。

　　审计机关应当提高审计工作效率。

　　第三十九条　审计人员通过审查会计凭证、会计账簿、财务会计报告,查阅与审计事项有关的文件、资料,检查现金、实物、有价证券,向有关单位和个人调查等方式进行审计,并取得证明材料。

　　审计人员向有关单位和个人进行调查时,应当出示审计人员的工作证件和审计通知书副本。

　　第四十条　审计组对审计事项实施审计后,应当向审计机关提出审计组的审计报告。审计组的审计报告报送审计机关前,应当征求被审计对象的意见。被审计对象应当自接到审计组的审计报告之日起十日内,将其书面意见送交审计组。审计组应当将被审计对象的书面意见一并报送审计机关。

　　第四十一条　审计机关按照审计署规定的程序对审计组的审计报告进行审议,并对被审计对象对审计组的审计报告提出的意见一并研究后,提出审计机关的审计报告;对违反国家规定的财政收支、财务收支行为,依法应当给予处理、处罚的,在法定职权范围内作出审计决定或者向有关主管机关提出处理、处罚的意见。

　　审计机关应当将审计机关的审计报告和审计决定送达被审计单位和有关主管机关、单位。审计决定自送达之日起生效。

　　第四十二条　上级审计机关认为下级审计机关作出的审计决定违反国家有关规定的,可以责成下级审计机关予以变更或者撤销，必要时也可以直接作出变更或者撤销的决定。

第六章　法律责任

第四十三条　被审计单位违反本法规定，拒绝或者拖延提供与审计事项有关的资料的，或者提供的资料不真实、不完整的，或者拒绝、阻碍检查的，由审计机关责令改正，可以通报批评，给予警告；拒不改正的，依法追究责任。

第四十四条　被审计单位违反本法规定，转移、隐匿、篡改、毁弃会计凭证、会计账簿、财务会计报告以及其他与财政收支、财务收支有关的资料，或者转移、隐匿所持有的违反国家规定取得的资产，审计机关认为对直接负责的主管人员和其他直接责任人员依法应当给予处分的，应当提出给予处分的建议，被审计单位或者其上级机关、监察机关应当依法及时作出决定，并将结果书面通知审计机关；构成犯罪的，依法追究刑事责任。

第四十五条　对本级各部门(含直属单位)和下级政府违反预算的行为或者其他违反国家规定的财政收支行为，审计机关、人民政府或者有关主管部门在法定职权范围内，依照法律、行政法规的规定，区别情况采取下列处理措施：

(一) 责令限期缴纳应当上缴的款项；

(二) 责令限期退还被侵占的国有资产；

(三) 责令限期退还违法所得；

(四) 责令按照国家统一的会计制度的有关规定进行处理；

(五) 其他处理措施。

第四十六条　对被审计单位违反国家规定的财务收支行为，审计机关、人民政府或者有关主管部门在法定职权范围内，依照法律、行政法规的规定，区别情况采取前条规定的处理措施，并可以依法给予处罚。

第四十七条　审计机关在法定职权范围内作出的审计决定，被审计单位应当执行。

审计机关依法责令被审计单位上缴应当上缴的款项，被审计单位拒不执行的，审计机关应当通报有关主管部门，有关主管部门应当依照有关法律、行政法规的规定予以扣缴或者采取其他处理措施，并将结果书面通知审计机关。

第四十八条　被审计单位对审计机关作出的有关财务收支的审计决定不服的，可以依法申请行政复议或者提起行政诉讼。

被审计单位对审计机关作出的有关财政收支的审计决定不服的，可以提请审计机关的本级人民政府裁决，本级人民政府的裁决为最终决定。

第四十九条　被审计单位的财政收支、财务收支违反国家规定，审计机关认为对直接负责的主管人员和其他直接责任人员依法应当给予处分的，应当提出给予处分的建议，被审计单位或者其上级机关、监察机关应当依法及时作出决定，并将结果书面通知审计机关。

第五十条　被审计单位的财政收支、财务收支违反法律、行政法规的规定，构成犯罪的，依法追究刑事责任。

第五十一条　报复陷害审计人员的，依法给予处分；构成犯罪的，依法追究刑事责任。

第五十二条　审计人员滥用职权、徇私舞弊、玩忽职守或者泄露所知悉的国家秘密、商业秘密的，依法给予处分；构成犯罪的，依法追究刑事责任。

第七章　附　　则

　　第五十三条　中国人民解放军审计工作的规定，由中央军事委员会根据本法制定。

　　第五十四条　本法自 1995 年 1 月 1 日起施行。1988 年 11 月 30 日国务院发布的《中华人民共和国审计条例》同时废止。

附录 B 中华人民共和国注册会计师法

第一章 总 则

第一条 为了发挥注册会计师在社会经济活动中的鉴证和服务作用,加强对注册会计师的管理,维护社会公共利益和投资者的合法权益,促进社会主义市场经济的健康发展,制定本法。

第二条 注册会计师是依法取得注册会计师证书并接受委托从事审计和会计咨询、会计服务业务的执业人员。

第三条 会计师事务所是依法设立并承办注册会计师业务的机构。

注册会计师执行业务,应当加入会计师事务所。

第四条 注册会计师协会是由注册会计师组成的社会团体。中国注册会计师协会是注册会计师的全国组织,省、自治区、直辖市注册会计师协会是注册会计师的地方组织。

第五条 国务院财政部门和省、自治区、直辖市人民政府财政部门,依法对注册会计师、会计师事务所和注册会计师协会进行监督、指导。

第六条 注册会计师和会计师事务所执行业务,必须遵守法律、行政法规。

注册会计师和会计师事务所依法独立、公正执行业务,受法律保护。

第二章 考试和注册

第七条 国家实行注册会计师全国统一考试制度。注册会计师全国统一考试办法,由国务院财政部门制定,由中国注册会计师协会组织实施。

第八条 具有高等专科以上学校毕业的学历、或者具有会计或者相关专业中级以上技术职称的中国公民,可以申请参加注册会计师全国统一考试;具有会计或者相关专业高级技术职称的人员,可以免予部分科目的考试。

第九条 参加注册会计师全国统一考试成绩合格,并从事审计业务工作二年以上的,可以向省、自治区、直辖市注册会计师协会申请注册。

除有本法第十条所列情形外,受理申请的注册会计师协会应当准予注册。

第十条 有下列情形之一的,受理申请的注册会计师协会不予注册:

(一) 不具有完全民事行为能力的;

(二) 因受刑事处罚,自刑罚执行完毕之日起至申请注册之日止不满五年的;

(三) 因在财务、会计、审计、企业管理或者其他经济管理工作中犯有严重错误受行政处罚、撤职以上处分,自处罚、处分决定之日起至申请注册之日止不满二年的;

(四) 受吊销注册会计师证书的处罚,自处罚决定之日起至申请注册之日止不满五年的;

(五) 国务院财政部门规定的其他不予注册的情形的。

第十一条　注册会计师协会应当将准予注册的人员名单报国务院财政部门备案。国务院财政部门发现注册会计师协会的注册不符合本法规定的,应当通知有关的注册会计师协会撤销注册。

注册会计师协会依照本法第十条的规定不予注册的,应当自决定之日起十五日内书面通知申请人。申请人有异议的,可以自收到通知之日起十五日内向国务院财政部门或者省、自治区、直辖市人民政府财政部门申请复议。

第十二条　准予注册的申请人,由注册会计师协会发给国务院财政部门统一制定的注册会计师证书。

第十三条　已取得注册会计师证书的人员,除本法第十一条第一款规定的情形外,注册后有下列情形之一的,由准予注册的注册会计师协会撤销注册,收回注册会计师证书:

(一) 完全丧失民事行为能力的;

(二) 受刑事处罚的;

(三) 因在财务、会计、审计、企业管理或者其他经济管理工作中犯有严重错误受行政处罚、撤职以上的处分的;

(四) 自行停止执行注册会计师业务满一年的。

被撤销注册的当事人有异议的,可以自接到撤销注册、收回注册会计师证书的通知之日起十五日内向国务院财政部门或者省、自治区、直辖市人民政府财政部门申请复议。

依照第一款规定被撤销注册的人员可以重新申请注册,但必须符合本法第九条、第十条的规定。

第三章　业务范围和规则

第十四条　注册会计师承办下列审计业务:

(一) 审查企业会计报表,出具审计报告;

(二) 验证企业资本,出具验资报告;

(三) 办理企业合并、分立、清算事宜中的审计业务,出具有关的报告;

(四) 法律、行政法规规定的其他审计业务。

注册会计师依法执行审计业务出具的报告,具有证明效力。

第十五条　注册会计师可以承办会计咨询、会计服务业务。

第十六条　注册会计师承办业务,由其所在的会计师事务所统一受理并与委托人签订委托合同。

会计师事务所对本所注册会计师依照前款规定承办的业务,承担民事责任。

第十七条　注册会计师执行业务,可以根据需要查阅委托人的有关会计资料和文件,查看委托人的业务现场和设施,要求委托人提供其他必要的协助。

第十八条　注册会计师与委托人有利害关系的,应当回避;委托人有权要求其回避。

第十九条　注册会计师对在执行业务中知悉的商业秘密,负有保密义务。

第二十条　注册会计师执行审计业务,遇有下列情形之一的,应当拒绝出具有关报告:

(一) 委托人示意其作不实或者不当证明的;

(二) 委托人故意不提供有关会计资料和文件的；

(三) 委托人有其他不合理要求，致使注册会计师出具的报告不能对财务会计的重要事项作出正确表述的。

第二十一条　注册会计师执行审计业务，必须按照执业准则、规则确定的工作程序出具报告。

注册会计师执行审计业务出具报告时，不得有下列行为：

(一) 明知委托人对重要事项的财务会计处理与国家有关规定相抵触，而不予指明；

(二) 明知委托人的财务会计处理会直接损害报告使用人或者其他利害关系人的利益，而予以隐瞒或者作不实的报告；

(三) 明知委托人的财务会计处理会导致报告使用人或者其他利害关系人产生重大误解，而不予指明；

(四) 明知委托人的会计报表的重要事项有其他不实的内容，而不予指明。

对委托人有前款所列行为，注册会计师按照执业准则、规则应当知道的，适用前款规定。

第二十二条　注册会计师不得有下列行为：

(一) 在执行审计业务期间，在法律、行政法规规定不得买卖被审计单位的股票、债券或者不得购买被审计单位或者个人的其他财产的期限内，买卖被审计的单位的股票、债券或者购买被审计单位或者个人所拥有的其他财产；

(二) 索取、收受委托合同约定以外的酬金或者其他财物，或者利用执行业务之便，谋取其他不正当的利益；

(三) 接受委托催收债款；

(四) 允许他人以本人名义执行业务；

(五) 同时在两个或者两个以上的会计师事务所执行业务；

(六) 对其能力进行广告宣传以招揽业务；

(七) 违反法律、行政法规的其他行为。

第四章　会计师事务所

第二十三条　会计师事务所可以由注册会计师合伙设立。

合伙设立的会计师事务所的债务，由合伙人按照出资比例或者协议的约定，以各自的财产承担责任。合伙人对会计师事务所的债务承担连带责任。

第二十四条　会计师事务所符合下列条件的，可以是负有限责任的法人：

(一) 不少于三十万元的注册资本；

(二) 有一定数量的专职从业人员，其中至少有五名注册会计师；

(三) 国务院财政部门规定的业务范围和其他条件。

负有限责任的会计师事务所以其全部资产对其债务承担责任。

第二十五条　设立会计师事务所，由国务院财政部门或者省、自治区、直辖市人民政府财政部门批准。

申请设立会计师事务所，申请者应当向审批机关报送下列文件：

(一) 申请书；

(二) 会计师事务所的名称、组织机构和业务场所；

(三) 会计师事务所章程，有合伙协议的并应报送合伙协议；

(四) 注册会计师名单、简历及有关证明文件；

(五) 会计师事务所主要负责人、合伙人的姓名、简历及有关证明文件；

(六) 负有限责任的会计师事务所的出资证明；

(七) 审批机关要求的其他文件。

第二十六条　审批机关应当自收到申请文件之日起三十日内决定批准或不批准。

省、自治区、直辖市人民政府财政部门批准的会计师事务所，应当报国务院财政部门备案。国务院财政部门发现批准不当的，应当自收到备案报告之日起三十日内通知原审批机关重新审查。

第二十七条　会计师事务所设立分支机构，须经分支机构所在地的省、自治区、直辖市人民政府部门批准。

第二十八条　会计师事务所依法纳税。

会计师事务所按照国务院财政部门的规定建立职业风险基金，办理职业保险。

第二十九条　会计师事务所受理业务，不受行政区域，行业的限制；但是，法律、行政法规另有规定的除外。

第三十条　委托人委托会计师事务所办理业务，任何单位和个人不得干预。

第三十一条　本法第十八条至第二十一条的规定，适用于会计师事务所。

第三十二条　会计师事务所不得有本法第二十二条第(一)项至第(四)项、第(六)项、第(七)项所列的行为。

第五章　注册会计师协会

第三十三条　注册会计师应当加入注册会计师协会。

第三十四条　中国注册会计师协会的章程由全国会员代表大会制定，并报国务院财政部门备案；省、自治区、直辖市注册会计师协会的章程由省、自治区、直辖市会员代表大会制定，并报省、自治区、直辖市人民政府财政部门备案。

第三十五条　中国注册会计师协会依法拟订注册会计师执业准则、规则，报国务院财政部门批准后施行。

第三十六条　注册会计师协会应当支持注册会计师依法执行业务，维护其合法权益，向有关方面反映其意见和建议。

第三十七条　注册会计师协会应当对注册会计师的任职资格和执业情况进行年度检查。

第三十八条　注册会计师协会依法取得社会团体法人资格。

第六章　法　律　责　任

第三十九条　会计师事务所违反本法第二十条、第二十一条规定的，由省级以上人民政府财政部门给予警告，没收违法所得，可以并处违法所得一倍以上五倍以下的罚款；情节严重的，并可以由省级以上人民政府财政部门暂停其经营业务或者予以撤销。

注册会计师违反本法第二十条、第二十一条规定的,由省级以上人民政府财政部门给予警告;情节严重的,可以由省级以上人民政府财政部门暂停其执行业务或者吊销注册会计师证书。

会计师事务所、注册会计师违反本法第二十条、第二十一条的规定,故意出具虚假的审计报告、验资报告,构成犯罪的,依法追究刑事责任。

第四十条　对未经批准承办本法第十四条规定的注册会计师业务的单位,由省级以上人民政府财政部门责令其停止违法活动,没收违法所得,可以并处违法所得一倍以上五倍以下的罚款。

第四十一条　当事人对行政处罚决定不服的,可以在接到处罚通知之日起十五日内向作出处罚决定的机关的上一级机关申请复议;当事人也可以在接到处罚决定通知之日起十五日内直接向人民法院起诉。

复议机关应当在接到复议申请之日起六十日内作出复议决定。当事人对复议决定不服的,可以在接到复议决定之日起十五日内向人民法院起诉。复议机关逾期不作出复议决定的,当事人可以在复议期满之日起十五日内向人民法院起诉。

当事人逾期不申请复议,也不向人民法院起诉,又不履行处罚决定的,作出处罚决定的机关可以申请人民法院强制执行。

第四十二条　会计师事务所违反本法规定,给委托人、其他利害关系人造成损失的,应当依法承担赔偿责任。

第七章　附　　则

第四十三条　在审计事务所工作的注册审计师,经认定为具有注册会计师资格的,可以执行本法规定的业务,其资格认定和对其监督、指导、管理的办法由国务院另行规定。

第四十四条　外国人申请参加中国注册会计师全国统一考试和注册,按照互惠原则办理。外国会计师事务所在中国境内设立常驻代表机构,须报国务院财政部门批准。外国会计师事务所与中国的会计师事务所共同举办中外合作会计师事务所,须经国务院对外经济贸易主管部门或者国务院授权的部门和省级人民政府审查同意后报国务院财政部门批准。

除前款规定的情形外,外国会计师事务所需要在中国境内临时办理有关业务的,须经有关的省、自治区、直辖市人民政府财政部门批准。

第四十五条　国务院可以根据本法制定实施条例。

第四十六条　本法自 1994 年 1 月 1 日起施行。1986 年 7 月 3 日国务院发布的《中华人民共和国注册会计师条例》同时废止。

项目练习参考答案

项目1　认识审计职业

一、单项选择题

B　C　D　B　C　C　A　C　B　B

二、多项选择题

ABCD　AB　ABE　AB　ACD　BCD　BCE　ABCD　BCE

项目2　明确审计目标、制定审计计划

一、单项选择题

A　C　C　B　B　B　D　C　B　D

二、多项选择题

ABCD　BD　ABC　ABD

三、案例分析题

1.

(1) 存在。

(2) 存在。注册会计师应在总体审计策略中确定财务报表整体重要性。

(3) 不存在。

(4) 存在。分析程序不适用于了解内部控制。

(5) 存在。评价错报是否重大，不仅考虑金额，还应考虑性质。该项错报性质不严重，通常不评价为重大错报。

(6) 不存在。

2.

(1) 不恰当。如果被审计单位的经营规模较上年度没有重大变化，通常使用替代性基准确定的重要性不宜超过上年度的重要性。

(2) 不恰当。重要性水平是注册会计师在考虑财务报表使用者整体共同的财务信息需求的基础上作出的，不考虑对个别财务报表使用者可能产生的影响。

(3) 不恰当。特定类别交易、账户余额或披露的重要性水平应当低于财务报表整体的重要性水平。

(4) 不恰当。明显微小错报临界值通常不超过财务报表整体的重要性的10%。

(5) 不恰当。在确定重要性水平时，不需要考虑与具体项目计量相关的固有不确定性。

项目3　掌握审计证据、编制工作底稿

一、单项选择题

D A A B D A C D A

二、多项选择题

AD ABD AE ABCD ABCE ABC AB

三、案例分析题

(1) 不恰当。审计工作底稿的归档期限应为审计报告日后 60 天内，审计项目组将审计工作底稿归整为最终审计档案的时间超过了 60 天，不符合质量控制准则的要求。

(2) 不恰当。被替换的营业执照复印件应当从被替换的年度起至少保存 10 年。

(3) 不恰当。在完成审计档案的最终归整工作后，如果发现有必要修改现有的审计工作底稿或增加新的审计工作底稿，注册会计师应该记录修改或增加审计工作底稿的理由、时间和人员，以及复核的时间和人员。

(4) 不恰当。审计工作底稿应当自审计报告日起至少保存 10 年，注册会计师不应当在规定的保存期届满前删除或废弃任何性质的审计工作底稿。

(5) 恰当。

项目4　进行风险评估与风险应对

一、单项选择题

C D A C A B D D

二、多项选择题

ABCD BCD ABC ABC AC ABCD ABC

三、案例分析题

审计程序及相关的结论序号	是否恰当(是/否)	理　由
(1)	否	应调查样本偏差的性质和原因/不能仅依赖管理层解释确认异常误差。若是异常误差，应对该偏差对总体不具有代表性获取高度保证
(2)	否	仅通过询问程序不能获取控制运行有效性的证据。还应实施检查或重新执行等程序
(3)	否	注册会计师应当了解和评估与特别风险相关的内部控制
(4)	否	应每 3 年至少对相关控制测试一次。故 2014 年需实施控制测试

项目5　销售与收款循环审计

一、单项选择题

C　D　A　D　B　B　C　D　C　C

二、多项选择题

BCDE　AC　AE　BCD　BCE　ABC　ABCD　BCE　ABD　ABC

三、案例分析题

1.

(1) 不恰当。注册会计师应当对函证的全过程保持控制/可靠性不足。

(2) 恰当。

(3) 不恰当。注册会计师应当核实被询证者的信息；电子回函的可靠性存在风险，注册会计师和回函者要采用一定的程序创造安全环境。

(4) 不恰当。函证的差异不能仅以口头解释为证据；应实施其他审计程序核实不符事项。

(5) 不恰当。获取的销售合同和发票为内部证据；应检查能够证明交易实际发生的证据。

(6) 不恰当。选取特定项目的方法不能以样本的测试结果推断至总体。仍然可能存在重大错报风险。

2.

<1>

第(1)项与销售收入的准确性认定相关，与应收账款的计价和分摊认定相关。

第(2)项与销售收入的发生认定相关，与应收账款的存在认定相关。

第(3)项与销售收入的发生、完整性和截止认定相关，与应收账款的存在和完整性认定相关。

第(4)项与应收账款的计价和分摊认定相关。

第(5)项与销售收入的完整性、发生和准确性认定相关。与应收账款的存在、完整性、计价和分摊认定相关。

<2>　第(2)项与销售收入的发生认定最为有效，客户订单是外部来源证据，销售单是确认销售收入发生的关键环节，因此最具证明力。

项目6　采购与付款循环审计

一、单项选择题

C　C　B　C　D　B　C　B　B　D

二、多项选择题

ADC　BCDE　ABCE　BCE　BCD　ABC　AB　ABE　ABCD　BCD

三、案例分析题

1.

事项	是否与应付账款的完整性直接相关 (是/否)	理 由
(1)	否	签字批准用于确保采购交易的真实性[应付账款/存在]
(2)	是	—
(3)	否	验收单是支持采购交易真实发生的重要凭证[应付账款/存在]
(4)	否	该项控制用于防止货物丢失[应付账款/存在]
(5)	否	该项控制用于确保所记录的应付账款金额准确[应付账款/计价和分摊]
(6)	否	该项控制用于防止记录丢失[应付账款/存在]

2.

事 项	是否表明可能存在重大错报风险 (是/否)	理 由	财务报表项目及相关认定
(1)	是	本年应付账款——发票未收余额仅为200万元，应暂估入账的存货存在未入账的重大错报	存货/完整性 应付账款/完整性
(2)	是	应在免租期内确认租金费用和负债，存在少计管理费用和负债的风险	管理费用/完整性 其他应付款/完整性
(3)	是	持有待售的固定资产预计净残值低于账面价值70万元，而当年计提的固定资产减值准备只有50万元，可能存在少计提固定资产减值准备的重大错报	固定资产/计价和分摊 资产减值损失/完整性
(4)	是	甲公司应将弃置费用作为预计负债计提，但报表中预计负债为0，表明存在少计提预计负债的重大错报风险	固定资产/计价和分摊 预计负债/完整性
(5)	是	在没有确凿证据下，甲公司随意变更会计估计，将导致机器设备的折旧产生重大错报	固定资产/计价和分摊 存货/计价和分摊 营业成本/准确性
(6)	是	在其他因素没有明显变化的情况下，累计折旧明显下降表明可能存在少计提折旧的重大错报	固定资产/计价和分摊 管理费用/准确性
(7)	是	在建工程非正常中断超过3个月应当暂停资本化利息，但财务报表中显示在建工程计提了12个月的利息，可能有高估在建工程成本的可能	在建工程/存在、计价和分摊

项目 7　生产与存货循环审计

一、单项选择题

D D C B A A B D A D

二、多项选择题

ACD ABD ABC AD AD ABC AD AC ABCD BCD

三、案例分析题

1.

(1) 存在缺陷。产成品入库时，验收工作应由独立的质量检验员负责，而不能是仓库保管员。

(2) 存在缺陷。出库单应由仓储经理审批，而不是销售经理审批。

(3) 存在缺陷。运输经理除了检查出库单和发运通知单外，还要检查经批准的销售单。

(4) 存在缺陷。进行账务处理前应该经过会计主管审核批准。

(5) 存在缺陷。发现差异时应该经过仓储经理、财务经理和生产经理复核后调整入账。

2.

(1) 存在缺陷。监盘计划不能与被审计单位的员工沟通，抽盘范围属于监盘计划的一部分，所以也是不能沟通的内容。

(2) 不存在缺陷。

(3) 存在缺陷。对于存放在外地分公司的存货也应实施存货监盘程序。

(4) 存在缺陷。存货监盘工作结束时，注册会计师应取得并检查已填用、作废及未使用表单的号码，由此才可以确定其是否连续编号。

(5) 存在缺陷。盘点结束后，应当由 W 公司组成调查小组，对盘盈或盘亏的存货进行分析和处理，并将存货实物数量和仓库记录调节相符。

3.

<1> 与时装相关的服装行业,由于服装产品的消费者对服装风格或颜色的偏好容易发生变化，因此，存货是否过时是重要的经营风险。

<2>

事项(1) 中，不存在不当之处。

事项(2) 中，存在不当之处。应当分析该存货的所有权是否属于被审计单位，如果属于，那么纳入盘点范围；如果不属于，不能纳入盘点范围。

事项(3) 中，存在不当之处。如果认为被审计单位的存货盘点程序存在缺陷，A 注册会计师应当提请被审计单位调整。

事项(4) 中，存在不当之处。甲公司的存货存放在多个地点，A 注册会计师可以要求甲公司提供一份完整的存货存放地点清单(包括期末存货量为零的仓库、租赁的仓库及第三方代甲公司保管存货的仓库等)，并考虑其完整性。

项目 8　筹资与投资循环审计

一、单项选择题

B　D　C　B　C　D　A　D　A

二、多项选择题

ABC　BCD　ABCE　ABDE　AC　ABC

项目 9　货币资金审计

一、单项选择题

C　D　B

二、多项选择题

AC　ABC　ABCD　ABCD　ACD

三、案例分析题

(1) 不恰当。注册会计师向银行寄发的询证函，一般应当采用积极的方式。

(2) 不恰当。对跨期收支的事项，应检查相应的交易单据或银行收付款单据。

(3) 不恰当。注册会计师向银行函证的范围应当包括零余额的账户。

(4) 恰当。

(5) 不恰当。该纳税账户即使重大错报风险较低，但因其金额重大，也应当实施函证。

项目 10　完成审计工作、出具审计报告

一、单项选择题

B　A　D　C　D　B　A　A　A　A

二、多项选择题

ABCD　ABC　ACD　AD　ABC　ABCD　ABD　ABCD　AB　CD

三、案例分析题

(1) A 注册会计师应该发表无保留意见。因为存货错报金额 50 万元低于财务报表层次的重要性水平 100 万元，错报金额不重大。

(2) A 注册会计师应该发表保留意见。因为可供出售金融资产公允价值变动应该计入其他综合收益，甲公司将其计入了公允价值变动损益，错报 120 万元超过了财务报表层次的重要性水平，但未超过利润总额，错报重大但不广泛。

(3) A 注册会计师应该发表保留意见或否定意见，应该披露的未决诉讼而管理层拒绝披露。

(4) A 注册会计师应该发表否定意见。因为折旧金额 420 万元超过了财务报表层次的

重要性水平 (100 万元)，同时也超过了利润总额 400 万元，错报对财务报表的影响重大且广泛。

(5) A 注册会计师应该发表无法表示意见。因为针对金额重大的应收账款不能获取充分适当的审计证据，错报重大且广泛。

参 考 文 献

[1] 朱锦余. 审计 [M]. 5 版. 大连：东北财经大学出版社，2017.

[2] 王顺金. 审计实务 [M]. 北京：北京理工大学出版社，2015.

[3] 李凤鸣. 审计学原理 [M]. 北京：中国审计出版社，2014.

[4] 审计专业技术资格考试办公室. 审计理论与实务 [M]. 北京：中国时代经济出版社，2017.

[5] 中国注册会计师协会. 审计 [M]. 北京：中国财政经济出版社，2017.

[6] 中华会计网校. 审计应试指南 [M]. 北京：人民出版社，2017.

[7] 中华人民共和国审计法规编委会. 中华人民共和国现行审计法规与审计准则及政策解读 [M]. 上海：立信会计出版社，2017.

[8] 陈希晖. 审计法规与准则 [M]. 大连：东北财经大学出版社，2008.

[9] 中国注册会计师协会. 中国注册会计师执业准则应用指南 [M]. 北京：中国财政经济出版社，2017.

[10] 东奥会计在线. 审计轻松过关 [M]. 北京：北京大学出版社，2017.